十三五 高等职业教育"十三五"规划教材·财会金融技能系列

浙江省会计优势专业建设项目成果

U0592233

主 编◎王岳聪
副主编◎方 琪 杜啸霖

企业ERP
信息管理

（U8V10.1提高篇）

北京师范大学出版集团
BEIJING NORMAL UNIVERSITY PUBLISHING GROUP
北京师范大学出版社

图书在版编目(CIP)数据

企业 ERP 信息管理：U8 V10.1 提高篇/王岳聪主编. —北京：北京师范大学出版社，2018.7

（高等职业教育"十三五"规划教材·财会金融技能系列）

ISBN 978-7-303-23786-9

Ⅰ. ①企… Ⅱ. ①王… Ⅲ. ①企业管理—计算机管理系统—高等职业教育—教材 Ⅳ. ①F270.7

中国版本图书馆 CIP 数据核字(2018)第 106973 号

营 销 中 心 电 话	010-62978190　62979006
北师大出版社科技与经管分社	www.jswsbook.com
电 子 信 箱	jswsbook@163.com

出版发行：北京师范大学出版社　www.bnup.com
　　　　　北京市海淀区新街口外大街 19 号
　　　　　邮政编码：100875

印　　刷：	北京玺诚印务有限公司
经　　销：	全国新华书店
开　　本：	787 mm×1092 mm　1/16
印　　张：	14.75
字　　数：	323 千字
版　　次：	2018 年 7 月第 1 版
印　　次：	2018 年 7 月第 1 次印刷
定　　价：	35.80 元

策划编辑：包　彤		责任编辑：包　彤	
美术编辑：刘　超		装帧设计：刘　超	
责任校对：赵非非　黄　华		责任印制：赵非非	

内容简介

　　本书主要内容分为两部分：特殊业务专题篇和业务案例实战篇。在进行业务处理和会计核算时，便于学生提升综合分析能力；在业务案例中，则对分析后的结果进行了验证。

　　特殊业务专题篇由若干个专题组成。运费专题的主要内容包括材料采购环节支付运费的处理解析、固定资产采购环节支付运费的处理解析、销售环节支付运费的处理解析、销售环节收取运费的处理解析、销售环节代垫运费的处理解析。受托代销业务专题的主要内容包括收取手续费方式、视同买断方式。债务重组专题的主要内容包括以资产方式清偿债务、债务转为资本的业务处理、修改其他债务条件的业务处理。固定资产专题的主要内容包括购入环节业务处理、持有环节业务处理、处置环节业务处理、盘点环节业务处理。定金专题的主要内容包括销售方处理、采购方处理。特殊销售专题的主要内容包括买一赠一销售业务、以旧换新业务、售后回购业务、附退货条件的销售业务。

　　业务案例实战篇主要是对所选取的两家企业一个月的业务进行处理。这两家企业分别为武汉斯威驰电器股份有限公司和江苏雅洁家纺股份有限公司。

前　言

近年来，"全国职业院校技能大赛"高职组"会计技能"赛项在高职院校中日益受到重视，但不同院校的表现各不相同。这一点在"会计信息化"部分体现得尤为明显。"以赛促学，以赛促教"，编者将近两年的国赛题目与辅导时的所见所想相结合，同时尝试将学生的"做"与"思"相互结合，以更好地提升学生职业素养与创新能力。为此，2017 年，在中国商业会计学会立项课题《"互联网＋"背景下高职院校会计专业学生创新能力培养研究》（编号：KL201725）。同年，在浙江省高等职业教育研究会立项课题《分层分段、课赛融合高职 ERP 课程教学模式研究与实践》（编号：YB17045）。为深入推进课赛融合，院级教改立项课题《分层分段、课证赛融合会计专业课程教学模式研究》。

教育一直以来都在探索和研究两个问题，即"培养什么样的人"和"如何培养"。职业教育以培养高技能应用型人才为目标，而高技能应用型人才的培养一定是建立在专业知识背景之上的。因此，本书以高技能与专业知识背景相互结合为出发点，并具有以下特点：

1. 以企业一个月的业务处理为主线，以提升学生的业务处理与会计核算能力。
2. 附业务处理操作视频，打造立体教材，进一步提升学生的自主学习能力。
3. 有多层次数据账套备份，可选择性降低难度，利于后续业务处理。
4. 对特殊业务进行专题分析，有利于扩充学生的专业知识，提升其分析能力。
5. 可满足分层分段的需求，为学习者在后期进行高段学习提供方向和指引。
6. 结合竞赛指导需求，丰富竞赛辅导素材，为提升竞赛成绩夯实基础。
7. 结合岗位操作标准化需求，为标准化业务处理提供参考和指引。

在本书的编写过程中，我们参考并引用了国赛真题、著作与文献，在此向国赛组委会、著作和文献的作者表示感谢。由于时间仓促，编者水平和经验有限，书中难免有疏漏之处，恳请读者批评指正。

编　者
2018 年 1 月

目 录

特殊业务专题篇

业务案例实战篇

2016 年国赛 武汉斯威驰电器股份有限公司

2017 年国赛 江苏雅洁家纺股份有限公司

特殊业务专题篇

专题一
运费专题

Transportation Expenses

自 2016 年 5 月全面实施"营改增"开始，营业税逐步退出了历史舞台。运费属于交通运输业税目，税率为 11%，征收率为 3%。运费相关的发票包括货物运输业增值税专用发票和普通发票，分别简称为货运专票和普票。其中，一般纳税人取得普票上的增值税税额不得抵扣，而取得的货运专票也不是绝对可以列为进项税进行抵扣的，还需结合用途判断它是否属于应税项目。在用友 ERP-U8V10.1 环境下，由于信息化处理的流程，结合业务，在财务业务一体化原则指导下，其处理过程各不相同。

在 ERP-U8V10.1 环境下，需要在存货档案中添加存货档案"运费"。

一、材料采购环节支付运费的处理解析

[例题] 一般纳税人采购材料，单价 100 元，采购 10 000kg，取得增值税专用发票，发票上注明价款 1 000 000 元与增值税税额 170 000 元，税率为 17%。同时取得货运专票，发票上注明运费 10 000 元和增值税税额 1 100 元，税率为 11%，款项全部用银行存款支付，材料验收入库，采用实际成本法核算。

"营改增"前，运费是营业税的应税项目，采购环节支付运费的进项税额按照运费的 7% 可以进行抵扣。"营改增"后，运费的进项税是否可以抵扣要结合两个方面：第一，发票必须是货运专票，普票是无法进行抵扣的；第二，进行抵扣不仅在形式上需要专票，而且在实质上需要符合增值税抵扣链的要求。抵扣金额按照票面注明的税额进行抵扣。若从一般纳税人取得专票，按 11% 抵扣；若从小规模纳税人处取得税务机关代开的专票，则按 3% 抵扣。

在 ERP-U8V10.1 环境下，运费发票需要和材料入库单进行采购结算，从而确定材料的入库单价。可按金额或数量分摊运费，调整材料入库金额。

　　其业务处理流程为：填写并审核采购订单(业务类型：普通采购)—生成到货单并审核—生成入库单并审核—生成采购专用发票(现付)—填写货运专票(现付)—"手工结算"—应付系统 AP 进行"现结"审核。生成凭证如下：

　　　　借：在途物资　　　　　　　　　　　　　　　　　　　　　　　1 010 000
　　　　　　应交税费——应交增值税(进项税额)　　　　　　　　　　　171 100
　　　　　　贷：银行存款　　　　　　　　　　　　　　　　　　　　　　　　　1 181 100

　　在存货核算 IA 进行正常单据记账，生成凭证如下：

　　　　借：原材料　　　　　　　　　　　　　　　　　　　　　　　　1 010 000
　　　　　　贷：在途物资　　　　　　　　　　　　　　　　　　　　　　　　　1 010 000

　　在手工结算环节，若采购的材料为多种不同的材料，其运费既可以按货物数量分配记入在途物资后转入原材料，也可以按货物采购金额进行分配并记入。

　　若上述业务中取得的运费发票不是货运专票，但采购材料取得的是增值税专用发票，那么运费的进项税额是无法进行抵扣的。

　　在 ERP-U8V10.1 环境下，采购材料通过填写订单和采购专票进行，运费只能填写增值税普通发票进行。

　　应付系统 AP 生成凭证如下：

　　　　借：在途物资　　　　　　　　　　　　　　　　　　　　　　　1 011 100
　　　　　　应交税费——应交增值税(进项税额)　　　　　　　　　　　170 000
　　　　　　贷：银行存款　　　　　　　　　　　　　　　　　　　　　　　　　1 181 100

　　在存货核算 IA 进行正常单据记账，生成凭证如下：

　　　　借：原材料　　　　　　　　　　　　　　　　　　　　　　　　1 011 100
　　　　　　贷：在途物资　　　　　　　　　　　　　　　　　　　　　　　　　1 011 100

　　若上述业务无法取得采购货物专票和货运专票，那么其进项税额都将无法抵扣。在 ERP 系统进行操作时，需要填写普通发票进行业务单据处理。

　　应付系统 AP 生成凭证如下：

　　　　借：在途物资　　　　　　　　　　　　　　　　　　　　　　　1 181 100
　　　　　　贷：银行存款　　　　　　　　　　　　　　　　　　　　　　　　　1 181 100

　　在存货核算 IA 进行正常单据记账，生成凭证如下：

　　　　借：原材料　　　　　　　　　　　　　　　　　　　　　　　　1 181 100
　　　　　　贷：在途物资　　　　　　　　　　　　　　　　　　　　　　　　　1 181 100

　　若在上述业务中，取得运费在验收入库之前有货损，那么其运费的处理需要跟随材料一起进行。货损可以分为正常损耗和非正常损耗。尤其需要注意的是，若是自然灾害原因，其进项税额是可以抵扣的；但若是非正常原因，其对应的进项税额不得抵扣。如在本例中，实到货物 7 000kg，货损 3 000kg，其中正常损耗 1 000kg，非正常损耗 2 000kg。对于实到货物 7 000kg，在采购入库单中进行录入；对于正常损耗 1 000kg 和非正常损耗 2 000kg 的数据操作，在"手工结算"界面下进行操作。

　　应付系统 AP 生成凭证如下：

　　　　借：在途物资　　　　　　　　　　　　　　　　　　　　　　　1 011 100
　　　　　　应交税费——应交增值税(进项税额)　　　　　　　　　　　170 000

　　贷：银行存款　　　　　　　　　　　　　　　　　　　　1 181 100

在存货核算 IA 进行正常单据记账，生成凭证如下：

借：原材料　　　　　　　　　　　　　　　　　　　　　　1 011 100

　　贷：在途物资　　　　　　　　　　　　　　　　　　　　1 011 100

二、固定资产采购环节支付运费的处理解析

　　[例题]一般纳税人采购固定资产设备，数量为 2 台，取得增值税专用发票，价款
1 000 000 元，增值税税额 17 000 元。支付运费，取得货运专票，运费 10 000 元，增值税
税额 1 100 元，其运费的增值税税额可以抵扣。固定资产投入使用。

　　其业务处理流程为：填写并审核采购订单（业务类型：固定资产）—生成到货单并审核
（入固定资产仓）—生成入库单并审核—生成采购专用发票（现付）—填写货运专票（现付）—
办理手工结算（需调出"固定资产"类型，可按数量和金额进行运费分配）—在 FA 进行固定
资产生成卡片 2 张—应付系统 AP 核算，生成凭证如下：

借：固定资产　　　　　　　　　　　　　　　　　　　　　1 010 000

　　应交税费——应交增值税（进项税额）　　　　　　　　　171 100

　　贷：银行存款　　　　　　　　　　　　　　　　　　　　1 181 100

　　上述财务核算结果也可以在固定资产模块 FA 进行制单。按照财务业务一体化的原
则，采购活动需要通过采购模块和应付款管理进行核算。若在固定资产模块核算，虽然最
后财务结果一致，但其处理过程不一定比在采购与应付款管理模块中核算来得更有效、
直接。

　　在 ERP-U8V10.1 环境下，运费发票需要和入库单进行采购结算，从而确定固定资产
的入库成本与入库单价。可按金额或数量进行分摊，来调整固定资产入账金额。

　　若上述业务无法取得货运专票，那么其进项税额不得抵扣。在 ERP 系统操作时，需
要添置普通发票进行处理，最后在应付款管理 AP 核算，生成凭证如下：

借：固定资产　　　　　　　　　　　　　　　　　　　　　1 011 100

　　应交税费——应交增值税（进项税额）　　　　　　　　　170 000

　　贷：银行存款　　　　　　　　　　　　　　　　　　　　1 181 100

三、销售环节支付运费的处理解析

　　[例题]某企业销售货物，由销售方承担运费，用银行存款现付 11 100 元，其中运费
10 000 元，增值税税额 1 100 元，取得货运专票。

　　该业务中销售环节支付的运费，其实质是购买运费，与采购环节支付运费的处理方法
相同。

　　在 ERP-U8V10.1 环境下，本着财务业务一体化的原则，如果增值税税额可以抵扣，
其运费通过填写增值税专用发票进行处理；如果不可抵扣，则通过填写增值税普通发票进
行处理。

　　其业务处理流程为：填写、审核采购专票并现付（运费，税率 11%），应付系统 AP 制

单。生成凭证如下：

　　借：销售费用　　　　　　　　　　　　　　　　　　　　　10 000

　　　　应交税费——应交增值税(进项税额)　　　　　　　　　 1 100

　　　　贷：银行存款　　　　　　　　　　　　　　　　　　　　　　　　11 100

　　销售环节支付的运费也在销售管理系统中填写销售费用支出单，但是在 ERP-U8V10.1 环境下，无法根据该单据生成凭证。在财务业务一体化原则指导下，选择填写采购专票并生成凭证比采用销售费用支出单进行处理更为恰当。

　　若上述业务无法取得专票，其在 ERP 进行单据处理时，需要填制普票。最后财务核算结果如下：

　　借：销售费用　　　　　　　　　　　　　　　　　　　　　11 100

　　　　贷：银行存款　　　　　　　　　　　　　　　　　　　　　　　　11 100

四、销售环节收取运费的处理解析

　　如果企业在销售货物的同时提供运输服务，应当分别对货物和运费开出专票或普票，并进行现结。

　　"营改增"前，销售货物同时提供劳务，属于混合销售，按主业一并征收增值税。"营改增"后，销售货物同时提供运输，按照兼营不同税率分别核算增值税。在 ERP-U8V10.1 环境下，其收取的运费肯定会产生销项税额。

　　[例题]　某企业销售货物 1 000 000 元，增值税 170 000 元；收取运费 10 000 元，增值税 1 100 元。款项未收。

　　应当分开核算销售货物和运输服务。其业务处理流程为：单独填写销售专票(或普票)现结并复核—应付系统 AR 审核。生成凭证如下：

　　借：应收账款　　　　　　　　　　　　　　　　　　　　 1 181 100

　　　　贷：主营业务收入　　　　　　　　　　　　　　　　　　　 1 010 000

　　　　应交税费——应交增值税(销项税额)　　　　　　　　　 171 100

　　若上述业务无法开具专票，那么在系统中填制普票，适用税率为 11%，进行财务核算，结果同上。因为提供交通运输服务，计算销项税额不区分普票还是专票。

　　但若销售货物的公司无法开出运费发票，那么其收取的运费需要作为价外费用并入货物销售额进行核算，适用税率为 17%。销售货物 1 000 000 元，增值税 170 000 元，收取运费 11 700 元。

　　借：银行存款　　　　　　　　　　　　　　　　　　　　 1 181 700

　　　　贷：主营业务收入　　　　　　　　　　　　　　　　　　　 1 010 000

　　　　应交税费——应交增值税(销项税额)　　　　　　　　　 171 700

　　在事先签订销售订单时，一般不做此处理。因为在此种情况下，销售方开具的是普票，购买方能抵扣的进项税额为零。若销售方开具的是专票，其运费不论是合并核算还是分开核算，尽管购买方支付的金额总额不同，但购买方购买货物的成本是一样的，因为剩余的金额都为进项税额。

五、销售环节代垫运费的处理解析

[**例题**] 某企业销售货物，为购货方代垫运费 11 100 元，代垫款项未收到。

代垫运费要符合运输发票是开给购买方的，同时发票会交给购买方的。其代垫金额不并入销售额，属于代垫款项，对于销售方而言，不涉税，也不涉及损益项目，因此不影响利润。

在 ERP-U8V10.1 环境下，代垫运费是不涉及损益类项目的，也无进项税额。其业务处理流程为：在销售管理系统中填写代垫费用清单——应收系统 AR 审核。生成凭证如下：

借：应收账款　　　　　　　　　　　　　　　　　　　　　　　　11 100
　　贷：银行存款　　　　　　　　　　　　　　　　　　　　　　　11 100

若上述业务无法取得专票，取得的是普通发票，在本质上其业务是相同的，因为是代垫业务，核算结果同上。

六、总结

(一) 会计核算科目的选择

以上五种是关于运费的 ERP 业务处理流程。就其业务实质来说不尽相同，涉及科目也各不相同，有存货类科目(在途物资、原材料)；也有损益类科目，如主营业务收入、销售费用等；同时也会涉及应收账款类科目。在 ERP-U8V10.1 环境下，在会计准则与税法的要求和指导下，结合具体业务，进行业务实质的分析，提出处理流程，提高学生的业务处理能力。

(二) 涉税处理

以上五种业务中有涉税的，也有不涉税的，在进行处理时需要区分。若支付的是运费，一般会涉及是否要考虑进项税额；但代垫运费业务的核算则与进项税额无关。同时，需要考虑是普票，还是专票。若是普票，肯定无法抵扣进项税额；但即使是专票，也不一定可以抵扣，如销售代垫的运费就不能抵扣。

(三) 价税分离的问题

由于营业税是价内税，而增值税是价外税，"营改增"后，在收取运费时，需要进行价税分离计算。尤其是对销售时收取运费的处理，必须注意含税价与不含税的换算。其对于销售的影响，需要换位思考，站在购买方的角度进行合理定价，尤其是销售收取运费，若是自己提供运输，可以分开核算，也可合并核算；若是请第三方提供运输，可由销售方承担运费，也可由购买方承担运费。

参考文献：
1. 财政部，国家税务总局. 营业税改征增值税试点实施办法(财税〔2016〕36 号).
2. 财政部. 增值税会计处理规定(财会〔2016〕22 号).

专题二
受托代销业务专题

Commissioned Sales

受托代销业务是指企业接受其他单位的委托代为销售商品。委托方和受托方应先签订合同或协议，确定委托代销的商品品种、价格、代销方式、代销手续费标准和结算办法等，明确双方的经济利益和经济责任。

在 ERP-U8 V10.1 环境下进行该类业务的处理，需要进行以下基础设置：在销售管理选项，启用"受托代销业务"；在存货档案，新增存货"手续费"，属性设置为"劳务"；客户档案，新增委托方资料；供应商档案，新增委托方资料；仓库，新增"受托代销商品仓"。

一、收取手续费方式

收取手续费方式的代销是受托方根据所代销的商品数量向委托方收取手续费的销售方式。对受托方来说，收取的手续费实际上是一种劳务收入。在收取手续费代销方式下，委托方应在受托方已将商品售出，并向委托方开具代销清单时确认收入；受托方在商品销售后，按应收取的手续费确认收入。

企业在销售货物时，一般纳税人适用税率为 17％；若为低税率货物，则税率为 13％。本专题中，货物的税率以 17％为准计算；"营改增"后，手续费是增值税的应税项目，属于"现代服务业"，其税率为 6％。

在企业所得税中，收入是以货物所有权是否转移来确认的。此处的税务处理与会计处理有所差异，在企业所得税的清算中需要调整。

第一步：签订受托代销订单，到货后办理入库手续。

其业务处理流程为：签订采购订单并审核(业务类型选定为"受托代销")—办理到货，填制到货单并审核—在库存管理模块生成并审核入库单—在存货核算模块进行正常单据记账。生成凭证如下：

借：受托代销商品　　　　　　　　　　　入库数量×不含税单价（订单）

　　贷：受托代销商品款　　　　　　　　　　入库数量×不含税单价（订单）

第二步：受托方对外销售代销商品时，在收取手续费方式下只能按照约定价格对外销售，既不确认销售收入，也不确认销售成本，但要冲销受托代销入库货物。

其业务处理流程为：签订销售订单并审核（业务类型选定为"受托代销"）—开出销售专用发票并复核—在应收模块中进行审核。生成凭证如下：

借：应收账款　　　　　　　　　　售出数量×不含税单价（订单）×1.17

　　贷：应付账款——暂估应付款　　　　　　售出数量×不含税单价（订单）

　　　　应交税费——应交增值税（销项税额）　售出数量×不含税单价（订单）×17%

在库存管理模块进行销售出库单审核，在存货模块进行正常单据记账，生成凭证如下：

借：受托代销商品款　　　　　　　　　售出数量×不含税单价（订单）

　　贷：受托代销商品　　　　　　　　　　　售出数量×不含税单价（订单）

第三步：受托方开具代销清单给委托方，委托方开具销售专票，受托方收到专票后，进行受托代销业务结算。填写受托代销结算单并审核，自动生成采购专用发票，在应付系统中进行审核。生成凭证如下：

借：应付账款——暂估应付款　　　　　售出数量×不含税结算单价（订单）

　　应交税费——应交增值税（进项税额）

　　　　　　　　　　　　　　售出数量×不含税结算单价（订单）×17%

　　贷：应付账款——一般应付款　　　售出数量×不含税结算单价（订单）×1.17

第四步：开出代销手续费发票。在销售系统开出专票，并在应收系统中进行审核。生成凭证如下：

借：应收账款　　　　　　　　　　　　　　不含税手续费×1.06

　　贷：主营业务收入/其他业务收入　　　　　　　不含税手续费

　　　　应交税费——应交增值税（销项税额）　　　不含税手续费×6%

第五步：支付款项给委托方，完成受托代销业务。此处支付给委托方款项的金额＝售出数量×不含税结算单价（订单）×1.17－不含税手续费×1.06，即应收冲应付后，应付账款的余额。

在应收中进行应收冲应付，生成凭证如下：

借：应付账款——一般应付款　　　　　　　不含税手续费×1.06

　　贷：应收账款　　　　　　　　　　　　　　不含税手续费×1.06

在应付系统中填写付款单据并审核，生成凭证如下：

借：应付账款——一般应付款

　　　　售出数量×不含税结算单价（订单）×1.17－不含税手续费×1.06

　　贷：银行存款

售出数量×不含税结算单价（订单）×1.17－不含税手续费×1.06

二、视同买断方式

视同买断模式有两种，一种是在双方签订的订单中已经注明包销，即受托方收到货物后，若货物未对第三方出售，那么受托方不可退货。包销下视同买断的处理同普通的正常采购和正常销售，不在此叙述。另外一种是在双方签订的订单中注明非包销，即受托方收到货物后，若货物未对第三方出售，受托方可以退货。此种模式下受托方赚取的是货物的价格差。

第一步：签订采购订单，在业务类型中注明"受托代销"，生成到货单并审核，在库存管理模块中生成入库单并审核，在存货核算中进行正常单据记账。生成凭证如下：

借：受托代销商品　　　　　　　　　　　　入库数量×不含税单价(订单)
　　贷：受托代销商品款　　　　　　　　　　入库数量×不含税单价(订单)

第二步：受托方对第三方进行销售，确认销售收入，结转销售成本。签订销售订单并审核，业务类型选定为"受托代销"。生成销售专票，复核并审核。在 ERP-U8V10.1 环境下处理同正常的销售业务。在应收模块中审核，生成凭证如下：

借：应收账款　　　　　　　　　　售出数量×不含税单价(自定)×1.17
　　贷：主营业务收入　　　　　　　　　　售出数量×不含税单价(自定)
　　　　应交税费——应交增值税(销项税额)　售出数量×不含税单价(自定)×17%

在存货核算中进行正常单据记账，生成凭证如下：

借：主营业务成本　　　　　　　　　　　　售出数量×结算价
　　贷：受托代销商品　　　　　　　　　　售出数量×结算价

第三步：开具代销清单给委托方，收到委托方开具的专票。填写受托代销结算单并审核，自动生成采购专票，在应付模块中审核，生成凭证如下：

借：受托代销商品款　　　　　　　　　　售出数量×不含税结算单价
　　应交税费——应交增值税(进项税额)　售出数量×不含税结算单价×17%
　　贷：应付账款——一般应付款　　　　售出数量×不含税结算单价×1.17

第四步：填写应付款，并在应付模块中审核，生成凭证如下：

借：应付账款——一般应付款
　　贷：银行存款

三、总结

(一)相同点

1. 收到商品时

无论是采用何种代销方式，由于代销商品所有权上的风险和报酬并未转移给受托方，受托方在收到代销商品时，均不作为购进商品处理，但需单独设置"受托代销商品"和"代销商品款"两个账户。

2. 对外出售代销商品时

开具代销清单，与委托方结算时，确认应付账款方式相同。填写受托代销结算单，自动生成采购专票，确认应付账款。

(二)不同点

1. 受托方确认利润的方式不同

在收取手续费方式下，主要是通过手续费的确认来确定利润。本着财务业务一体化的原则，需要在销售管理中填写销售专用发票来进行手续费的确认。此处与"营改增"前有所不同，"营改增"前，手续费通过虚拟付款单或红字应付单的形式进行处理。在视同买断非包销方式下，因不涉及服务，故"营改增"前后的处理方式是一致的，利润来源于货物的价差。

2. 受托方销售代销商品时的确定方式不同

在收取手续费方式下，受托方无定价权，因此受托方对外销售商品，不确认收入。但在视同买断非包销方式下，受托方有定价权，因此受托方对外销售商品，确认收入。

3. 涉税处理不同

（1）增值税

"营改增"前，手续费是营业税的项目，现在则是增值税的项目。在视同买断非包销方式下，对于增值税的处理没有变化。

（2）企业所得税

在收取手续费方式下，受托方对外销售商品，会计上不确认收入，但在税法上因货物所有权转移，视同取得收入。其相应的成本等于收入，应纳税所得额为零。但其销售收入基数有变化，需要调增受托方对外销售商品的不含税金额，会影响"业务招待费""广告与业务宣传费"项目的扣除金额。在视同买断非包销方式下，因税务处理与会计处理一致，故不存在调整项目。

参考文献：

1. 孙羽，孙红梅. 用友 ERP-U8 供应链业务的处理流程[J]. 财会月刊，2014(9).

2. 牛永芹，赵德良，曹方林. ERP 供应链管理系统实训教程[M]. 2 版. 北京：高等教育出版社，2016.

专题三

债务重组专题

Debt Restructurings

　　按照《企业会计准则第 12 号——债务重组》进行账务处理时，在财务业务一体化处理原则的指导下，结合软件来构建处理流程，处理过程中可能要生成多张记账凭证，但最终的账务结果要和手工账务处理一致，保证账账相符、账实相符。在 ERP-U8V10.1 环境下处理债务重组业务，涉及总账模块 GL、应收款模块 AR、应付款模块 AP、固定资产模块 FA、采购管理模块 PM、销售管理模块 SM、库存管理模块 IM、存货核算模块 IA 等模块，并且流程复杂。

　　本专题在 ERP-U8V10.1 环境下，从债权人、债务人两个方面，详细介绍以现金、固定资产、存货等资产方式清偿债务，以及债务转为资本、修改其他债务条件的债务重组业务处理过程。

　　[例题] A 公司欠 B 公司货款 300 000 元。由于 A 公司财务发生困难，短期内不能支付已于 2016 年 10 月 1 日到期的货款。2016 年 12 月 1 日，A 公司对此笔应收账款已经计提坏账准备 30 000 元。

一、以资产方式清偿债务

(一)以现金清偿债务

[承例题] 经双方协商，B 公司同意 A 公司以银行存款 220 000 元进行清偿。

1. 债务人 A 公司，在 ERP-U8V10.1 环境下进行如下业务处理。

第一步：在应付款管理 AP 中填写付款单并审核，制单如下：

借：应付账款——B 公司　　　　　　　　　　　　　　　　　　　　　220 000
　　贷：银行存款　　　　　　　　　　　　　　　　　　　　　　　　　　　220 000

第二步：在应付款模块 AP 中填写虚拟付款单并审核，结算方式选为"其他"，科目选为"营业外收入——债务重组利得"并审核，制单如下：

借：应付账款——B公司　　　　　　　　　　　　　80 000
　　贷：营业外收入——债务重组利得　　　　　　　　　　80 000

此步骤也可用"核销"进行，输入折扣金额80 000元，财务核算结果同上。

2. 债权人B公司，在ERP-U8V10.1环境下进行如下业务处理。

第一步：会计人员在应收款模块AR中填写收款单并审核，制单如下：

借：银行存款　　　　　　　　　　　　　　　　　220 000
　　贷：应收账款——A公司　　　　　　　　　　　　　220 000

第二步：会计人员在应收款模块AR中进行"坏账发生"操作，制单如下：

借：坏账准备　　　　　　　　　　　　　　　　　30 000
　　贷：应收账款——A公司　　　　　　　　　　　　　30 000

第三步：会计人员在应收款模块AR中填写虚拟收款单，结算方式选为"其他"，科目选为"营业外支出——债务重组损失"并审核，制单如下：

借：营业外支出——债务重组损失　　　　　　　　　50 000
　　贷：应收账款——A公司　　　　　　　　　　　　　50 000

如果当初债权人多提了坏账准备，如对该笔应收账款已计提坏账准备100 000元，其中多提的坏账准备20 000元（300 000－220 000－100 000），按坏账转回进行操作，制单如下：

借：坏账准备　　　　　　　　　　　　　　　　　20 000
　　贷：资产减值损失　　　　　　　　　　　　　　　20 000

（二）以固定资产清偿债务

[承例题]经双方协商，B公司同意A公司以其固定资产——设备偿还债务。该设备的公允价值为200 000元，原值为150 000元，累计折旧30 000元，未计提减值准备，账面价值为120 000元。A公司和B公司均为增值税一般纳税人，适用的增值税税率为17%。B公司于2016年12月15日收到A公司抵债的设备，并作为固定资产入库。

1. 债务人A公司，在ERP-U8V10.1环境下进行如下业务处理。

第一步：以固定资产设备进行清偿，在财务业务一体化原则指导下，视同销售。在固定资产模块FA中进行固定资产减少操作，并生成凭证如下：

借：固定资产清理　　　　　　　　　　　　　　　120 000
　　累计折旧　　　　　　　　　　　　　　　　　30 000
　　贷：固定资产　　　　　　　　　　　　　　　　　150 000

第二步：在销售管理模块SM中填写订单，销售类型应选为"债务重组"，审核并生成销售专用发票，复核后，在应收款模块AR中进行应收单审核，制单如下：

借：其他应收款——B公司　　　　　　　　　　　234 000
　　贷：固定资产清理　　　　　　　　　　　　　　　200 000
　　　　应交税费——应交增值税（销项税额）　　　　　34 000

第三步：结转固定资产清理损益，在总账模块GL中填制凭证如下：

借：固定资产清理　　　　　　　　　　　　　　　80 000
　　贷：营业外收入——固定资产清理利得　　　　　　　80 000

第四步：会计人员在应收款管理AR中进行应收冲应付，或者在应付款模块AP中进行应付冲应收，制单如下：

  借：应付账款——B公司   234 000

    贷：其他应收款——B公司   234 000

  第五步：会计人员在应付款模块 AP 中填写虚拟付款单，结算方式选为"其他"，科目选为"营业外收入——债务重组利得"，审核并制单如下：

  借：应付账款——B公司   66 000

    贷：营业外收入——债务重组利得   66 000

  2. 债权人 B 公司，在 ERP-U8V10.1 环境下进行如下业务处理。

  第一步：换入设备作为固定资产核算，在财务业务一体化原则指导下，视同采购。

  在采购管理中填制采购订单，业务类型选为"固定资产"，采购类型选为"债务重组"审核并生成到货单，审核后生成采购专用发票，同时进行结算。在应付款模块 AP 中审核应付单，制单如下：

  借：固定资产   200 000

    应交税费——应交增值税（进项税额）   34 000

    贷：应付账款——A公司   234 000

  第二步：会计人员在应付款模块 AP 中进行应付冲应收，或者在应收款模块 AR 进行应收冲应付，制单如下：

  借：应付账款——A公司   234 000

    贷：应收账款——A公司   234 000

  第三步：会计人员在应收款模块 AR 中进行"坏账发生"操作，制单如下：

  借：坏账准备   30 000

    贷：应收账款——A公司   30 000

  第四步：会计人员在应收款模块 AR 中填写虚拟收款单，结算方式选为"其他"，科目选为"营业外支出——债务重组损失"，审核并制单如下：

  借：营业外支出——债务重组损失   36 000

    贷：应收账款——A公司   36 000

（三）以存货清偿债务

  [承例题] 经双方协商，B公司同意 A 公司以其产品偿还债务。该产品的公允价值为 200 000 元，实际成本为 120 000 元。A 公司和 B 公司均为增值税一般纳税人，适用的增值税税率为 17%。B 公司于 2016 年 12 月 15 日收到 A 公司抵债的产品，并作为库存商品入库。

  1. 债务人 A 公司，在 ERP-U8V10.1 环境下进行如下业务处理。

  第一步：以其产品抵偿债务，视同销售处理，在销售类型中定义为"债务重组"。

  在销售管理模块 SM 中填制销售订单，审核并生成发货单，审核并生成出库单和销售专用发票，复核后，会计人员在应收款模块 AP 中进行应收单审核，制单如下：

  借：应收账款——B公司   234 000

    贷：主营业务收入   200 000

    应交税费——应交增值税（销项税额）   34 000

  第二步：结转销售成本，会计人员在存货核算模块 IA 中进行"正常单据记账"后，制单如下：

借：主营业务成本　　　　　　　　　　　　　　　　　　120 000
　　贷：库存商品　　　　　　　　　　　　　　　　　　　　120 000

第三步：会计人员在应收款模块 AR 中进行应收冲应付，或者在应付款模块 AP 中进行应付冲应收，制单如下：

借：应付账款——B 公司　　　　　　　　　　　　　　　234 000
　　贷：应收账款——B 公司　　　　　　　　　　　　　　　234 000

第四步：会计人员在应付款模块 AP 中填写虚拟付款单，结算方式选为"其他"，科目选为"营业外收入——债务重组利得"，审核并制单如下：

借：应付账款——B 公司　　　　　　　　　　　　　　　　66 000
　　贷：营业外收入——债务重组利得　　　　　　　　　　　　66 000

2. 债权人 B 公司，在 ERP-U8V10.1 环境下进行如下业务处理。

第一步：收到商品，视同采购处理，在采购类型中定义为"债务重组"。

在采购管理中模块 PM 填制采购订单，审核并生成到货单、入库单、采购专用发票，同时完成采购结算，会计人员在应付款模块 AR 进行制单如下：

借：在途物资　　　　　　　　　　　　　　　　　　　　200 000
　　应交税费——应交增值税（进项税额）　　　　　　　　　34 000
　　贷：应付账款——A 公司　　　　　　　　　　　　　　　234 000

第二步：结转入库商品，库存管理人员审核入库单，会计人员在存货核算模块 IA 中进行"正常单据记账"后，制单如下：

借：库存商品　　　　　　　　　　　　　　　　　　　　200 000
　　贷：在途物资　　　　　　　　　　　　　　　　　　　　200 000

第三步：会计人员在应付款模块 AP 中进行应付冲应收，或者在应收款模块 AR 中进行应收冲应付，制单如下：

借：应付账款——A 公司　　　　　　　　　　　　　　　234 000
　　贷：应收账款——A 公司　　　　　　　　　　　　　　　234 000

第四步：会计人员在应收款模块 AR 中进行"坏账发生"操作，制单如下：

借：坏账准备　　　　　　　　　　　　　　　　　　　　　30 000
　　贷：应收账款——A 公司　　　　　　　　　　　　　　　30 000

第四步：会计人员在应收款模块 AR 中填写虚拟收款单，结算方式选为"其他"，科目选为"营业外支出——债务重组损失"，审核并制单如下：

借：营业外支出——债务重组损失　　　　　　　　　　　　36 000
　　贷：应收账款——A 公司　　　　　　　　　　　　　　　36 000

总结： 在以存货清偿债务的操作中，上述业务是以库存商品进行清偿的，若以原材料进行清偿，其流程不变，核算时会计科目应选为"其他业务收入"和"其他业务成本"。若换入后作为固定资产核算，那么其流程按固定资产采购进行，会计核算科目应选为"固定资产"。

二、债务转为资市的业务处理

[承例题] 经双方协商，B 公司同意 A 公司以股份支付。债务重组后，B 公司免除 A 公司债务，同时占 A 公司实收资本的 1%，实收资本总额为 1 000 万元，1% 股份的公允价值为 22 万元。B 公司取得的股份按可供出售金融资产进行核算。

1. 债务人 A 公司，在 ERP-U8V10.1 环境下进行如下业务处理。

对于债转股的 ERP 业务处理，有两种方法。

方法一：填写虚拟付款单，共三张。在结算方式中选择"其他"，结算科目分别选为"实收资本""资本公积——资本溢价""营业外收入——债务重组利得"。审核后再分别制单。

方法二：填写红字应付单，在表体中填写"其他费用"，科目分别选为"实收资本""资本公积——资本溢价""营业外收入——债务重组利得"。审核后再进行制单。在财务业务一体化原则的指导下，建议使用方法一进行业务处理。

```
借：应付账款                                      300 000
    贷：实收资本                                  100 000
        资本公积——资本溢价                        120 000
        营业外收入——债务重组利得                    80 000
```

2. 债权人 B 公司，在 ERP-U8V10.1 环境下进行如下业务处理。

对于债转股的 ERP 业务处理，有两种方法。

方法一：填写虚拟收款单，共两张。在结算方式中选择"其他"，结算科目分别选为"可供出售金融资产""营业外支出——债务重组损失"。审核后再分别制单：

```
借：可供出售金融资产                              220 000
    营业外支出——债务重组损失                       50 000
    贷：应收账款                                  270 000
```

在应收款模块 AR 中进行"坏账发生"操作，制单如下：

```
借：坏账准备                                       30 000
    贷：应收账款                                    30 000
```

方法二：填写红字应收单，在表体中填写"其他费用"，科目分别选为"可供出售金融资产""坏账准备""营业外支出——债务重组损失"。审核后再进行制单：

```
借：可供出售金融资产                              220 000
    坏账准备                                       30 000
    营业外支出——债务重组损失                       50 000
    贷：应收账款                                  300 000
```

三、修改其他债务条件的业务处理

[承例题] 经双方协商，自 2017 年 1 月 1 日起 B 公司同意豁免债务 A 公司 100 000 元，并将剩余债务延长 2 年，利息按年支付，利率为 4%。同时协议中列明：债务重组后，

如 A 公司自 2017 年起有盈利，则利率上升至 5%；若无盈利，利率维持在 2%。2016 年 12 月 31 日相关手续已经办妥。预计 A 公司从 2017 年起每年均有可能盈利。

1. 债务人 A 公司，在 ERP-U8V10.1 环境下进行如下业务处理。

债务人对于或有应付金额，按预计负债确认原则，在本例中应予确认。

第一步：在应付款模块 AP 中填写虚拟付款单并审核，结算科目分别选为"营业外收入——债务重组利得""预计负债"，分别制单：

借：应付账款　　　　　　　　　　　　　　　　　　　　　　100 000
　　贷：营业外收入——债务重组利得　　　　　　　　　　　　　　88 000
　　　　预计负债　　　　　　　12 000＝200 000×（5%－2%）×2

第二步：按月计提利息，在应付款模块 AP 中填写其他应付单，审核并制单：

借：财务费用　　　　　　　　　　　4000＝2%×200 000
　　预计负债　　　　　　　　　　　6000＝3%×200 000
　　贷：应付账款　　　　　　　　10 000＝5%×200 000

第三步：2018 年 1 月 1 日，支付利息，在应付款模块 AP 中填写付款单，审核并制单：

借：应付账款　　　　　　　　　　10 000＝5%×200 000
　　贷：银行存款　　　　　　　　10 000＝5%×200 000

2. 债权人 B 公司，在 ERP-U8V10.1 环境下进行如下业务处理。

第一步：在应收款模块 AR 中进行"坏账发生"操作，制单如下：

借：坏账准备　　　　　　　　　　　　　　　　　　　　　　30 000
　　贷：应收账款　　　　　　　　　　　　　　　　　　　　30 000

第二步：会计人员在应收款模块模块 AR 中填写虚拟收款单，结算方式选为"其他"，科目选为"营业外支出——债务重组损失"，审核并制单如下：

借：营业外支出——债务重组损失　　　　　　　　　　　　　70 000
　　贷：应收账款——A 公司　　　　　　　　　　　　　　　70 000

遵循谨慎性原则，2017 年 1 月 1 日不确认或有应收金额。

第三步：按月计提利息，在应收款模块 AR 中填写其他应收单并审核，制单如下：

借：应收账款　　　　　　　　333.33＝200 000×2%÷12
　　贷：财务费用　　　　　　　333.33＝200 000×2%÷12

第四步：2018 年 1 月 1 日，收到利息，填写收款单，审核并制单：

借：银行存款　　　　　　　　10 000＝200 000×5%
　　贷：应收账款　　　　　　　　4000＝200 000×2%
　　　　营业外收入　　　　　　　6000＝200 000×3%

参考文献：

[1]周彦. 利用 ERP 软件处理债务重组业务之探讨[J]. 商业会计，2014（16）：23-25.

[2]龙麒任. 用友 ERP-U8V10.1 下债务重组业务处理流程设计[J]. 财会月刊，2016（16）：94-98.

专题四
固定资产专题

Fixed Assets

按照《企业会计准则第 4 号——固定资产》进行账务处理时,在财务业务一体化处理原则的指导下,在 ERP-U8V10.1 环境下构建处理流程,处理过程中可能要生成多张记账凭证,但最终的账务结果要和手工账务处理一致,保证账账相符、账实相符。在 ERP-U8V10.1 环境下处理固定资产购入、持有、处置、盘点四个环节的业务,涉及总账模块 GL、应收款模块 AR、应付款模块 AP、固定资产模块 FA、采购管理模块 PM、销售管理模块 SM 等模块。本专题在 ERP-U8V10.1 环境下,从购入、持有、处置、盘点四个方面,详细介绍固定资产业务处理过程。

一、购入环节业务处理

外购固定资产的实际成本包括固定资产的买价、相关税费,以及使固定资产达到预定可使用状态前所发生的可归属于该项资产的包装费、运输费、装卸费、保险费、专业人员服务费、进口关税、安装成本等必要支出作为其原价。外购固定资产的进项税额符合抵扣的,不再计入固定资产原值。

在 ERP-U8V10.1 环境下,需要设置"资产仓",同时设置"固定资产"档案,属性选择"固定资产",自行增加采购类型"固定资产采购"。

[**例题**] 企业外购机器设备一台,作为固定资产核算,取得增值税专用发票,价格为100 000 元,增值税进项税额为 17 000 元,货运专用发票上注明运费为 2 000 元,增值税为 220 元。所有款项均未付。

在 ERP-U8V10.1 环境下,外购固定资产的业务处理需要通过采购管理模块 PM、应付款模块 AP、固定资产模块 FA 进行。

第一步:签订合同,新增采购订单,注意业务类型应选"固定资产"。审核后,生成到货单和固定资产采购专用发票。

第二步：新增运费发票，应选专票进行，税率为 11％，项目选择"运费"。

第三步：进行设备发票与运费发票的结算。因为业务类型为"固定资产"，是非常见业务，所以在滤单界面应选择"新建方案"，将类型"固定资产"选择为"常用"后，再进行滤单。

第四步：在应付款模块 AP 中，进行应付单审核并制单：

借：固定资产 102 000

　　应交税费——应交增值税（进项税额） 17 220

　　贷：应付账款——一般应付款 119 220

第五步：进入固定资产模块 FA，进行生成卡片工作，使得固定资产模块数据与总账数据保持一致。

探析：若此例中是当天付款，那么应在发票界面进行"现结"操作。在应付款模块 AP 中制单时，选择"现结制单"，最终财务核算结果为：

借：固定资产 102 000

　　应交税费——应交增值税（进项税额） 17 220

　　贷：应付账款——一般应付款 119 220

探析：若此例中的设备是需要安装的设备，那么先按"在建工程"进行核算，待安装完毕后，再转入固定资产即可。在固定资产中录入卡片，增加方式选为"在建工程转入"。

借：固定资产

　　贷：在建工程

探析：以一笔款项购入多项没有单独标价的固定资产，应当按照各项固定资产的公允价值比例对总成本进行分配，分别确定各项固定资产的成本。

探析：购买固定资产的价款超过正常信用条件延期支付，实质上是具有融资性质的，固定资产的成本以购买价款的现值为基础确定。在固定资产模块 FA 中，录入卡片并制单：

借：固定资产

　　未确认融资费用

　　贷：长期应付款

实际支付的价款与购买价款现值之间的差额，应当在信用期间内采用实际利率法进行摊销，摊销金额除满足借款费用资本化条件的应当计入固定资产成本外，其他均应当在信用期间内确认为财务费用，计入当期损益，直接在总账模块 GL 中填列：

借：财务费用

　　贷：未确认融资费用

二、持有环节业务处理

持有环节主要考虑三笔业务，即折旧计提、后续支出、期末减值测试。

（一）折旧计提

在 ERP-U8V10.1 环境下，计提折旧的业务处理集中在固定资产模块 FA 中进行操作，先计算折旧费用清单,计算时可根据在卡片中为固定资产选择的折旧方法(年限平均法、工作量法、双倍余额法、直线法),再计算折旧的金额,然后进行财务核算,按照部门收益的原则,选择对应的科目,在固定资产模块 FA 中自动生成凭证:

借:制造费用(基本生产车间使用的固定资产)

管理费用(管理部门使用的固定资产和未使用的固定资产)

销售费用(销售部门使用的固定资产)

在建工程(自行建造固定资产过程中使用的固定资产)

其他业务成本(经营租出的固定资产)

贷:累计折旧

在进行折旧计提核算时需要注意:当月增加的固定资产,当月不提折旧,从下月起计提折旧;当月减少的固定资产,当月仍提折旧,从下月起停止计提折旧。已达到预定可使用状态但尚未办理竣工决算的固定资产,应当按照估计价值确定成本,并计提折旧;待办理竣工决算后再按实际成本调整原来的暂估价值,但不需要调整已计提的折旧额。

(二)后续支出

固定资产的后续支出是指固定资产使用过程中发生的更新改造支出、修理费用等。后续支出的处理原则:

1. 与固定资产有关的更新改造等后续支出,符合固定资产确认条件的,应当计入固定资产成本,同时将被替换部分的账面价值扣除;

2. 与固定资产有关的修理费用等后续支出,不符合固定资产确认条件的,应当计入当期损益、销售费用或管理费用。

[例题]某企业对固定资产进行技术改造,该固定资产原值 3 000 万元,已提折旧 1 200 万元,减值准备 300 万元,技术改造中符合资本化的支出 800 万元,被更换部件的账面价值 300 万元,该被更换的部件无残值。

在 ERP-U8V10.1 环境下,主要业务应分为三步,即固定资产减少、后续改造支出、完工转入固定资产。

第一步:更新改造时,在固定资产模块 FA 中进行"资产减少"操作,相应的方式为"转入在建工程"。在固定资产模块 FA 中进行制单,生成凭证如下:

借:在建工程   15 000 000

累计折旧   12 000 000

固定资产减值准备   3 000 000

贷:固定资产   30 000 000

(注:此时停止计提折旧)

第二步:发生可资本化的后续支出、更换部件,在总账模块 GL 中直接填制凭证:

借:在建工程   8 000 000

贷:银行存款   8 000 000

借:营业外支出   3 000 000

贷:在建工程   3 000 000

第三步:达到预定可使用状态,转入固定资产。在固定资产模块 FA 中新增卡片,此时根据重新确定的使用寿命、预计净残值和折旧方法计提折旧。保存后,在固定资产模块

FA 中制单，生成凭证如下：

借：固定资产　　　　　　　　　　　　　　　　　　　　　　20 000 000

　　贷：在建工程　　　　　　　　　　　　　　　　　　　　　　20 000 000

（三）期末减值测试

固定资产的减值测试要根据《会计准则第 8 号——资产减值》进行。固定资产发生损坏、技术陈旧或者其他经济原因，导致其可收回金额低于其账面价值，这种情况称为固定资产减值。如果固定资产的可收回金额低于其账面价值，应当按可收回金额低于其账面价值的差额计提减值准备，并计入当期损益，即资产减值损失。该减值一经确认，不得转回。

[例题] 某设备的账面价值为 264 000 元，预计可收回金额为 180 000 元，应计提固定资产减值准备 84 000 元（264 000－180 000）。

在 ERP-U8V10.1 环境下，需要进行资产评估操作，填入评估前后的金额即可确认资产减值。在固定资产模块 FA 中进行制单，生成凭证如下：

借：资产减值损失——计提的固定资产减值准备　　　　　　　　84 000

　　贷：固定资产减值准备　　　　　　　　　　　　　　　　　　84 000

三、处置环节业务处理

[例题] 某企业对外出售固定资产，该固定资产于 2012 年购入，原值 3 000 万元，已提折旧 1 200 万元，减值准备 300 万元，对外出售价格为 1 170 万元，清理过程支付清理费用 117 万元，取得劳务专用发票。

在 ERP-U8V10.1 环境下，由于处置固定资产时，需要开出发票进行交易，在财务业务一体化原则的指导下，需要进入销售管理系统进行处理。支付的清理费用，取得增值税专用发票，应在采购管理模块 PM 中录入专用发票后，进行现结，并在应付款模块 AP 中进行制单。处置后，次月起不再对该项固定资产进行折旧计提，因此需要在固定资产模块 FA 中进行资产减少操作。

第一步：固定资产转入清理，在固定资产模块 FA 中进行"资产减少"操作，对应方式选为"对外处置"。在固定资产模块 FA 中制单，生成凭证如下：

借：固定资产清理　　　　　　　　　　　　　　　　　　　　15 000 000

　　固定资产减值准备　　　　　　　　　　　　　　　　　　 3 000 000

　　累计折旧　　　　　　　　　　　　　　　　　　　　　　12 000 000

　　贷：固定资产　　　　　　　　　　　　　　　　　　　　　30 000 000

第二步：清理过程中发生的相关费用，在采购系统中录入专用发票，进行现结；在应付款模块 AP 中进行应付单据审核，勾选"现结单据"进行制单，生成凭证如下：

借：固定资产清理　　　　　　　　　　　　　　　　　　　　 1 000 000

　　应交税费——应交增值税（进项税额）　　　　　　　　　　　170 000

　　贷：银行存款　　　　　　　　　　　　　　　　　　　　　 1 170 000

若此处的设备于 2009 年 1 月 1 日之前购入，增值税未进行抵扣的，其处置时的增值税按 3% 计算，实际按 2% 缴纳增值税。

第三步：取得变价收入。在销售管理模块 SM 中录入订单，审核后生成专票发票，进行现结、复核，最后在应付款模块 AP 中审核应付单，制单生成凭证如下：

借：银行存款　　　　　　　　　　　　　　　　　　　　　　　11 700 000

　　贷：固定资产清理　　　　　　　　　　　　　　　　　　　10 000 000

　　　　应交税费——应交增值税（销项税）　　　　　　　　　 1 700 000

第四步：清理完毕，结转固定资产净损益，在总账模块 GL 中直接填制凭证：

借：营业外支出　　　　　　　　　　　　　　　　　　　　　　 6 000 000

　　贷：固定资产清理　　　　　　　　　　　　　　　　　　　 6 000 000

若属于筹建期间的清理损益，则计入管理费用。

四、盘点环节业务处理

固定资产盘盈是前期差错，需要追溯处理，通过"以前年度损益调整"科目进行。盘盈的固定资产在盘盈之前使用未计提折旧，不需要补提以前年度折旧，自下月开始计提折旧。盘亏的固定资产，主要通过"待处理财产损溢"进行核算，需要责任人赔偿的记入"其他应收款"，其他原因计入"营业外支出"，进项税额需要转出的，通过"应交税费——应交增值税（进项税额转出）"处理。

[例题] 某企业在期末进行固定资产盘点，盘盈账外设备一台，九成新，市场价值100 000 元。盘亏设备一台，原值 200 000 元，累计折旧 150 000 元，无减值。盘亏的原因未知，其进项税额需要转出。

在 ERP-U8V10.1 环境下，固定资产盘点业务通过固定资产模块 FA 进行处理。填写盘点单后，通过"核对"导入原有固定资产，可以选择按"类别"或"部门"进行核对，在其基础上进行操作。若是盘盈，则新增一行记录；若是盘亏，则删除相应的固定资产记录。盘盈与盘亏的确认和处理，在固定资产模块 FA 中制单，生成凭证如下：

盘盈的财务核算结果：

借：固定资产　　　　　　　　　　　　　　　　　　　　　　　　90 000

　　贷：以前年度损益调整　　　　　　　　　　　　　　　　　　90 000

盘亏的财务核算结果：

借：待处理财产损溢　　　　　　　　　　　　　　　　　　　　　50 000

　　累计折旧　　　　　　　　　　　　　　　　　　　　　　　 150 000

　　贷：固定资产　　　　　　　　　　　　　　　　　　　　　 200 000

同时在总账 GL 中填写，处理后的财务核算结果：

借：营业外支出　　　　　　　　　　　　　　　　　　　　　　　58 500

　　贷：待处理财产损溢　　　　　　　　　　　　　　　　　　　50 000

　　　　应交税费——应交增值税（进项税额转出）　　　　　　　 8 500

参考文献：

[1]中华人民共和国财政部官网. 企业会计准则第 4 号——固定资产，2006-02-27.

[2]中国证券监督管理委员会官网. 企业会计准则第 8 号——资产减值，2007-03-07.

专题五

定金专题

Front Money

　　定金业务在竞争的市场经济中尤为常见。在买卖双方签订合同的过程中，合同当事人为了确保合同的履行，由当事人一方在合同订立时或者订立后履行前，按照合同标的额的一定比例（不超过20%），预先给付对方当事人，这类属于实践合同。签订合同时，对定金必须以书面形式进行约定，同时还应约定定金的数额和交付期限。给付定金一方如果不履行债务，无权要求另一方返还定金；接受定金的一方如果不履行债务，需向另一方双倍返还债务。债务人履行债务后，依照约定，定金应抵作价款或者收回。

　　以财务业务一体化、会计信息化的推进为背景，本专题从购销双方角度，结合 ERP-U8V10.1 系统，分别给出相应的会计信息化处理程序。在"销售管理"系统中，结合定金业务，在"销售订单"表头有两种处理方式：一种是通过销售订单进行处理，另一种则是不通过销售订单进行处理。

一、销售方处理方法一：通过订单处理

　　若定金业务通过"销售订单"处理，需要做好以下初始设置：一是在"销售订单"表头中增加相应的定金项目；二是在"会计科目"中增加明细科目"预收账款——定金"，属性为"客户往来"，不受控于任何系统。

（一）收取定金业务处理

　　资料一：2017年9月1日，甲商贸公司与乙商贸公司签订购销合同，乙商贸公司向甲商贸公司采购篮球10 000只，不含税单价为100元，增值税税率为17%，签订合同当日乙公司支付定金10万元。

　　1. 新增销售订单，在表头中选中"必有定金"，填写完成后保存。但此时无法审核订单，因为定金尚未收到。

2. 在应收款管理中,参照"销售定金"订单,系统自动生成一张收款单,审核收款单。因为已经收到定金,此时可以审核"销售订单"。

3. 在应收款管理中心,根据收款单进行制单,生成凭证如下:

借:银行存款　　　　　　　　　　　　　　　　　　　　　　　100 000

　　贷:预收账款——定金　　　　　　　　　　　　　　　　　　　　100 000

(二)转货款业务处理

资料二:假定 2017 年 9 月 10 日,甲商贸公司发货,并开出销售专用发票,当月 20 日收取剩余款项 107 万元。

1. 参照订单,生成发货单。

2. 参照发货单,生成销售专用发票,并进行复核。

3. 审核出库单,同时在存货核算系统中进行正常单据记账,本专题中不生成结转销售成本凭证。

4. 在应收款管理中,审核应收单据,制单如下:

借:应收账款　　　　　　　　　　　　　　　　　　　　　　　1 170 000

　　贷:主营业务收入　　　　　　　　　　　　　　　　　　　　1 000 000

　　　　应交税费——应交增值税(销项税额)　　　　　　　　　　170 000

5. 填写收款单,进行余款收取,审核并进行制单:

借:银行存款　　　　　　　　　　　　　　　　　　　　　　　1 070 000

　　贷:应收账款　　　　　　　　　　　　　　　　　　　　　　1 070 000

6. 完成结算工作,在应收款管理系统中的收款单界面,进行"转货款"操作,自动生成一张收款单,根据收款单进行制单,生成凭证如下:

借:预收账款——定金　　　　　　　　　　　　　　　　　　　100 000

　　贷:应收账款　　　　　　　　　　　　　　　　　　　　　　100 000

(三)没收定金业务处理

资料三:假定 2017 年 9 月 10 日,由于乙商贸公司自身原因取消订单,双方约定甲商贸公司没收定金 10 万元。

在应收款模块 AR 中的定金收款单界面,进行"没收定金"操作,自动生成收款单,根据收款单进行制单,生成凭证如下:

借:预收账款——定金　　　　　　　　　　　　　　　　　　　100 000

　　贷:营业外收入　　　　　　　　　　　　　　　　　　　　　　100 000

(四)退一赔一业务处理

资料四:假定 2017 年 9 月 10 日,由于甲商贸公司自身原因无法履约,双方约定取消订单,甲商贸公司退一赔一,即退还定金 10 万元并赔偿 10 万元,合计 20 万元。

1. 在进行"退回"操作之前,必须取消审核"销售订单",因为退回定金之后,销售订单处于无效状态。

2. 在应收款模块 AR 中的定金收款单界面,进行"退回"操作,自动生成红字单据,制单并生成凭证如下:

借:预收账款——定金　　　　　　　　　　　　　　　　　　　100 000

　　贷:银行存款　　　　　　　　　　　　　　　　　　　　　　100 000

3. 填写一张"红字收款单"，即在收款单界面单击"转换"，新增并进行填写，审核后制单，生成凭证如下：

借：银行存款 −100 000

　　贷：营业外支出——违约金 −100 000

二、销售方处理方法二：不通过订单处理

由于不通过"销售订单"进行处理，需要将"预收账款——定金"科目设置为"客户往来"，同时受控于应收系统。

(一)收取定金业务处理

资料一：2017 年 9 月 1 日，甲商贸公司与乙商贸公司签订购销合同，乙商贸公司向甲商贸公司采购篮球 10 000 只，不含税单价为 100 元，增值税税率为 17%，签订合同当日乙公司支付定金 10 万元。

直接填写收款单，并将款项定义为"预收款"，审核后制单，生成凭证如下：

借：银行存款 100 000

　　贷：预收账款——定金 100 000

(二)转货款业务处理

资料二：假定 2017 年 9 月 10 日，甲商贸公司发货，并开出销售专用发票，当月 20 日收取剩余款项 107 万元。

1. 填写订单，并审核。

2. 参照订单，生成发货单，并进行审核。

3. 参照发货单，生成销售专用发票，并进行复核。

4. 审核出库单，同时在存货核算系统中进行正常单据记账，本专题中不生成结转销售成本凭证。

5. 在应收款模块 AR 中，审核应收单据，制单如下：

借：应收账款 1 170 000

　　贷：主营业务收入 1 000 000

　　　　应交税费——应交增值税(销项税额) 170 000

6. 填写收款单，进行余款收取，审核并进行制单：

借：银行存款 1 070 000

　　贷：应收账款 1 070 000

7. 完成结算工作，在应收款管理系统中进行"预收冲应收"操作并制单，生成凭证如下：

借：预收账款——定金 100 000

　　贷：应收账款 100 000

(三)没收定金业务处理

资料三：假定 2017 年 9 月 10 日，由于乙商贸公司自身原因取消订单，双方约定甲商贸公司没收定金 10 万元。

在应收系统中，通过红字收款单进行处理，表头中选择科目"营业外收入"，在表体中

选择"预收账款——定金",填写完成后并审核,生成凭证如下:

借:预收账款——定金   100 000

  贷:营业外收入   100 000

(四)退一赔一业务处理

资料四:假定 2017 年 9 月 10 日,由于甲商贸公司自身原因无法履约,双方约定取消订单,甲商贸公司退一赔一,合计 20 万元。

填写一张"红字收款单",即在收款单界面单击"转换"并新增,表体内容选择"预收款""其他费用"进行填写,审核后制单,生成凭证如下:

借:预收账款——定金   100 000

  营业外支出——违约金   100 000

  贷:银行存款   200 000

结语:上述两种方法都可以进行销售定金系列业务处理,但随着财务业务一体化的进一步推进,通过订单处理更为妥当。它能够突出该会计信息化处理是随着业务开始的,并跟随订单一路进行操作、处理,更加贴近实际。

三、采购方处理

在采购方的采购管理系统中,由于无法在"采购订单"的表头中增加"必有定金"项目,所以采购方关于采购定金的业务无法通过"采购订单"进行处理。在会计科目中,新增"预付账款——定金"科目,设置为"供应商往来",受控于应付系统。

(一)支付采购定金业务

根据资料一,在应付款模块 AP 中,填写付款单,表体项目中选择"预付款",科目为"预付账款——定金",审核后制单,生成凭证如下:

借:预付账款——定金   100 000

  贷:银行存款   100 000

(二)定金转采购货款业务

根据资料二,在完成一系列的采购业务后进行结算操作。

1. 新增采购订单,审核后生成到货单,参照其生成入库单和采购专用发票后进行结算,在存货核算系统中,完成"正常单据记账"。

2. 在应付款模块 AP 中,审核并制单,生成凭证如下:

借:在途物资   1 000 000

  应交税费——应交增值(进项税额)   170 000

  贷:应付账款   1 170 000

3. 填写付款单,审核并制单,生成凭证如下:

借:应付账款   1 070 000

  贷:银行存款   1 070 000

4. 完成结算,在应付款管理系统,完成预付冲应付,制单并生成凭证如下:

借:应付账款   100 000

  贷:预付账款   100 000

(三)违约并损失定金

根据资料三,在应付款管理系统的红字付款单表头中,结算方式选择"其他",科目选择"营业外支出",审核并制单,生成凭证如下;

借:营业外支出   100 000

 贷:预付账款——定金   100 000

(四)对方违约收回定金及赔偿违约金

根据资料四,填写红字付款单,表体中需要增加两行,第一行是预付款,科目为"预付账款——定金",第二行是其他,科目为"营业外收入",审核并制单,生成凭证如下:

借:银行存款   200 000

 贷:预付账款——定金   100 000

   营业外收入   100 000

专题六
特殊销售专题

Special Sales

　　特殊销售业务一直以来都是会计核算的难点，也是会计信息化竞赛中频繁出现的考点，同时也是会计信息化实务操作中的重点。本专题结合四种特殊销售业务进行会计信息化业务处理解析，力求提升学生会计信息化处理能力，同时为会计信息化、实务标准化操作提供参考。

一、买－赠－销售业务

　　赠品是商贸企业常用的促销方式之一。买一赠一销售业务不同于普通的一物一价销售，在采用这种销售方式时，赠品是不进行标价的，可以是企业专门采购用来在其他商品销售的时候赠送的，它不用于销售，那么购进赠品的价税款计入"销售费用"。赠品也可以是企业的商品，也就是说，它既可以单独用于销售，也可以在销售其他商品时作为销售赠品赠送。在这种情况下，按照会计准则要求，捆绑销售需要按所出售商品公允价值比例分别确认商品销售收入，同时要结转成本，从"库存商品"科目转入"主营业务成本"科目。

　　[例题] 2017 年 4 月 30 日，甲贸易公司向乙贸易公司销售某品牌运动鞋 100 双，每双单价为 60 元，每双鞋子赠送袜子一双，已开出增值税专用发票，货已发出，但款项未收到。每双运动鞋成本为 32 元，袜子是企业为了促销产品作为赠品购进的，购进价格为每双 12 元，增值税税率为 17%。

　　分析：赠品是企业专门为赠送而购买的，但不能带来销售收入，会计处理是将其购进成本与增值税进项税额之和作为"销售费用"来处理，在 ERP-U8V10.1 系统中处理流程如下。

　　1. 通过销售系统进行处理，在销售系统中，新增销售订单，审核后生成发货单并审核，参照发货单生成销售专用发票并复核，在应收款模块 AR 中审核，生成记账凭证如下：

借：应收账款 7 020

　　贷：主营业务收入 6 000

　　　　应交税费——应交增值税（销项税额） 1 020

2. 在库存管理系统中，对出库单进行审核后，到存货核算中进行正常单据记账，生成凭证如下：

借：主营业务成本 3200

　　贷：库存商品 3200

3. 填写其他出库单，审核后在存货核算中进行正常单据记账，生成凭证如下：

借：销售费用——赠品费用 1 404

　　贷：库存商品 1200

　　　　应交税费——应交增值税（销项税额） 204

如果此业务中的赠品是可以出售的商品，那么其处理不参照第3步进行，而是按照会计准则要求，以所出售商品公允价值比例确认收入，即在销售订单中，每种商品按商业折扣进行处理。

二、以旧换新业务

以旧换新是指购货方用已经使用过的物品换取销售方的新产品。它实际上是一种以销为主、购销兼有的销售方式。在以旧换新业务中，新产品按正常价格销售，购买方以旧产品换购新产品，旧产品按一定的标准作价抵销新产品的价款。

[例题] 某百货大楼销售A牌电视机，零售价为3 510元（含增值税），若顾客交还同品牌旧电视机可作价1 000元，交差价2 510元就可换回新电视机。当月采用此种方式销售A牌电视机100台，增值税税率17%。

1. 通过销售系统进行处理，在ERP-U8V10.1系统中，通过订单—发货单—发票（现结）流程进行处理，最后在应收款管理系统中进行应收单审核，制单并生成凭证如下：

借：银行存款 251 000

　　应收账款 100 000

　　贷：主营业务收入——A牌电视机 300 000

　　　　应交税费——应交增值税（销项税额） 51 000

2. 收回旧货，通过采购订单—到货单—普票流程进行处理，最后在应付款管理系统中进行应付单审核，制单并生成凭证如下：

借：低值易耗品——材料物资——旧电视机 100 000

　　贷：应付账款 100 000

若此业务中，以旧换新的对象不是消费者而是厂商，那么在该业务中，销售方可能会得到增值税专用发票，进项税额可以抵扣。

3. 在应收款管理中，进行应收冲应付操作，制单并生成凭证如下：

借：应付账款 100 000

　　贷：应收账款 100 000

在以旧换新业务中，增值税销项税额按货物的全价进行计算，对金银首饰以旧换新业务，按销售方实际收取的不含增值税的全部价款计征增值税。

三、售后回购业务

售后回购是指卖方在销售商品的同时，与购货方签订合同，规定日后按照合同条款，再将同样或类似商品购回的销售方式。如果卖方承诺在销售商品后一定时期内以一定的价格回购，根据实质重于形式的原则，该项销售属于一种融资交易，商品所有权上的风险和报酬没有转移，不符合收入的确认条件。因此在会计实务中，对售后回购业务一般不应该确认收入，收到的款项确认为负债。对于回购价格大于原售价的差额，企业应在回购期间按期计提利息，计入财务费用。签订销售合同时，一般商品不会出库，同时回购商品也不会入库。

除非有确凿证据表明售后回购满足销售收入确认的条件，如日后回购的价格是回购日的公允价值，才按售价确认收入。

[例题] 2017 年 1 月 1 日，一般纳税人甲公司与乙公司签订协议，向乙公司销售一批商品，增值税专用发票上注明销售价款为 100 万元，增值税税额为 17 万元。该商品成本为 80 万元，款项已收到。协议规定，甲公司应在 2017 年 5 月 31 日将所售商品购回，回购价为 110 万元(不含增值税)，不考虑其他相关税费。

分析：由于售后回购交易属于融资交易，原则上收到的款项应确认为负债，回购价格大于原售价的差额，企业应在回购期间按期计提利息，计入财务费用。

1. 发出商品时，通过销售订单—发货单—销售专用发票流程进行处理，最后在应收款管理中，制单并生成凭证，需要将主营业务收入科目更改为其他应付款，生成凭证如下：

借：银行存款 　　　　　　　　　　　　　　　　　　　　　　　1 170 000
　　贷：其他应付款 　　　　　　　　　　　　　　　　　　　　1 000 000
　　　　应交税费——应交增值税(销项税额) 　　　　　　　　　 170 000

由于回购价大于原售价，因此应在销售与回购期间内按期计提利息费用，并直接计入当期财务费用。本例中由于回购期间为 5 个月，货币时间价值影响不大，采用直线法计提利息费用。

2. 每月应计提利息费用 20 000 元，在总账系统中，直接填制凭证：

借：财务费用 　　　　　　　　　　　　　　　　　　　　　　　　20 000
　　贷：其他应付款 　　　　　　　　　　　　　　　　　　　　　 20 000

3. 甲公司购回商品时，增值税专用发票上注明商品价款 110 万元，增值税税额 18.7 万元。

在采购管理系统中，通过采购订单—到货单—采购专用发票流程，在应付款系统中进行审核并制单，将在途物资科目更改为其他应付款，生成凭证如下：

借：其他应付款 　　　　　　　　　　　　　　　　　　　　　　1 100 000
　　应交税费——应交增值税(进项税额) 　　　　　　　　　　　 187 000
　　贷：银行存款 　　　　　　　　　　　　　　　　　　　　　1 287 000

4. 为了使 ERP-U8V10.1 系统能够处理好所有系统产生的单据，需要完成虚拟出库与虚拟入库等操作。

（1）在库存管理中，对出库单进行审核，在存货核算中生成凭证：

借：在途物资 800 000

贷：库存商品 800 000

（2）在库存管理中，对入库单进行审核，在存货核算中生成凭证：

借：库存商品 800 000

贷：在途物资 800 000

四、附退货条件的销售业务

附退货条件的销售业务主要分为两种，其考虑的核心数据是估计退货率。根据以往的经验能够合理估计退货率，本期将不会被退回的部分确认收入，结转成本；估计退货的部分确认为负债，即预计负债。若不能合理估计退货率，那么销售不确认收入，也不结转成本，只有在商品退货期满时才确认收入，结转成本。

[例题] 2017 年 1 月 31 日，乙公司向甲公司销售 100 台 A 机器设备，单位销售价格为 40 万元，单位销售成本为 30 万元，未计提存货跌价准备。设备已发出，款项尚未收到。合同约定，甲公司在当年 6 月 30 日前有权无条件退货。乙公司根据以往经验，估计该批机器设备的退货率为 10％。6 月 30 日，乙公司收到甲公司退回的 A 机器设备 11 台并验收入库，收到 89 台 A 机器设备的销售款项并存入银行。乙公司发出该批机器设备时发生增值税纳税义务，实际发生销售退回时可以开具红票冲回增值税税额。

1. 在销售系统中，1 月 31 日通过销售订单—发货单—发票流程进行，在应收款管理系统中审核并制单，生成凭证如下：

借：应收账款 4 680

贷：主营业务收入 4 000

应交税费——应交增值税（销项税额） 680

2. 在库存管理中审核，并在存货核算中进行正常单据记账，生成凭证如下：

借：主营业务成本 3 000

贷：库存商品 3 000

3. 估计退货的可能性，在总账中直接填制凭证如下：

借：主营业务收入 400

贷：主营业务成本 300

预计负债 100

按照会计准则，在 6 月 30 日应进行如下会计核算处理：

借：库存商品 330（＝30×11）

应交税费——应交增值税（销项税额） 74.8

主营业务收入 40

预计负债 100

贷：主营业务成本 30

应收账款 514.8（＝40×11×1.17）

4. 在 ERP-U8V10.1 系统中，应将上一笔预计退货红字冲回，然后按退货处理。先在总账系统中，红字冲回预计退货，生成凭证如下：

  借：主营业务收入   －400

    贷：主营业务成本   －300

      预计负债   －100

  5. 按实际退货数量与金额在 ERP 系统中进行会计处理。通过销售系统进行处理，通过填写退货单—红字发票流程进行处理，最后在应收款管理系统中进行审核并制单，生成凭证如下：

  借：应收账款   －514.8

    贷：主营业务收入   －440

      应交税费——应交增值税（销项税额）   －74.8

  6. 结转实际退货成本，在库存管理中对红字出库单进行审核，在存货核算中进行制单，生成凭证如下：

  借：主营业务成本   －330

    贷：库存商品   －330

  7. 在应收款管理系统中，填写收款单并审核，生成凭证如下：

 借：银行存款   4 165.2(＝89×40×1.17)

   贷：应收账款   4 165.2

参考文献：

财政部会计资格评价中心. 中级会计实务[M]. 北京：经济科学出版社，2017.

业务案例实战篇

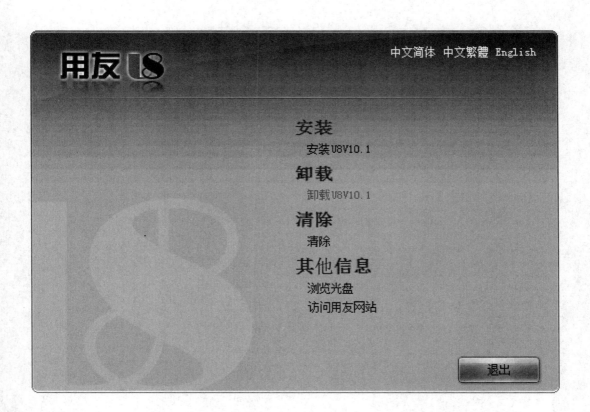

2016 年国赛
武汉斯威驰电器股份有限公司

US 登录

新道
seentao

用友 U8   v 10.1
精细管理 敏捷经营

登录到: D25

操作员: W02

密码: □ 修改密码

账套: [006](default)武汉斯威驰电器股份有

语言区域: 简体中文

操作日期: 2015-07- 1

🔑 登录   ✖ 取消   ?   帮助

copyright © 2011 powered by UFIDA 保留所有权利

第一部分
企业背景资料

一、企业基本情况

　　武汉斯威驰电器股份有限公司(简称斯威驰公司)是专门从事冰箱、洗衣机、微波炉、电饭煲等家用电器产品批发的商贸企业，公司法人代表柯振海。

　　公司开户银行及账号：中国工商银行武汉市江汉支行

　　账号：6227000526781279809

　　公司纳税登记号：186728998763420

　　公司地址：湖北省武汉市江汉区友谊路 128 号

　　电话：027－87826668　邮箱：swchikj@126.com

二、操作员及权限

表 1　软件应用操作员及操作权限分工表

编码	姓名	隶属部门	职务	操作分工
A01	柯振海	总经理办公室	财务总监	001 账套主管权限
W01	郁凯玲	财务部	财务经理	记账凭证的审核、查询、对账、总账结账、编制 UFO 报表

续表

编码	姓名	隶属部门	职务	操作分工
W02	陈永波	财务部	会计	总账(凭证处理、查询凭证、账表、期末处理、记账)、应付款和应收款管理(不含收付款填制单及选择收付款)固定资产、薪资管理、存货核算的所有权限、银行对账
W03	跃敏	财务部	出纳	收付款单填制、选择收付款、票据管理、出纳签字
G01	陈帆	采购部	采购业务员	采购管理的所有权限
X01	秦克己	销售部	销售业务员	销售管理的所有权限
C01	吴青辉	仓管部	库管管理员	库存管理的所有权限

注：操作员无密码。

三、操作要求

1. 科目设置及辅助核算要求

日记账：库存现金、银行存款。

银行账：银行存款。

客户往来：应收票据/银行承兑汇票、应收票据/商业承兑汇票、应收账款、预收账款/定金、预收账款/预收款项(其中，预收款项设置为受控于应收系统，定金设置为不受控于应收系统)。

供应商往来：商品采购、在途物资、应付票据/商业承兑汇票、应付票据/银行承兑汇票、应付账款/一般应付账款、应付账款/暂估应付账款(其中，一般应付账款设置为受控于应付系统，暂估应付账款设置为不受控于应付系统)、预付账款、其他应付款/其他单位往来、受托代销商品款。

个人往来：其他应收款/个人往来。

数量核算：商品采购、库存商品、发出商品、受托代销商品。

项目核算：交易性金融资产。

2. 所有新增业务：按发生日期逐笔记录，暂估业务除外。

3. 会计凭证的基本规定：录入或生成"记账凭证"均由指定的会计人员操作，含有库存现金和银行存款科目的记账凭证均须出纳签字。采用通用记账凭证格式。对已记账凭证的修改，只采用红字冲销法。为保证财务与业务数据的一致性，能在业务系统生成的记账凭证不得在总账系统直接录入。根据原始单据生成记账凭证时，除特殊规定外，不采用合并制单。出库单与入库单原始凭证以软件系统生成的为准；除指定业务外，收到发票同时支付款项的业务使用现付功能处理，开出发票同时收到款项的业务使用现结功能处理。

4. 结算方式：公司采用的结算方式包括现金结算、支票结算、托收承付、委托收款、银行汇票、商业汇票、电汇等。收付款业务由财务部门根据有关凭证进行处理，在系统中没有对应结算方式的，其结算方式为"其他"。

5. 薪酬业务的处理：由公司承担并缴纳的养老保险费、医疗保险费、失业保险费、工伤保险费、生育保险费、住房公积金分别按 20％、10％、1％、1％、0.8％、12％的比例计算；职工个人承担的养老保险费、医疗保险费、失业保险费、住房公积金分别按 8％、2％、0.2％、12％的比例计算。按工资总额的 2％计提工会经费，按工资总额的 1.5％计提职工教育经费，职工福利费按实际发生数列支，不按比例计提；各类社会保险费当月计提，当月缴纳。按照国家有关规定，公司代扣代缴个人所得税，其费用扣除标准为 3 500元，附加费用 2 800 元。工资分摊按合并制单。

6. 固定资产业务的处理：公司固定资产包括房屋及建筑物、运输工具、办公设备，均为在用状态；采用平均年限法(二)按月计提折旧。新增固定资产卡片编码采用连续编号方式。

7. 存货业务的处理：公司存货主要是家用电器，按存货分类进行存放。各类存货按照实际成本核算，采用永续盘存制；对库存商品采用"数量进价金额核算法"，发出存货成本采用"先进先出法"进行核算，采购入库存货对方科目全部使用"在途物资"科目，直运销售使用"商品采购"科目；同一批出入库业务生成一张记账凭证；采购、销售业务必有订单（订单号与合同编号一致），出入库业务必有发货单和到货单。

存货核算制单时，普通业务不允许勾选"已结算采购入库单自动选择全部结算单上单据，包括入库单、发票、付款单，非本月采购入库按蓝字报销单制单"选项。

8. 税费的处理：公司为增值税一般纳税人，增值税税率为 17％，按月缴纳；按当期应交增值税的 7％计算城市维护建设税，3％计算教育费附加，2％计算地方教育费附加；企业所得税采用应付税款法，税率为 25％，按月预计，按季预缴，全年汇算清缴。缴纳税款和各类社会保险费，按银行开具的原始凭证编制记账凭证。

9. 财产清查的处理：公司每年年末对存货及固定资产进行清查，根据盘点结果编制"盘点表"，并与账面数据进行比较，由库存管理员审核后进行处理。

10. 坏账损失的处理：除应收账款外，其他应收款项不计提坏账准备。每年年末，按应收账款余额百分比法计提坏账准备，提取比例为 0.5％（月末视同年末）。

11. 利润分配：根据公司章程，公司税后利润按以下顺序及规定分配，(1)弥补亏损；(2)按 10％提取法定盈余公积；(3)按 30％向投资者分配利润。

12. 损益类账户的结转：每月月末将各损益类账户余额转入本年利润账户，结转时按收入和支出分别生成记账凭证。

第二部分
业务处理与会计核算

操作视频

工作任务：对武汉斯威驰电器股份有限公司 2015 年 7 月发生业务进行处理。

【任务 1】1 日，对上月商品已到发票未到的业务作红字冲回账务处理(合并制单)。

【业务说明】

该业务属于月初冲回，需要生成回冲凭证。注意：填制日期。

【操作指导】 ☞［操作视频］▶

7 月 1 日，W02 在"存货核算"系统中，直接生成红字回冲单凭证。

	记 账 凭 证		
已生成			附单据数：1
记 字 0001	制单日期：2015.07.01　　审核日期：		

摘　要	科目名称	借方金额	贷方金额
红字回冲单	库存商品	2100000	
红字回冲单	应付账款/暂估应付账款		2100000

票号日期	数量 -14.00000台 单价 1500.00000	合计	2100000	2100000

备注	项　目		部　门	
	个　人		客　户	
	业务员			

记账	审核	出纳	制单 陈永波

【任务2】1日，公司收到债券募集款。

债券发行协议

甲方：<u>武汉斯威驰电器股份有限公司</u>

乙方：<u>中国工商银行武汉市江汉支行</u>

　　甲方委托乙方发行面值 100 万元、期限为五年的公司债券，于 2015 年 7 月 1 日起，每年付息一次，票面利率 6%。为明确经济责任，特签订本合同。

　　一、甲方要求乙方于 2015 年 7 月 22 日前将该批债券按 1 022 680.00 元的价格发行完毕，并于 2015 年 7 月 1 日将所筹集款项划入本公司存款户。

　　二、甲方按债券面值的 3% 计算支付给乙方发行手续费及相关费用，该费用可从发行款中扣除。乙方在发行过程中发生的有关费用，由乙方自行负担，甲方不再承担。

　　三、此债券由乙方担保，乙方要求甲方在债券到期前将债券本息筹足交给乙方，由乙方负责向投资人归还。否则，乙方有权将甲方的不动产(办公楼等)变现来偿还债务。

　　四、此债券发行所得款项用于甲方新办公裙楼的建设，下月开建。

　　……

　　甲方(公章)：武汉斯威驰电器股份有限公司　　　　乙方(公章)：中国工商银行武汉市江汉支行

　　法定代表人(签字)：柯振海　　　　　　　　　　　法定代表人(签字)：张林

　　日期：2015 年 6 月 22 日　　　　　　　　　　　日期：2015 年 6 月 22 日

注：银行特种转账凭证略。

【业务说明】

　　该业务属于收到债券募集款，需要填制凭证。注意：填制日期、结算方式、科目和金额。

【操作指导】　☞[操作视频]▶

　　7 月 1 日，W02 在"总账"系统中，直接填制收到债券募集款凭证。

记 账 凭 证

记　字 0002	制单日期：2015.07.01	审核日期：	附单据数：

摘　要	科目名称	借方金额	贷方金额
发行债券	银行存款/工行存款	102268000	
发行债券	应付债券/面值		100000000
发行债券	应付债券/利息调整		2268000

票号　9　-					
日期　2015.07.01	数量单价		合　计	102268000	102268000

备注　项目　　　　　　　　部门
　　　个人　　　　　　　　客户
　　　业务员

记账　　　　　审核　　　　　出纳　　　　　制单　陈永波

【任务 3】1 日，收到武汉跃辉电器商贸有限公司购货款。

中国工商银行托收承付结算凭证（收账通知）

委托日期 2015 年 7 月 1 日

收款单位	全 称	武汉斯威驰电器股份有限公司		付款单位	全 称	武汉跃辉电器商贸有限公司												
	账号或地址	中国工商银行武汉市江汉支行 6227000526781279809			账号或地址	中国工商银行武汉市迎泽支行 6222230098078695647												
	汇入地点	武汉市	汇入行名称	工行武汉市江汉支行		汇出地点	武汉市	汇出行名称		工行武汉迎泽支行								
金额		（大写）人民币叁拾伍万壹仟元整				千	百	十	万	千	百	十	元	角	分		
						￥	3	5	1	0	0	0	0	0	0		
附 件				商品发运情况													
附寄单证张数或册数				自 提													
备注：				付款单位注意：													
单位主管（略） 会计（略） 复核（略） 记账（略）						付款单位开户行盖章 2015 年 7 月 1 日											

【业务说明】

该业务属于收到货款，需要录入收款单、制单、核销应收账款。注意：填制日期、款项类型、结算方式和金额。

【操作指导】 ☞〔操作视频〕▶

1. 7 月 1 日，W03 在"应收款管理"系统中，录入收款单。

2. W02 在"应收款管理"系统中，审核收款单并生成凭证，核销应收账款。

记账凭证

已生成

记 字 0003　　　制单日期：2015.07.01　　　审核日期：　　　　　　　　　　　附单据数：1

摘　要	科目名称	借方金额	贷方金额
收款单	银行存款/工行存款	35100000	
收款单	应收账款		35100000

票号　8 -
日期　2015.07.01　　　　　数量　单价　　　　　　　　　　合　计　35100000　35100000

备注　项　目　　　　　　部　门
　　　个　人　　　　　　客　户
　　　业务员

记账　　　　　审核　　　　　出纳　　　　　制单　陈永波

【任务4】2日，与深圳鑫凯家电股份有限公司签订销售合同。

购 销 合 同

合同编号：XS0001

卖方：武汉斯威驰电器股份有限公司

买方：深圳鑫凯家电股份有限公司

　　为保护买卖双方的合法权益，根据《中华人民共和国合同法》的有关规定，买卖双方经友好协商，一致同意签订本合同，并共同遵守合同约定。

　　一、货物的名称、数量及金额

货物的名称	规格型号	计量单位	数量	单价（不含税）	金额（不含税）	税率	税额
海尔大 1.5P 壁挂式空调	KFR-35GW	台	100	2 699.00	269 900.00		45 883.00
海尔 1P 壁挂式空调	KFR-23GW	台	100	1 899.00	189 900.00	17%	32 283.00
合计					459 800.00		78 166.00

　　二、合同总金额：人民币伍拾叁万柒仟玖佰陆拾陆元整（￥537 966.00）。

　　三、付款时间及付款方式

　　买方于签订合同当日向卖方支付定金人民币壹拾万元整（￥100 000.00）；卖方于7月6日发出第一批商品各50%，于7月8日发出剩余商品。买方在收到全部商品并验收合格后向卖方支付剩余款项。

　　付款结算方式：电汇支付定金。

　　四、交货地点：深圳鑫凯家电股份有限公司。

　　五、发运方式与运输费用承担方式：由卖方发货，运输费用由买方承担。

卖　　　方：武汉斯威驰电器股份有限公司　　　买　　　方：深圳鑫凯家电股份有限公司

授权代表：秦克己　　　　　　　　　　　　　授权代表：李乐宣

日　　期：2015 年 7 月 2 日　　　　　　　　日　　期：2015 年 7 月 2 日

中国工商银行电汇凭证（收账通知）　第 9 号　票据号：209078612

日期：2015 年 7 月 2 日

收 款 人	武汉斯威驰电器股份有限公司	汇 款 人	深圳鑫凯家电股份有限公司
账号或地址	6227000526781279809	账号或地址	6222278965674532143
兑 付 地 点	湖北省武汉市	兑付行	工行武汉市江滩支行	汇 款 用 途	定金

汇 款 金 额	人民币（大写）壹拾万元整	千	百	十	万	千	百	十	元	角	分
		¥	1	0	0	0	0	0	0	0	0

【业务说明】

该业务属于签订销售合同并预收定金，需要录入销售订单、收款单和生成收款凭证。

注意：表头必有定金、表体信息和预发货日期。

【操作指导】　☞[操作视频]▶

1. 7 月 2 日，X01 在"销售管理"系统中，填制销售订单(表体 4 条记录)。

销售订单

打印模版 销售订单打印模版 ▼

合并显示 □

表体排序 □

订单号	XS0001	订单日期	2015-07-02	业务类型	普通销售
销售类型	直接销售	客户简称	鑫凯家电	付款条件	
销售部门	销售部	业务员	秦克己	税率	17.00
币种	人民币	汇率	1	备注	
必有定金		定金原币金额	100000.00		

	存货编码	存货名称	规格型号	主计量	数量	报价	含税单价	无税单价	无税金额	税额	价税合计	税率（%）	折
1	010201	海尔大1.5P…	KFR-35GW	台	50.00	0.00	3157.83	2699.00	134950.00	22941.50	157891.50	17.00	
2	010202	海尔1P壁挂…	KFR-23GW	台	50.00	0.00	2221.83	1899.00	94950.00	16141.50	111091.50	17.00	
3	010201	海尔大1.5P…	KFR-35GW	台	50.00	0.00	3157.83	2699.00	134950.00	22941.50	157891.50	17.00	
4	010202	海尔1P壁挂…	KFR-23GW	台	50.00	0.00	2221.83	1899.00	94950.00	16141.50	111091.50	17.00	
5													
6													
7													
8													
9													
10													
11													
12													
13													
14													
15													
16													
17													
18													
19													
合计					200.00				459800.00	78166.00	537966.00		

制单人 秦克己　　　　　审核人 秦克己　　　　　关闭人

2. W03 在"应收款管理"系统中，根据销售订单生成收款单（销售定金）。

3. X01 在"销售管理"系统中，审核销售订单。

4. W02 在"应收款管理"系统中，审核收款单并生成凭证。

【任务 5】3 日，用公司短期闲置资金在二级市场购入中国平安股份有限公司股票（平安公司于 2015 年 6 月 15 日宣告发放红利，每股含现金股利 0.2 元，尚未支付）。

江汉证券长江证券营业部湖北分公司		
2015 年 7 月 3 日	成交过户交割凭单	买
股东代码：799609 股东账号：665789 资金账号：7980 股东姓名：武汉斯威驰电器股份有限公司		证券名称：中国平安　代码：601318 成交数量：100000 股 成交价格：20 元/股 成交金额：2000000 元
申请编号：562 申请时间：09:50:08 成交时间：09:58:28 资金前余额：2050000 资金余额：20000 元 证券前余额：0 股 本次余额：100000 股		标准佣金：20000 元 过户费用： 印花税：10000 元 附加费用： 其他费用： 实际收付金额：2030000 元
备注：股票买卖		

【业务说明】

该业务属于购买交易性金融资产，需要填制凭证。注意：损益科目在反方向时用红字表示。

【操作指导】 ☞[操作视频]▶

7月3日，W02在"总账"系统中，直接填制购买股票凭证。

【任务6】4日，缴纳公司第二季度相关税费。

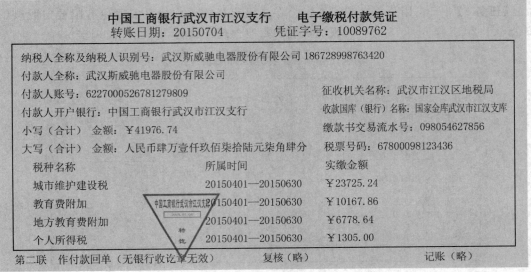

【业务说明】

该业务属于缴纳相关税费，需要填制凭证。注意：结算方式和票据号码。

【操作指导】 ☞[操作视频] ▶

7月4日，W02在"总账"系统中，直接填制缴纳税费凭证（2张凭证）。

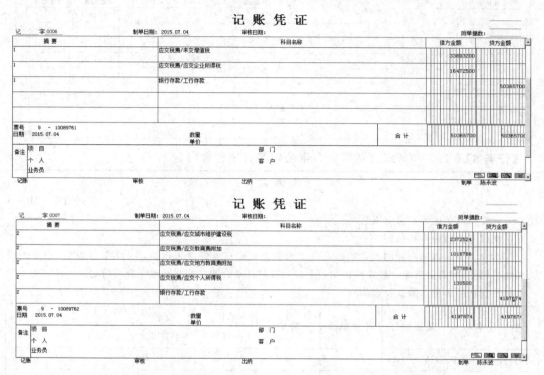

记 账 凭 证

记 字 0006	制单日期：2015.07.04	审核日期：		附单据数：
摘 要	科目名称		借方金额	贷方金额
1	应交税费/未交增值税		33893200	
1	应交税费/应交企业所得税		16472500	
1	银行存款/工行存款			50365700

票号 9 - 10089761
日期 2015.07.04　　数量 单价　　合 计 50365700 50365700

备注 项 目　　部 门
个 人　　客 户
业务员

记账　　审核　　出纳　　制单 陈永波

记 账 凭 证

记 字 0007	制单日期：2015.07.04	审核日期：		附单据数：
摘 要	科目名称		借方金额	贷方金额
2	应交税费/应交城市维护建设税		2372524	
2	应交税费/应交教育费附加		1016796	
2	应交税费/应交地方教育费附加		677864	
2	应交税费/应交个人所得税		130500	
2	银行存款/工行存款			4197674

票号 9 - 10089762
日期 2015.07.04　　数量 单价　　合 计 4197674 4197674

备注 项 目　　部 门
个 人　　客 户
业务员

记账　　审核　　出纳　　制单 陈永波

【任务7】4日，收到武汉翔飞集团追加投资款（投资合同略）。

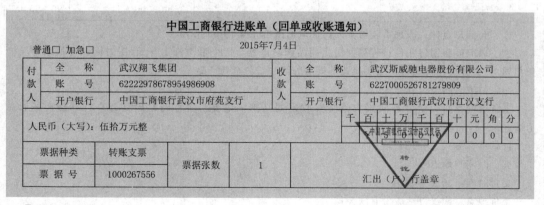

中国工商银行进账单（回单或收账通知）

2015年7月4日

普通□ 加急□

付款人	全 称	武汉翔飞集团	收款人	全 称	武汉斯威驰电器股份有限公司
	账 号	62222978678954986908		账 号	6227000526781279809
	开户银行	中国工商银行武汉市府苑支行		开户银行	中国工商银行武汉市江汉支行

人民币（大写）：伍拾万元整	千 百 十 万 千 百 十 元 角 分
	5 0 0 0 0 0 0 0

票据种类	转账支票	票据张数	1
票据号	1000267556		

汇出（户）行盖章

【业务说明】

该业务属于收到投资，需要填制凭证。注意：日期、金额、结算方式和票据号码。

【操作指导】　☞[操作视频]▶

7月4日，W02 在"总账"系统中，直接填制收到投资款凭证。

【任务8】5日，与武汉万达股份有限公司签订销售合同。

购 销 合 同

合同编号：H0001

卖方：武汉斯威驰电器股份有限公司

买方：武汉万达股份有限公司

买卖双方采用以旧换新的方式销售商品，为保护买卖双方的合法权益，买卖双方根据《中华人民共和国合同法》的有关规定，经友好协商，一致同意签订本合同，并共同遵守合同约定。

一、货物的名称、数量及金额

货物的名称	规格型号	计量单位	数量	单价 （不含税）	金额 （不含税）	税率	税额
格力智能电压力锅	CY-6010S	个	500	590.00	295 000.00		50 150.00
格力空调扇	KS-0502A	台	500	480.00	240 000.00	17%	40 800.00
合计					535 000.00		90 950.00

二、合同总金额：人民币陆拾贰万伍仟玖佰伍拾元整(￥625 950.00)

三、以旧换新销售条件：若买方提供同品牌旧电器，每个可作价100元(压力锅和空调扇作价金额相同)，买方交差价即可换回所换购的同品牌同数量的全新产品。

四、付款时间及付款方式

签订合同当日，卖方即向买方发货并收回同品牌旧电器，卖方同时向其开户行办理委托收款手续。

付款结算方式：委托收款

五、时间与地点

交货时间：2015 年 7 月 5 日

交货地点：武汉万达股份有限公司

六、发运方式与运输费用承担方式：由卖方发货，运输费用由买方承担。

卖　　方：武汉斯威驰电器股份有2公司　　　　买　　方：武汉万达股份有限公司

授权代表：秦克己　　　　　　　　　　　　　　授权代表：朱讯

日　　期：2015 年 7 月 5 日　　　　　　　　　日　　期：2015 年 7 月 5 日

湖北省增值税专用发票　　No1897678541

开票日期：2015年7月5日

购货单位	名　称：武汉万达股份有限公司						密码区	略	
	纳税人识别号：100989789867671							
	地址、电话：武汉市武昌中路楚河汉街　027-89000987							
	开户行及账号：中国工商银行武汉市楚汉支行 6222890984567345678							
货物或应税劳务名称	规格型号	单位	数量	单价	金　额	税率	税　额	
格力智能电压力锅	CY-6010S	个	500	590.00	295000.00	17%	50150.00	
格力空调扇	KS-0502A	台	500	480.00	240000.00		40800.00	
合　计					￥535000.00		￥90950.00	
价税合计	（大写）人民币陆拾贰万伍仟玖佰伍拾元整					（小写）￥625950.00		
销货单位	名　称：武汉斯威驰电器股份有限公司						备注	武汉斯威驰电器股份有限公司 186728998763420 发票专用章
	纳税人识别号：186728998763420							
	地址、电话：湖北省武汉市江汉区友谊路 128 号　027-87826668							
	开户行及账号：中国工商银行武汉市江汉支行 6227000526781279809							

收款人：（略）　　复核：（略）　　开票人：（略）　　销货单位：（章）

第四联：记账联　销货方记账凭证

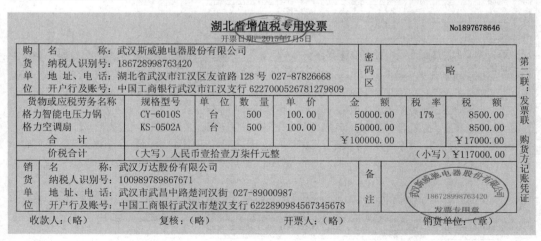

中国工商银行委托收款（回单）

委托日期 2015 年 7 月 5 日

收款单位	全　称	武汉斯威驰电器股份有限公司	付款单位	全　称	武汉万达股份有限公司
	账号或地址	中国工商银行武汉市江汉支行 6227000526781279809		账号或地址	中国工商银行武汉市楚汉支行 6222890984567345678
	汇入地点	武汉市　汇入行名称 工行武汉市江汉支行		汇出地点	武汉市　汇出行名称 工行楚汉支行

金额	（大写）人民币伍拾万捌仟玖佰伍拾元整	千	百	十	万	千	百	十	元	角	分
		￥	5	0	8	9	5	0	0	0	

附　　　件		商品发运情况	中国工商银行汇款专用章 2015.07.05
附寄单证张数或册数		自　提	
备注：		付款单位注意：	

单位主管（略）　会计（略）　复核（略）　记账（略）　付款单位开户行盖章 2015 年 7 月 5 日

湖北省增值税专用发票　　No1897678646

开票日期：2015年7月5日

购货单位	名　称：武汉斯威驰电器股份有限公司						密码区	略	
	纳税人识别号：186728998763420							
	地址、电话：湖北省武汉市江汉区友谊路 128 号　027-87826668							
	开户行及账号：中国工商银行武汉市江汉支行 6227000526781279809							
货物或应税劳务名称	规格型号	单位	数量	单价	金　额	税率	税　额	
格力智能电压力锅	CY-6010S	台	500	100.00	50000.00	17%	8500.00	
格力空调扇	KS-0502A	台	500	100.00	50000.00		8500.00	
合　计					￥100000.00		￥17000.00	
价税合计	（大写）人民币壹拾壹万柒仟元整					（小写）￥117000.00		
销货单位	名　称：武汉万达股份有限公司						备注	武汉斯威驰电器股份有限公司 186728998763420 发票专用章
	纳税人识别号：100989789867671							
	地址、电话：武汉市武昌中路楚河汉街　027-89000987							
	开户行及账号：中国工商银行武汉市楚汉支行 6222890984567345678							

收款人：（略）　　复核：（略）　　开票人：（略）　　销货单位：（章）

第二联：发票联　购货方记账凭证

【业务说明】

该业务属于以旧换新销售业务，需要录入销售订单、销售专用发票、出库单、采购订单、采购到货单、采购入库单、采购专用发票等并生成相应凭证。注意：销售、采购类型（以旧换新）、预发货日期、发票号、采购入库单仓库（旧家电库）和结算方式。

【操作指导】　☞[操作视频]▶

1. 7 月 5 日，X01 在"销售管理"系统中，录入销售订单、销售专用发票(自动生成发货单)。

销售订单

	打印模版	销售订单打印模版 ▼

表体排序 [　　　] ▼ 　　　　　　　　　　　　　　　　合并显示 □

订单号　H0001　　　　　　　订单日期　2015-07-05　　　　业务类型　普通销售
销售类型　直接销售　　　　　客户简称　武汉万达　　　　　付款条件
销售部门　销售部　　　　　　业务员　秦克己　　　　　　　税率　　17.00
币种　人民币　　　　　　　　汇率　　1　　　　　　　　　备注
必有定金　否　　　　定金原币金额

	存货编码	存货名称	规格型号	主计量	数量	报价	含税单价	无税单价	无税金额	税额	价税合计	税率（%）	折
1	0302...	格力智能电...	CY-6010S	台	500.00	0.00	690.30	590.00	295000.00	50150.00	345150.00	17.00	
2	0102...	格力空调扇	KS-0502A	台	500.00	0.00	561.60	480.00	240000.00	40800.00	280800.00	17.00	
3													
4													
5													
6													
7													
8													
9													
10													
11													
12													
13													
14													
15													
16													
17													
18													
19													
合计					1000.00				535000.00	90950.00	625950.00		

制单人　秦克己　　　　　　审核人　秦克己　　　　　　关闭人

销售专用发票

	打印模版	销售专用发票打印模J ▼

表体排序 [　　　] ▼ 　　　　　　　　　　　　　　　　合并显示 □

发票号　1897678541　　　　开票日期　2015-07-05　　　业务类型　普通销售
销售类型　直接销售　　　　　订单号　H0001　　　　　　发货单号　0000000001
客户简称　武汉万达　　　　　销售部门　销售部　　　　　业务员　秦克己
付款条件　　　　　　　　　　客户地址　武汉市武昌中路楚河汉街　　联系电话　027-89000987
开户银行　中国工商银行武汉市楚汉支行　账号　6222890984567345678　　税号　100989789867671
币种　人民币　　　　　　　　汇率　　1　　　　　　　　税率　　17.00
备注

	仓库名称	存货编码	存货名称	规格型号	主计量	数量	报价	含税单价	无税单价	无税金额	税额	价税合计	税率（%）	折扣额	扣率（%
1	卫卫及小...	0302...	格力智能电...	CY-6010S	台	500.00	0.00	690.30	590.00	295000.00	50150.00	345150.00	17.00	0.00	100.
2	大型家电...	0102...	格力空调扇	KS-0502A	台	500.00	0.00	561.60	480.00	240000.00	40800.00	280800.00	17.00	0.00	100.
3															
4															
5															
6															
7															
8															
9															
10															
11															
12															
13															
14															
15															
16															
合计						1000.00				535000.00	90950.00	625950.00		0.00	

单位名称　武汉斯威驰电器股份有限公司　　本单位税号　　　　　本单位开户银行　中国工商银行武汉市江汉支行
制单人　秦克己　　　　　　复核人　秦克己　　　　　　　银行账号　6227000526781279809

2. C01 在"库存管理"系统中，录入销售出库单。

销售出库单

销售出库单打印模版

表体排序 [　　　　　　] ▼

○ 蓝字　　　　　合并显示 □
○ 红字

出库单号 0000000001　　　出库日期 2015-07-05　　　仓库 大型家电仓库
出库类别 销售出库　　　　业务类型 普通销售　　　　业务号 1897678541
销售部门 销售部　　　　　业务员 秦克己　　　　　客户 武汉万达
审核日期 2015-07-05　　　备注

	存货编码	存货名称	规格型号	主计量单位	数量	单价	金额
1	01020201	格力空调扇	KS-0502A	台	500.00	320.00	160000.00
2							
3							
4							
5							
6							
7							
8							
9							
10							
11							
12							
13							
14							
15							
16							
17							
18							
19							
20							
合计					500.00		160000.00

制单人 吴青辉　　　　　审核人 吴青辉
现存量

销售出库单

销售出库单打印模版

表体排序 [　　　　　　] ▼

○ 蓝字　　　　　合并显示 □
○ 红字

出库单号 0000000002　　　出库日期 2015-07-05　　　仓库 厨卫及小家电仓库
出库类别 销售出库　　　　业务类型 普通销售　　　　业务号 1897678541
销售部门 销售部　　　　　业务员 秦克己　　　　　客户 武汉万达
审核日期 2015-07-05　　　备注

	存货编码	存货名称	规格型号	主计量单位	数量	单价	金额
1	03020101	格力智能电压力锅	CY-6010S	台	500.00	420.00	210000.00
2							
3							
4							
5							
6							
7							
8							
9							
10							
11							
12							
13							
14							
15							
16							
17							
18							
19							
20							
合计					500.00		210000.00

制单人 吴青辉　　　　　审核人 吴青辉
现存量

3. G01 在"采购管理"系统中，录入采购订单、到货单。

采购订单

打印模版 8174 采购订单打印模版 ▼

表体排序 [　　　　　] ▼

合并显示 □

业务类型　普通采购　　　　　　订单日期　2015-07-05　　　　　订单编号　H0001
采购类型　直接采购　　　　　　供应商　武汉万达　　　　　　　部门　采购部
业务员　陈帆　　　　　　　　　税率　17.00　　　　　　　　　付款条件
币种　人民币　　　　　　　　　汇率　1　　　　　　　　　　　备注

	存货编码	存货名称	规格型号	主计量	数量	原币含税单价	原币单价	原币金额	原币税额	原币价税合计	税率	计划到货日期
1	0102...	格力空调扇	KS-0502A	台	500.00	117.00	100.00	50000.00	8500.00	58500.00	17.00	2015-07-05
2	0302...	格力智能电...	CY-6010S	台	500.00	117.00	100.00	50000.00	8500.00	58500.00	17.00	2015-07-05
3												
4												
5												
6												
7												
8												
9												
10												
11												
12												
13												
14												
15												
16												
17												
18												
19												
20												
合计					1000.00			100000.00	17000.00	117000.00		

制单人　陈帆　　　　　　　审核人　陈帆　　　　　　　变更人
现存量

到货单

打印模版 8170 到货单打印模版 ▼

表体排序 [　　　　　] ▼

合并显示 □

业务类型　普通采购　　　　　　单据号　0000000001　　　　　日期　2015-07-05
采购类型　直接采购　　　　　　供应商　武汉万达　　　　　　　部门　采购部
业务员　陈帆　　　　　　　　　币种　人民币　　　　　　　　　汇率　1
运输方式　　　　　　　　　　　税率　17.00　　　　　　　　　备注

	存货编码	存货名称	规格型号	主计量	数量	原币含税单价	原币单价	原币金额	原币税额
1	01020201	格力空调扇	KS-0502A	台	500.00	117.00	100.00	50000.00	
2	03020101	格力智能电压力锅	CY-6010S	台	500.00	117.00	100.00	50000.00	
3									
4									
5									
6									
7									
8									
9									
10									
11									
12									
13									
14									
15									
16									
17									
18									
19									
20									
21 合计					1000.00			100000.00	

制单人　陈帆　　　　　　　现存量

4. C01 在"库存管理"系统中，录入采购入库单。

采购入库单

表体排序							采购入库单打印模版

○ 蓝字　　　合并显示 □
○ 红字

入库单号 0000000002　　入库日期 2015-07-05　　仓库 旧家电库
订单号 H0001　　到货单号 0000000001　　业务号
出货单位 武汉万达　　部门 采购部　　业务员 陈帆
到货日期 2015-07-05　　业务类型 普通采购　　采购类型 直接采购
入库类别 采购入库　　审核日期 2015-07-05　　备注

	存货编码	存货名称	规格型号	主计量单位	数量	本币单价	本币金额
1	01020201	格力空调扇	KS-0502A	台	500.00	100.00	50000.00
2	03020101	格力智能电压力锅	CY-6010S	台	500.00	100.00	50000.00
3							
合计					1000.00		100000.00

制单人 吴青辉　　审核人 吴青辉
现存量

5. G01 在"采购管理"系统中，录入采购专用发票。

已结算 已审核　　专用发票　　打印模版 8164 专用发票打印模版

表体排序			合并显示 □

业务类型 普通采购　　发票类型 专用发票　　发票号 1897678646
开票日期 2015-07-05　　供应商 武汉万达　　代垫单位 武汉万达
采购类型 直接采购　　税率 17.00　　部门名称 采购部
业务员 陈帆　　币种 人民币　　汇率 1
发票日期 2015-07-05　　付款条件　　备注

	存货编码	存货名称	规格型号	主计量	数量	原币单价	原币金额	原币税额	原币价
1	01020201	格力空调扇	KS-0502A	台	500.00	100.00	50000.00	8500.00	
2	03020101	格力智能电压力锅	CY-6010S	台	500.00	100.00	50000.00	8500.00	
合计					1000.00		100000.00	17000.00	

结算日期 2015-07-05　　制单人 陈帆　　审核人 陈永波

6. W02 在"应收款管理"系统中，审核应收单据并制单，在"应付款管理"系统中，审核应付单据并制单。

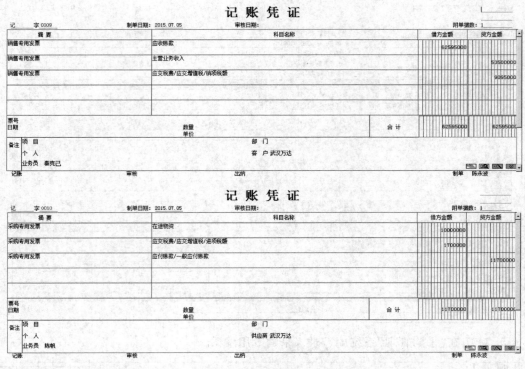

7. W02 在"应收/付款管理"系统中，应收冲应付并生成凭证。

8．W02 在"存货核算"系统中，正常单据记账并生成出库单、入库单两张凭证。

记 账 凭 证

记　字 0011	制单日期：2015.07.05	审核日期：			附单据数：2
摘　要		科目名称		借方金额	贷方金额
采购入库单		库存商品		10000000	
采购入库单		在途物资			10000000
票号日期	数量　1000.00000台单价　100.00000			合计　10000000	10000000
备注　项目　个人　业务员		部门　客户			
记账　　　　审核　　　　出纳					制单　陈永波

记 账 凭 证

记　字 0012	制单日期：2015.07.05	审核日期：			附单据数：2
摘　要		科目名称		借方金额	贷方金额
销售出库单		主营业务成本		37000000	
销售出库单		库存商品			37000000
票号日期	数量单价			合计　37000000	37000000
备注　项目　个人　业务员		部门　客户			
记账　　　　审核　　　　出纳					制单　陈永波

【任务 9】 6 日，向深圳鑫凯家电股份有限公司发出首批商品。

湖北省增值税专用发票　　No1897678541
开票日期：2015年7月6日

购货单位	名　称：深圳鑫凯家电股份有限公司纳税人识别号：186728998763420地　址、电话：广东省深圳市福田区华强北路289号0755-87895658开户行及账号：中国工商银行深圳市华强支行6222278965674532143	密码区	略	第四联：记账联　销货方记账凭证
货物或应税劳务名称	规格型号　　单位　数量　　单价　　　金额　　　税率　　税额			
海尔大1.5P壁挂式空调	KFR-35GW　　台　　100　2690.00　269900.00　17%　45883.00			
海尔1P壁挂式空调	KFR-23GW　　台　　100　1899.00　189900.00　　　　32283.00			
合　计	¥459800.00　　　　¥78166.00			
价税合计	（大写）人民币伍拾叁万柒仟玖佰陆拾陆元整　　（小写）¥537966.00			
销货单位	名　称：武汉斯威驰电器股份有限公司纳税人识别号：186728998763420地　址、电话：湖北省武汉市江汉区友谊路128号 027-87826668开户行及账号：中国工商银行武汉市江汉支行6227000526781279809	备注	武汉斯威驰电器股份有限公司186728998763420发票专用章	
收款人：（略）　　复核：（略）　　开票人：（略）　　销货单位：（章）				

【业务说明】

该业务属于任务 4 中签订的分批发货的销售合同，需要录入销售发货单、销售专用发票、销售出库单，并生成相应凭证。注意：发货数量、发票金额和发票号。

【操作指导】　☞［操作视频］▶

1．7 月 6 日，X01 在"销售管理"系统中录入发货单(50％)，根据发货单生成销售专用发票。

发货单

打印模版 发货单打印模版 ▼

表体排序 [　　　▼]　　　　　　　　　　　　　　　　　　合并显示 □

发货单号 0000000003　　　　　　　　　发货日期 2015-07-06　　　　　　　业务类型 普通销售
销售类型 直接销售　　　　　　　　　　订单号 XS0001　　　　　　　　　　发票号
客户简称 鑫凯家电　　　　　　　　　　销售部门 销售部　　　　　　　　　　业务员 秦克己
发货地址　　　　　　　　　　　　　　发运方式　　　　　　　　　　　　　付款条件
税率 17.00　　　　　　　　　　　　　币种 人民币　　　　　　　　　　　　汇率 1
备注

	仓库名称	存货编码	存货名称	规格型号	主计量	数量	报价	含税单价	无税单价	无税
1	大型家电仓库	010201	海尔大1.5P壁挂式…	KFR-35GW	台	50.00	0.00	3157.83	2699.00	
2	大型家电仓库	010202	海尔1P壁挂式空调	KFR-23GW	台	50.00	0.00	2221.83	1899.00	
3										
4										
5										
6										
7										
8										
9										
10										
11										
12										
13										
14										
15										
16										
17										
18										
合计						100.00				

制单人 秦克己　　　　　　　　审核人 秦克己　　　　　　　　　关闭人

销售专用发票

打印模版 销售专用发票打印模… ▼

表体排序 [　　　▼]　　　　　　　　　　　　　　　　　　合并显示 □

发票号 1897678542　　　　　　　开票日期 2015-07-06　　　　　业务类型 普通销售
销售类型 直接销售　　　　　　　订单号 XS0001　　　　　　　　发货单号 0000000003
客户简称 鑫凯家电　　　　　　　销售部门 销售部　　　　　　　　业务员 秦克己
付款条件　　　　　　　　　　　客户地址 深圳市福田区华强北路289号　联系电话 0755-87895658
开户银行 深圳市华强支行　　　　账号 6222278965674532143　　税号 186728998763420
币种 人民币　　　　　　　　　汇率 1　　　　　　　　　　　税率 17.00
备注

	仓库名称	存货编码	存货名称	规格型号	主计量	数量	报价	含税单价	无税单价	无税金额	税额	价税合计	税率（%）	折扣额	扣率（%
1	大型家电…	010201	海尔大1.5P…	KFR-35GW	台	100.00	0.00	3157.83	2699.00	269900.00	45883.00	315783.00	17.00	0.00	100.
2	大型家电…	010202	海尔1P壁挂…	KFR-23GW	台	100.00	0.00	2221.83	1899.00	189900.00	32283.00	222183.00	17.00	0.00	100.
3															
4															
5															
6															
7															
8															
9															
10															
11															
12															
13															
14															
15															
16															
17															
合计						200.00				459800.00	78166.00	537966.00		0.00	

单位名称 武汉斯威德电器股份有限公司　　本单位税号　　　　　　本单位开户银行 中国工商银行武汉市江汉支行
制单人 秦克己　　　　　　　　审核人 秦克己　　　　　　　　银行账号 6227000526781279809

2. C01 在"库存管理"系统中，录入销售出库单。

	存货编码		存货名称	规格型号	主计量单位	数量	单价	金额
1	010201		海尔大1.5P壁挂式空调	KFR-35GW	台	50.00	1800.00	90000.00
2	010202		海尔1P壁挂式空调	KFR-23GW	台	50.00	1200.00	60000.00
3								
合计						100.00		150000.00

3. W02 在"应收款管理"系统中，审核应收单据并制单。

记 账 凭 证

记　字 0014　　制单日期：2015.07.06　　审核日期：2015.07.31　　　　附单据数：1

摘 要	科目名称	借方金额	贷方金额
销售专用发票	应收账款	53798600	
销售专用发票	主营业务收入		45980000
销售专用发票	应交税费/应交增值税/销项税额		7818600
	合 计	53798600	53798600

票号　-
日期　　　　　　数量
　　　　　　单价
备注　项 目　　　　　　部 门
　　　个 人
　　　业务员 秦克己　　　　　客 户 鑫凯家电

记账 陈永波　　　审核 郁凯玲　　　出纳　　　　　　制单 陈永波

4. W02 在"应收款管理"系统中，定金转货款(收款单)并核销。

记 账 凭 证

记　字 0015　　制单日期：2015.07.06　　审核日期：2015.07.31　　　　附单据数：1

摘 要	科目名称	借方金额	贷方金额
销售定金转货款	预收账款/定金	10000000	
销售定金转货款	应收账款		10000000
	合 计	10000000	10000000

票号　-
日期　2015.07.06　　　数量
　　　　　　单价
备注　项 目　　　　　　部 门
　　　个 人
　　　业务员 -　　　　　客 户 鑫凯家电

记账 陈永波　　　审核 郁凯玲　　　出纳　　　　　　制单 陈永波

5. W02 在"存货核算"系统中，正常单据记账并生成出库单凭证。

【任务10】6 日，对上月采购的商品验收入库。

产品质量问题处理协议书

甲方：广东美的电器股份有限公司

乙方：武汉斯威驰电器股份有限公司

　　乙方于 2015 年 7 月 6 日收到上月采购的美的智能干洗机(型号 MH60-Z003)200 台，经检验，该批商品有部分存在质量问题。经协商，双方达成如下协议：

　　1. 乙方质检部经检验认为该批商品中的美的智能干洗机存在质量问题(使用过程中会间歇性中断)，影响销售；

　　2. 乙方要求对存在质量问题的美的智能干洗机进行拒收处理；

　　3. 甲方于签订协议当日退回相应销货款；

　　4. 甲方向当地税务机关申请开具红字增值税专用发票通知单，经税务机关审核后，乙方开具红字增值税专用发票通知单。

甲方(盖章)：广东美的电器股份有限公司　　　　　乙方(盖章)：武汉斯威驰电器股份有限公司

法定代表人：方洪波　　　　　　　　　　　　　　法定代表人：柯振海

日　　　期：2015 年 7 月 6 日　　　　　　　　　日　　　期：2015 年 7 月 6 日

开具红字增值税专用发票通知单　　　　　　　　　　　No 2000945637

开票日期：2015 年 7 月 6 日

购货单位	名　称：武汉斯威驰电器股份有限公司 纳税人识别号：186728998763420 地　址、电话：湖北省武汉市江汉区友谊路128号 027-87826668 开户行及账号：中国工商银行武汉市江汉支行 6227000526781279809	密码区	略

货物或应税劳务名称	规格型号	单位	数量	单价	金额	税率	税额
美的智能干洗机	MH60-Z003	台	5	1098.00	5490.00	17%	933.30
合　计					￥5490.00		￥933.30
价税合计	(大写)人民币陆仟肆佰贰拾叁元叁角整					(小写)￥6423.30	

销货单位	名　称：广东美的电器股份有限公司 纳税人识别号：276454310098978 地　址、电话：广东省中山市东凤镇万福路 78 号 0760-82343668 开户行及账号：中国工商银行中山市万福支行 6222908000587908230	备注	

收款人：(略)　　　　复核：(略)　　　　开票人：(略)　　　　销货单位：(章)

<table>
<tr><td colspan="8" align="center">中国工商银行电汇凭证（收账通知）</td><td colspan="3">票据号码：1009878678</td></tr>
<tr><td colspan="11" align="center">日期：2015 年 7 月 6 日</td></tr>
</table>

收　款　人	武汉斯威驰电器股份有限公司		汇　款　人	广东美的电器股份有限公司							
账号或地址	6227000526781279809		账号或地址	6222908000587908230							
兑付地点	湖北省武汉市	兑付行	工行武汉市汇溶支行	汇款用途	支付商品退货款						
汇款金额	人民币（大写）　陆仟肆佰贰拾叁元叁角整			千 百 十 万 千 百 十 元 角 分							
						￥ 6 4 2 3 3 0					

【业务说明】

　　该业务属于收到上月购入商品并拒收部分商品，需要录入采购到货单、采购拒收单、采购入库单、红字采购专用发票、红字收款单，并生成相应凭证。注意：到货数量、入库数量、发票号、结算和核销（银行存款不能为红字）。

【操作指导】　☞［操作视频］▶

　　1. 7 月 6 日，G01 在"采购管理"系统中，录入到货单 200 台、拒收单 5 台。

到货单　　　　　　　　打印模版 8170 到货单打印模版 ▼

表体排序 □　　　　　　　　　　　　　　　　　合并显示 □

业务类型 普通采购　　　　单据号 0000000004　　　日期 2015-07-06
采购类型 直接采购　　　　供应商 广东美的　　　　部门 采购部
业务员 陈帆　　　　　　　币种 人民币　　　　　汇率 1
运输方式　　　　　　　税率 17.00　　　　　　备注

	存货编码	存货名称	规格型号	主计量	数量	原币含税单价	原币单价	原币金额	原币税
1	01030201	美的智能干洗机	MH60-Z003	台	200.00	1284.66	1098.00	219600.00	
2									
3									
4									
5									
6									
7									
8									
9									
10									
11									
12									
13									
14									
15									
16									
17									
18									
19									
20									
21									
合计					200.00			219600.00	

制单人 陈帆　　　　　　　　　现存量

到货拒收单

打印模版 8170 到货单打印模版

表体排序

合并显示 □

业务类型 普通采购　　　　　　单据号 0000000005　　　　　　日期 2015-07-06
采购类型 直接采购　　　　　　供应商 广东美的　　　　　　部门 采购部
业务员 陈帆　　　　　　　　　币种 人民币　　　　　　　　汇率 1
运输方式　　　　　　　　　　税率 17.00　　　　　　　　　备注

	存货编码	存货名称	规格型号	主计量	数量	原币含税单价	原币单价	原币金额	原币税额
1	01030201	美的智能干洗机	MH60-Z003	台	-5.00	1284.66	1098.00	-5490.00	
2									
3									
4									
5									
6									
7									
8									
9									
10									
11									
12									
13									
14									
15									
16									
17									
18									
19									
20									
21 合计					-5.00			-5490.00	

制单人 陈帆　　　　　　　　　现存量

2. C01 在"库存管理"系统中，根据到货单和拒收单生成采购入库单。

采购入库单

采购入库单打印模版

表体排序

○ 蓝字　　　合并显示 □
○ 红字

入库单号 0000000005　　　　　　入库日期 2015-07-06　　　　　　仓库 大型家电仓库
订单号 00006220005　　　　　　到货单号 0000000004　　　　　　业务号
供货单位 广东美的　　　　　　　部门 采购部　　　　　　　　　业务员 陈帆
到货日期 2015-07-06　　　　　　业务类型 普通采购　　　　　　采购类型 直接采购
入库类别 采购入库　　　　　　　审核日期 2015-07-06　　　　　　备注

	存货编码	存货名称	规格型号	主计量单位	数量	本币单价	本币金额
1	01030201	美的智能干洗机	MH60-Z003	台	195.00	1098.00	214110.00
2							
3							
4							
5							
6							
7							
8							
9							
10							
11							
12							
13							
14							
15							
16							
17							
18							
19							
合计					195.00		214110.00

制单人 吴青辉　　　　　　　　审核人 吴青辉
现存量

3. G01 在"采购管理"系统中，录入红字采购专用发票，再进行手工结算。

已结算 已审核				专用发票			打印模版	8164 专用发票打印模版	

表体排序 [　　　　　]　　　　　　　　　　　　　　　　　　　　　　　　　　　　　合并显示 □

业务类型 普通采购			发票类型 专用发票			发票号 2000945637			
开票日期 2015-07-06			供应商 广东美的			代垫单位 广东美的			
采购类型 直接采购			税率 17.00			部门名称 采购部			
业务员 陈帆			币种 人民币			汇率 1			
发票日期 2015-07-06			付款条件			备注			

	存货编码	存货名称	规格型号	主计量	数量	原币单价	原币金额	原币税额	原币价税
1	01030201	美的智能干洗机	MH60-Z003	台	-5.00	1098.00	-5490.00	-933.30	
2									
3									
4									
5									
6									
7									
8									
9									
10									
11									
12									
13									
14									
15									
16									
17									
18									
19									
20									
合计					-5.00		-5490.00	-933.30	

结算日期 2015-07-06　　　　　　制单人 陈帆　　　　　　　　　　审核人 陈永波

4. W02 在"应付款管理"系统中，填制红字收款单（付款单切换为收款单）。

收款单

打印模版
应付收款单打印模版

表体排序 [　　　　　]

单据编号 0000000001		日期 2015-07-06			供应商 广东美的		
结算方式 电汇		结算科目 100201			币种 人民币		
汇率 1.00000000		金额 6423.30			本币金额 6423.30		
供应商银行 中山市万福支行		供应商账号 6222908000587908230			票据号 1009878678		
部门 采购部		业务员 陈帆			项目		
摘要							

	款项类型	供应商	科目	金额	本币金额	部门	业务员	项目
1	应付款	广东美的	220202	6423.30	6423.30	采购部	陈帆	
3								
4								
5								
6								
7								
8								
9								
10								
11								
12								
13								
14								
15								
16								
17								
18								
19								
合计				6423.30	6423.30			

录入人 跃敏　　　　　　审核人 陈永波　　　　　　　　　核销人 陈永波

5. W02 在"应付款管理"系统中，审核应付单据，制单并核销。

记 账 凭 证

记 字 0013	制单日期: 2015.07.06	审核日期:		附单据数: 1
摘 要	科目名称		借方金额	贷方金额
采购专用发票	在途物资		549000	
采购专用发票	应交税费/应交增值税/进项税额		93330	
采购专用发票	应付账款/一般应付账款			642330
票号 日期	数量 单价	合 计	642330	642330
备注 项 目 个 人 业务员 陈帆		部 门 供应商 广东美的		
记账	审核	出纳		制单 陈永波

记 账 凭 证

记 字 0014	制单日期: 2015.07.06	审核日期:		附单据数: 1
摘 要	科目名称		借方金额	贷方金额
收款单	应付账款/一般应付账款		642330	
收款单	银行存款/工行存款			642330
票号 日期	数量 单价	合 计		
备注 项 目 个 人 业务员 陈帆		部 门 供应商 广东美的		
记账	审核	出纳		制单 陈永波

6. W02 在"存货核算"系统中，正常单据记账并生成入库单凭证。

记 账 凭 证

记 字 0015	制单日期: 2015.07.06	审核日期:		附单据数: 1
摘 要	科目名称		借方金额	贷方金额
采购入库单	库存商品		21411000	
采购入库单	在途物资			21411000
票号 日期	数量 195.00000台 单价 1098.00000	合 计	21411000	21411000
备注 项 目 个 人 业务员		部 门 客 户		
记账	审核	出纳		制单 陈永波

【任务 11】 7 日，秦克己报销差旅费。

差 旅 费 报 销 单

部门：销售部 　　　　　　　　　　填报日期：2015年7月7日

姓 名			秦克己		出差事由			办展会		出差日期		7月2日—7月7日	
起讫时间及地点						车船票		夜间乘车补助		出差补助费		住宿费金额	其他
月	日	起	月	日	讫	类别	金额	时间	标准	金额	日数	标准	金额	住宿费金额	摘要	金额

月	日	起	月	日	讫	类别	金额	时间	标准	金额	日数	标准	金额	住宿费金额	摘要	金额
7	2	武汉	7	2	广州	飞机	720.00				6	120	720	1250.00	订票费	30.00
7	5	广州	7	6	上海	飞机	677.00								行李费	40.00
7	6	上海	7	7	武汉	火车	278.00								展销费	680.00
小 计							1675.00						720	1250.00		750.00

总计金额（大写）人民币肆仟叁佰玖拾伍元整 　　预支 4000.00 元 　　核销 4395.00 元 　　退补 395.00 元

主管：（略） 　　记账：（略） 　　审核：（略） 　　制表：（略）

领 款 单

2015年 7 月 7日 　　　　　　　　　　　　第 13 号

事由：报销差旅费差额

人民币（大写）：叁佰玖拾伍元整 　　　　　￥ 3 9 5 0 0

第三联记账联

现 金 付 讫 ✓现金

主管： 郜凯玲 　 财务负责人： 陈永波 　 收款人 　 秦克己

【业务说明】

该业务属于报销差旅费，需要填制凭证。注意：日期、金额和科目。

【操作指导】 ☞[操作视频]▶

7 月 7 日，W02 在"总账"系统中，直接填制报销差旅费凭证。

记 账 凭 证

记 字 0016	制单日期：2015.07.07	审核日期：		附单据数：
摘 要	科目名称		借方金额	贷方金额
1	销售费用/差旅费		439500	
1	其他应收款/个人往来			400000
1	库存现金			39500
		合 计	439500	439500

票号 / 日期 　　　数量 / 单价

备注 项目 / 个人 / 业务员 　　　部门 / 客户

记账 　　审核 　　出纳 　　　制单 陈永波

【任务 12】 8 日，代垫深圳鑫凯公司的运费。（应收系统处理）

中国工商银行电汇凭单（回单）

普通□ 加急□   日期：2015 年 7 月 8 日

付款人	全　称	武汉斯威驰电器股份有限公司	收款人	全　称	广东铁路集团股份有限公司
	账　号	6227000526781279809		账　号	6222567893456278910
	开户银行	中国工商银行武汉市江汉支行		开户银行	中国工商银行中山市火炬支行

人民币（大写）：陆仟壹佰零陆元伍角伍分	千	百	十	万	千	百	十	元	角	分
				￥	6	1	0	6	5	5

票据种类	电汇	票据张数	1	
票据号码：1000267657				
单位主管：（略）　　　　会计：（略）				中国工商银行武汉市江汉支行
复　　核：（略）　　　　记账：（略）				汇出（户）行签章

【业务说明】

该业务属于代垫销售运费，需要录入红字付款单。注意：表头、表体和代垫客户。（银行存款科目不能为红字）

【操作指导】 ☞［操作视频］▶

1. 7 月 8 日，W03 在"应收款管理"系统中，录入红字付款单（收款单切换为付款单）。

付款单

打印模板：应收付款单打印模板 ▾

表体排序 ▢

单据编号 0000000002		日期 2015-07-08		客户 广东铁路		
结算方式 电汇		结算科目 100201		币种 人民币		
汇率 1		金额 6106.55		本币金额 6106.55		
客户银行 中山市火炬支行		客户账号 6222567893456278910		票据号 1000267657		
部门 销售部		业务员 秦克己		项目		
摘要						

	款项类型	客户	科目	金额	本币金额	部门	业务
1	应收款	鑫凯家电	1122	6106.55	6106.55	销售部	秦克己
2							
3							
4							
5							
6							
7							
8							
9							
10							
11							
12							
13							
14							
15							
16							
17							
18							
19							
合计				6106.55	6106.55		

录入人 跃敏　　　　　　审核人 陈永波　　　　　　核销人

2. W02 在"应收款管理"系统中，审核红字付款单并生成相应凭证。

【任务 13】8 日，向深圳鑫凯公司发出剩余商品后，收到该公司尾款。

【业务说明】

该业务属于任务 4 中签订的分批发货的销售合同，需要录入销售发货单、销售出库单，并生成相应凭证。注意：发货数量和核销。

【操作指导】 ☞[操作视频]▶

1. 7 月 8 日，X01 在"销售管理"系统中，录入发货单(50％)。

发货单

打印模版 [发货单打印模版 ▼]

表体排序 [_____ ▼]   合并显示 □

发货单号 0000000002   发货日期 2015-07-08   业务类型 普通销售
销售类型 直接销售   订单号 XS0001   发票号
客户简称 鑫凯家电   销售部门 销售部   业务员 秦克己
发货地址   发运方式   付款条件
税率 17.00   币种 人民币   汇率 1
备注

	仓库名称	存货编码	存货名称	规格型号	主计量	数量	报价	含税单价	无税单价	无税金
1	大型家电仓库	010201	海尔大1.5P壁挂式…	KFR-35GW	台	50.00	0.00	3157.83	2699.00	
2	大型家电仓库	010202	海尔1P壁挂式空调	KFR-23GW	台	50.00	0.00	2221.83	1899.00	
3										
4										
5										
6										
7										
8										
9										
10										
11										
12										
13										
14										
15										
16										
17										
18										
合计						100.00				

制单人 秦克己   审核人 秦克己   关闭人

2. C01 在"库存管理"系统中，录入销售出库单。

销售出库单

[销售出库单打印模版 ▼]

表体排序 [_____ ▼]   ● 蓝字   合并显示 □
                                             ○ 红字

出库单号 0000000003   出库日期 2015-07-08   仓库 大型家电仓库
出库类别 销售出库   业务类型 普通销售   业务号 0000000002
销售部门 销售部   业务员 秦克己   客户 鑫凯家电
审核日期 2015-07-08   备注

	存货编码	存货名称	规格型号	主计量单位	数量	单价	金额
1	010201	海尔大1.5P壁挂式空调	KFR-35GW	台	50.00		
2	010202	海尔1P壁挂式空调	KFR-23GW	台	50.00		
3							
4							
5							
6							
7							
8							
9							
10							
11							
12							
13							
14							
15							
16							
17							
18							
19							
20							
合计					100.00		

制单人 吴青辉   审核人 吴青辉
现存量

3. W03 在"应收款管理"系统中，录入收款单。

收款单

表体排序 [   ]

应收收款单打印模板 ▼

单据编号 0000000003	日期 2015-07-08	客户 鑫凯家电
结算方式 转账支票	结算科目 100201	币种 人民币
汇率 1	金额 444072.55	本币金额 444072.55
客户银行 深圳市绸盛支行	客户账号 6222278965674532143	票据号 100026759
部门 销售部	业务员 秦克己	项目
摘要		

	款项类型	客户	部门	业务员	金额	本币金额	科
1	应收款	鑫凯家电	销售部	秦克己	444072.55	444072.55	1122
2							
3							
4							
5							
6							
7							
8							
9							
10							
11							
12							
13							
14							
15							
16							
17							
18							
19							
合计					444072.55	444072.55	

录入人 跃敏　　　　审核人 陈永波　　　　核销人

4. W02 在"应收款管理"系统中，审核收款单并生成凭证，进行核销。

记 账 凭 证

已生成

记 字 0018　　制单日期: 2015.07.08　　审核日期:　　　　附单据数: 1

摘要	科目名称	借方金额	贷方金额
收款单	银行存款/工行存款	44407255	
收款单	应收账款		44407255

票号 202 - 100026759
日期 2015.07.08　　　数量　单价　　　合计　44407255　44407255

备注　项 目　　　　部 门
　　　个 人　　　　客 户
　　　业务员

记账　　　审核　　　出纳　　　　　制单 陈永波

5. W02 在"存货核算"系统中，正常单据记账并生成出库单凭证。

记 账 凭 证

记 字　　　制单日期: 2015.07.08　　审核日期:　　　　附单据数: 1

摘要	科目名称	借方金额	贷方金额
销售出库单	主营业务成本	15000000	
销售出库单	库存商品		15000000

票号
日期　　　　　数量　单价　　　合计　15000000　15000000

备注　项 目　　　　部 门
　　　个 人　　　　客 户
　　　业务员

记账　　　审核　　　出纳　　　　　制单 陈永波

【任务 14】11 日，支付上月工资。

中国工商银行转账支票存根

支票号码：10098987278

科　　目：＿＿＿＿＿＿

对方科目：＿＿＿＿＿＿

签发日期：2015 年 7 月 11 日

收款人：武汉斯威驰电器股份有限公司
金　额：￥46888.39
用　途：发放工资
备　注：

单位主管：(略)　　　会计：(略)

复　核：(略)　　　记账：(略)

【业务说明】

该业务属于发放工资，需要填制凭证。注意：填制日期、结算方式、科目和金额。

【操作指导】　☞[操作视频][▶]

7 月 1 日，W02 在"总账"系统中，直接填制凭证。

【任务 15】11 日，缴纳上月的各项社会保险费。（合并制单，票号统一略）

注：社会保险基金专用收据略。

【业务说明】

该业务属于发放工资，需要填制凭证。注意：金额需要查询。

【操作指导】　☞[操作视频][▶]

7 月 1 日，W02 在"总账"系统中，直接填制凭证。

记 账 凭 证

记 字 0025 － 0001/0002　　制单日期：2015.07.11　　审核日期：　　　　　　　　　　　　　　附单据款：

摘　要	科目名称	借方金额	贷方金额
1	应付职工薪酬/养老保险	1158288	
1	应付职工薪酬/医疗保险	579143	
1	应付职工薪酬/失业保险	57914	
1	应付职工薪酬/工伤保险	57914	
1	应付职工薪酬/住房公积金	694971	

票号　－ 日期	数量 单价		合计	2594559	2594559

备注　项　目　　　　　　　　　　　　　　　部　门
　　　个　人　　　　　　　　　　　　　　　客　户
　　　业务员

记账　　　　审核　　　　出纳　　　　　　　　　　制单　陈永波

记 账 凭 证

记 字 0020 － 0002/0002　　制单日期：2015.07.11　　审核日期：　　　　　　　　　　　　　　附单据款：

摘　要	科目名称	借方金额	贷方金额
1	应付职工薪酬/失业保险	57914	
1	应付职工薪酬/工伤保险	57914	
1	应付职工薪酬/住房公积金	694971	
1	应付职工薪酬/生育保险	46331	
1	银行存款/工行存款		2594559

票号　6　－ 日期　2015.07.11	数量 单价		合计	2594559	2594559

备注　项　目　　　　　　　　　　　　　　　部　门
　　　个　人　　　　　　　　　　　　　　　客　户
　　　业务员

记账　　　　审核　　　　出纳　　　　　　　　　　制单　陈永波

【任务 16】13 日，与湖南寰宇公司签订资产置换协议。

资产置换协议　　　　　　　　　　　　　　　　Z0001

甲方：武汉斯威驰电器股份有限公司　　　　　乙方：湖南寰宇商贸有限公司

地址：武汉市江汉区友谊路 128 号　　　　　　地址：长沙市雨花区中意一路 583 号

甲乙双方经协商达成资产置换协议如下。

1. 置换标的

甲方换出资产：海尔BCD-216SDN电冰箱16台、海尔XQB50-M1268洗衣机20台、海尔Y13A-N29笔记本电脑20 台。

乙方换出资产：龙工LG16B蓄电池叉车2辆。

2. 置换范围和方式

甲乙双方聘请资产评估机构以2015年7月10日为资产置换评估基准日进行评估，甲方换出资产的评估净值为125 040.00元，乙方换出资产的评估净值为144 000.00元。本次资产置换以评估结果为依据作价。本次资产置换补价款22 183.20元由甲方向乙方支付。

3. 置换的生效

协议自置换的生效日起正式生效，置换的生效日为本协议签订日。置换行为在协议签署当日开始实施，置换的生效有追溯性。

本协议所述各方置换资产及相关负债，自置换生产日期限起，按协议规定，归对方所有。

甲　　方（盖章）：武汉斯威驰电器股份有限公司　　乙　　方（盖章）：湖南寰宇商贸有限公司

授权代表（签字）：柯振海　　　　　　　　　　　　授权代表（签字）：郭黎明

日　　期：2015年7月13日　　　　　　　　　　　　日　　期：2015年7月13日

湖北省增值税专用发票

No 1897678544

开票日期：2015年7月13日

购货单位	名　　称：湖南寰宇商贸有限公司
	纳税人识别号：1430121663974957
	地址、电话：长沙市雨花区中意一路583号　0731-8525968
	开户行及账号：中国工商银行长沙市中意路支行　6222289098892375453

密码区：略

第四联：记账联　销货方记账凭证

货物或应税劳务名称	规格型号	单位	数量	单价	金额	税率	税额
海尔电冰箱	BCD-216SDN	台	16	1690.00	27040.00	17%	4596.80
海尔洗衣机	XQB50-M1268	台	20	2100.00	42000.00		7140.00
海尔笔记本电脑	Y13A-N29	台	20	2800.00	56000.00		9520.00
合　计					¥125040.00		¥21256.80
价税合计	（大写）人民币壹拾肆万陆仟贰佰玖拾陆元捌角整					（小写）¥146296.80	

销货单位	名　　称：武汉斯威驰电器股份有限公司
	纳税人识别号：186728998763420
	地址、电话：湖北省武汉市江汉区友谊路128号　027-87826668
	开户行及账号：中国工商银行武汉市江汉支行　6227000526781279809

备注：武汉斯威驰电器股份有限公司　186728998763420

收款人：（略）　　　复核：（略）　　　开票人：（略）　　　销货单位：章（章）

湖南省增值税专用发票

No 1597674346

开票日期：2015年7月13日

购货单位	名　　称：武汉斯威驰电器股份有限公司
	纳税人识别号：186728998763420
	地址、电话：湖北省武汉市江汉区友谊路128号　027-87826668
	开户行及账号：中国工商银行武汉市江汉支行　6227000526781279809

密码区：略

第二联：发票联　购货方记账凭证

货物或应税劳务名称	规格型号	单位	数量	单价	金额	税率	税额
龙工蓄电池叉车	LG16B	辆	2	72000.00	144000.00	17%	24480.00
合　计					¥144000.00		¥24480.00
价税合计	（大写）人民币壹拾陆万捌仟肆佰捌拾元整					（小写）¥168480.00	

销货单位	名　　称：湖南寰宇商贸有限公司
	纳税人识别号：1430121663974957
	地址、电话：长沙市雨花区中意一路583号　0731-8525968
	开户行及账号：中国工商银行长沙市中意路支行　6222289098892375453

备注：湖南寰宇商贸有限公司　1430121663974957

收款人：（略）　　　复核：（略）　　　开票人：（略）　　　销货单位：章（章）

中国工商银行电汇凭单（回单）

普通□　加急□　　　　　　日期：2015年7月13日

付款人	全　称	武汉斯威驰电器股份有限公司	收款人	全　称	湖南寰宇商贸有限公司
	账　号	6227000526781279809		账　号	6222289098892375453
	开户银行	中国工商银行武汉市江汉支行		开户银行	中国工商银行长沙市中意路支行

人民币（大写）：贰万贰仟壹佰捌拾叁元贰角整	千	百	十	万	千	百	十	元	角	分
			¥	2	2	1	8	3	2	0

票据种类	电汇	票据张数	1
票据号码：209018600			

单位主管：（略）　　　会计：（略）

复　核：（略）　　　记账：（略）

汇出（户）行盖章

中国工商银行武汉市江汉支行
特记

<table>
<tr><td colspan="3" align="center">**固定资产卡片**</td></tr>
</table>

固定资产卡片

日期：2015年7月13日

卡片编号：

固定资产编号：200897　　固定资产名称：<u>龙工 LG16B 蓄电池叉车</u>

类别编号：　　　　　　　　类别名称：

规格型号：<u>LG16B</u>　　　　存放地点：仓库

增加方式：资产置换　　　　使用年限：10　　　　折旧方法：平均年限法（二）

使用状况：在用　　　　　　累计工作量：　　　　工作量单位：

工作总量：　　　　　　　　已提月份：　　　　　币种：人民币

开始使用日期：　　　　　　汇率：　　　　　　　币种单位：

外币原值：　　　　　　　　净残值率：4%　　　　净残值：

原值：72000元　　　　　　月折旧率：　　　　　月折旧额：

累计折旧：　　　　　　　　对应折旧科目：　　　项目：

净值：72000元

【业务说明】

该业务属于非货币性资产置换，需要录入销售订单、销售专用发票、出库单、采购订单、到货单、入库单、采购专用发票、付款单和采购资产。注意：销售类型（资产置换）、采购类型（固定资产）、应付冲应收和核销。

【操作指导】　☞［操作视频］▶

1. 7月13日，X01在"销售管理"系统中，录入销售订单、销售专用发票（自动生成发货单）。

销售订单

打印模版 [销售订单打印模版 ▼]

表体排序 [　　　　▼]　　　　　　　　　　　　合并显示 □

订单号 Z0001　　　　订单日期 2015-07-13　　业务类型 普通销售
销售类型 资产置换　　客户简称 湖南寰宇　　付款条件
销售部门 销售部　　　业务员 秦克己　　　税率 17.00
币种 人民币　　　　　汇率 1　　　　　　　备注
必有定金 否　　　　　定金原币金额

	存货编码	存货名称	规格型号	主计量	数量	报价	含税单价	无税单价	无税金额	税额	价税合计	税率（%）	折
1	0101...	海尔电冰箱	BCD-216...	台	16.00	0.00	1977.30	1690.00	27040.00	4596.80	31636.80	17.00	
2	0103...	海尔洗衣机	XQB50-...	台	20.00	0.00	2457.00	2100.00	42000.00	7140.00	49140.00	17.00	
3	020101	海尔笔记本...	Y13A-N29	台	20.00	0.00	3276.00	2800.00	56000.00	9520.00	65520.00	17.00	
4													
5													
6													
7													
8													
9													
10													
11													
12													
13													
14													
15													
16													
17													
18													
19													
合计					56.00				125040.00	21256.80	146296.80		

制单人 <u>秦克己</u>　　　审核人 <u>秦克己</u>　　　关闭人

销售专用发票

打印模版 销售专用发票打印模版 ▼

表体排序 [　　　　▼]　　　　　　　　　　　　　　　　　　　　合并显示 □

发票号 1897678544　　　　　开票日期 2015-07-13　　　　　业务类型 普通销售
销售类型 资产置换　　　　　　订单号 Z0001　　　　　　　发货单号 0000000003
客户简称 湖南寰宇　　　　　　销售部门 销售部　　　　　　　业务员 秦克己
付款条件 　　　　　　　　　　客户地址　　　　　　　　　　联系电话 0731-8525968
开户银行 长沙市中意路支行　　账号 6222289098892375453　　税号 1430121663974957
币种 人民币　　　　　　　　汇率 1　　　　　　　　　　　税率 17.00
备注

	仓库名称	存货编码	存货名称	规格型号	主计量	数量	报价	含税单价	无税单价	无税金额	税额	价税合计	税率(
1	大型家电	0101	海尔电冰箱	BCD-216...	台	16.00	0.00	1977.30	1690.00	27040.00	4596.80	31636.80	1
2	大型家电	0103	海尔洗衣机	XQB50-...	台	20.00	0.00	2457.00	2100.00	42000.00	7140.00	49140.00	1
3	消费电子	020101	海尔笔记本...	Y13A-N29	台	20.00	0.00	3276.00	2800.00	56000.00	9520.00	65520.00	1
4													
5													
6													
7													
8													
9													
10													
11													
12													
13													
14													
15													
16													
17													
合计						56.00				125040.00	21256.80	146296.80	

单位名称 武汉斯威驰电器股份有限公司　　本单位税号　　　　　本单位开户银行 中国工商银行武汉市江汉支行
制单人 秦克己　　　　　　　　　　　　复核人 秦克己　　　　　银行账号 6227000526781279809

2. C01 在"库存管理"系统中，录入销售出库单。

销售出库单

销售出库单打印模版 ▼

表体排序 [　　　　▼]　　　　　　　　　　　○ 蓝字　　　　合并显示 □
　　　　　　　　　　　　　　　　　　　　○ 红字

出库单号 0000000004　　　　　出库日期 2015-07-13　　　　　仓库 大型家电仓库
出库类别 资产置换出库　　　　　业务类型 普通销售　　　　　　业务号 1897678544
销售部门 销售部　　　　　　　　业务员 秦克己　　　　　　　客户 湖南寰宇
审核日期 2015-07-13　　　　　　备注

	存货编码	存货名称	规格型号	主计量单位	数量	单价	金额
1	01010101	海尔电冰箱	BCD-216SDN	台	16.00		
2	01030101	海尔洗衣机	XQB50-M1268	台	20.00		
3							
4							
5							
6							
7							
8							
9							
10							
11							
12							
13							
14							
15							
16							
17							
18							
19							
20							
合计					36.00		

制单人 吴青辉　　　　　　审核人 吴青辉
现存量

销售出库单

表体排序 [　　　　　　] ▾

◉ 蓝字　　　　　合并显示 □
◯ 红字

销售出库单打印模版 ▾

出库单号 0000000005　　　　　　出库日期 2015-07-13　　　　　　仓库 消费电子仓库
出库类别 资产置换出库　　　　　　业务类型 普通销售　　　　　　业务号 1897678544
销售部门 销售部　　　　　　　　业务员 秦克己　　　　　　　客户 湖南寰宇
审核日期 2015-07-13　　　　　　备注

	存货编码	存货名称	规格型号	主计量单位	数量	单价	金额
1	020101	海尔笔记本电脑	Y13A-N29	台	20.00		
2							
3							
4							
5							
6							
7							
8							
9							
10							
11							
12							
13							
14							
15							
16							
17							
18							
19							
20							
合计					20.00		

制单人 吴青辉　　　　　　　　审核人 吴青辉
现存量

3. G01 在"采购管理"系统中，录入采购订单和到货单。

采购订单

表体排序 [　　　　　　] ▾

打印模版 8174 采购订单打印模版 ▾

合并显示 □

业务类型 固定资产　　　　　订单日期 2015-07-13　　　　　订单编号 Z0001
采购类型 资产置换　　　　　供应商 湖南寰宇　　　　　部门 采购部
业务员 陈帆　　　　　　　税率 17.00　　　　　　付款条件　　　　　备注
币种 人民币　　　　　　汇率 1

	存货编码	存货名称	规格型号	主计量	数量	原币含税单价	原币单价	原币金额	原币税额	原币价税合计	税率	计划到货日期
1	0601	龙工蓄电池…	LG16B	辆	2.00	84240.00	72000.00	144000.00	24480.00	168480.00	17.00	2015-07-13
2												
3												
4												
5												
6												
7												
8												
9												
10												
11												
12												
13												
14												
15												
16												
17												
18												
19												
20												
合计					2.00			144000.00	24480.00	168480.00		

制单人 陈帆　　　　　　　审核人 陈帆　　　　　　　变更人
现存量

到货单

合并显示 □

表体排序 [　　　　] ▼

业务类型 固定资产　　　　　　　　单据号 0000000006　　　　　　　日期 2015-07-13
采购类型 资产置换　　　　　　　　供应商 湖南寰宇　　　　　　　　部门 采购部
业务员 陈帆　　　　　　　　　　币种 人民币　　　　　　　　　汇率 1
运输方式　　　　　　　　　　　税率 17.00　　　　　　　　　　备注

	存货编码	存货名称	规格型号	主计量	数量	原币含税单价	原币单价	原币金额	原币税
1	0601	龙工蓄电池叉车	LG16B	辆	2.00	84240.00	72000.00	144000.00	
2									
3									
4									
5									
6									
7									
8									
9									
10									
11									
12									
13									
14									
15									
16									
17									
18									
19									
20									
21									
合计					2.00			144000.00	

制单人 陈帆　　　　　　　　　　现存量

4. C01 在"库存管理"系统中，录入采购入库单。

采购入库单

采购入库单打印模版 ▼

○ 蓝字　　　　合并显示 □
○ 红字

表体排序 [　　　　] ▼

入库单号 0000000006　　　　　入库日期 2015-07-13　　　　　仓库 固定资产库
订单号 Z0001　　　　　　　　　到货单号 0000000006　　　　　业务号
供应单位 湖南寰宇　　　　　　　部门 采购部　　　　　　　　业务员 陈帆
到货日期 2015-07-13　　　　　　业务类型 固定资产　　　　　采购类型 资产置换
入库类别 资产置换入库　　　　　审核日期 2015-07-13　　　　备注

	存货编码	存货名称	规格型号	主计量单位	数量	本币单价	本币金额
1	0601	龙工蓄电池叉车	LG16B	辆	2.00	72000.00	144000.00
2							
3							
4							
5							
6							
7							
8							
9							
10							
11							
12							
13							
14							
15							
16							
17							
18							
19							
合计					2.00		144000.00

制单人 吴青辉　　　　　　　　　审核人 吴青辉
现存量

5. G01 在"采购管理"系统中，录入采购专用发票，并进行结算。

已结算

专用发票　　　　打印模版 8164 专用发票打印模版

表体排序 [　　　　]　　　　　　　　　　　　　　合并显示 □

业务类型 固定资产　　　　发票类型 专用发票　　　　发票号 1597674346
开票日期 2015-07-13　　　供应商 湖南寰宇　　　　代垫单位 湖南寰宇
采购类型 资产置换　　　　税率 17.00　　　　　　部门名称 采购部
业务员 陈帆　　　　　　　币种 人民币　　　　　　汇率 1
发票日期 2015-07-13　　　付款条件　　　　　　　备注

	存货编码	存货名称	规格型号	主计量	数量	原币单价	原币金额	原币税额	原币价税
1	0601	龙工蓄电池叉车	LG16B	辆	2.00	72000.00	144000.00	24480.00	
2									
3									
4									
5									
6									
7									
8									
9									
10									
11									
12									
13									
14									
15									
16									
17									
18									
19									
20									
合计					2.00		144000.00	24480.00	

结算日期 2015-07-13　　　　　制单人 陈帆　　　　　　审核人

6. W03 在"应付款管理"系统中，录入付款单。

付款单　　　　打印模版 应付付款单打印模板

表体排序 [　　　　]

单据编号 0000000001　　　　日期 2015-07-13　　　　供应商 湖南寰宇
结算方式 电汇　　　　　　　　结算科目 100201　　　　币种 人民币
汇率 1　　　　　　　　　　　金额 22183.20　　　　　本币金额 22183.20
供应商银行 长沙市中意路支行　供应商账号 6222289098892375453　票据号 209018600
部门 采购部　　　　　　　　　业务员 陈帆　　　　　　项目
摘要

	款项类型	供应商	科目	金额	本币金额	部门	业务员
1	应付款	湖南寰宇	220202	22183.20	22183.20	采购部	陈帆
2							
3							
4							
5							
6							
7							
8							
9							
10							
11							
12							
13							
14							
15							
16							
17							
18							
合计				22183.20	22183.20		

审核人 陈永波　　　　　　　录入人 跃敏　　　　　　　核销人

7. W02 在"应收款管理"系统中，审核应收单据并制单，在"应付款管理"系统中，审核应付单据并制单。

记 账 凭 证

已生成　　　　　　　　　　　　　　　　　　　　　　　　　　　　　　　　附单据数：1

记　字 0022　　制单日期：2015.07.13　　　审核日期：

摘　要	科目名称	借方金额	贷方金额
销售专用发票	应收账款	14629680	
销售专用发票	主营业务收入		12504000
销售专用发票	应交税费/应交增值税/销项税额		2125680

票号
日期　　　　　　　　数量／单价　　　　　　　合 计　　　14629680　　14629680

备注　项　目　　　　　　　　　　　　　部　门
个　人　　　　　　　　　　　　客　户　湖南寰宇
业务员　秦克己

记账　　　　　　　审核　　　　　　　出纳　　　　　　　　　　制单　陈永波

记 账 凭 证

已生成　　　　　　　　　　　　　　　　　　　　　　　　　　　　　　　　附单据数：1

记　字 0023　　制单日期：2015.07.13　　　审核日期：

摘　要	科目名称	借方金额	贷方金额
采购专用发票	固定资产	14400000	
采购专用发票	应交税费/应交增值税/进项税额	2448000	
采购专用发票	应付账款/一般应付账款		16848000

票号
日期　　　　　　　　数量／单价　　　　　　　合 计　　　16848000　　16848000

备注　项　目　　　　　　　　　　　　　部　门
个　人　　　　　　　　　　　　客　户
业务员

记账　　　　　　　审核　　　　　　　出纳　　　　　　　　　　制单　陈永波

记 账 凭 证

已生成　　　　　　　　　　　　　　　　　　　　　　　　　　　　　　　　附单据数：1

记　字 0024　　制单日期：2015.07.13　　　审核日期：

摘　要	科目名称	借方金额	贷方金额
付款单	应付账款/一般应付账款	2218320	
付款单	银行存款/工行存款		2218320

票号
日期　　　　　　　　数量／单价　　　　　　　合 计　　　2218320　　2218320

备注　项　目　　　　　　　　　　　　　部　门
个　人　　　　　　　　　　　　供应商　湖南寰宇
业务员　陈帆

记账　　　　　　　审核　　　　　　　出纳　　　　　　　　　　制单　陈永波

8. W02 在"应收/付款管理"系统中，应收冲应付并生成凭证，然后进行核销。

记 账 凭 证

已生成　　　　　　　　　　　　　　　　　　　　　　　　　　　　　　　　附单据数：1

记　字 0025　　制单日期：2015.07.13　　　审核日期：

摘　要	科目名称	借方金额	贷方金额
采购专用发票	应付账款/一般应付账款	14629680	
销售专用发票	应收账款		14629680

票号
日期　　　　　　　　数量／单价　　　　　　　合 计　　　14629680　　14629680

备注　项　目　　　　　　　　　　　　　部　门
个　人　　　　　　　　　　　　供应商　湖南寰宇
业务员　陈帆

记账　　　　　　　审核　　　　　　　出纳　　　　　　　　　　制单　陈永波

9. W02 在"存货核算"系统中，正常单据记账并生成出库单凭证。

记 账 凭 证

已生成

记 字 0026	制单日期: 2015.07.13	审核日期:		附单据数: 2

摘 要	科目名称	借方金额	贷方金额
	主营业务成本	11000000	
销售出库单	库存商品		11000000

票号				
日期			合 计	11000000	11000000

备注	项 目		部 门	
	个 人		客 户	
	业务员			

记账	审核	出纳	制单 陈永波

10. W02 在"总账"系统中，采购资产增加卡片（商品置换）。

固定资产卡片

卡片编号	00005			日期	2015-07-13
固定资产编号	0300001	固定资产名称			电脑
类别编号	03	类别名称	办公设备	资产组名称	
规格型号		使用部门			总经理办公室
增加方式	直接购入	存放地点			
使用状况	在用	使用年限(月)	36	折旧方法	平均年限法(二)
开始使用日期	2015-03-06	已计提月份	3	币种	人民币
原值	10000.00	净残值率	1%	净残值	100.00
累计折旧	825.00	月折旧率	0.0275	本月计提折旧额	275.00
净值	9175.00	对应折旧科目	660205,折旧费	项目	

录入人	柯振海		录入日期	2015-07-01

固定资产卡片

卡片编号	00008			日期	2015-07-13
固定资产编号	01200002	固定资产名称	龙工蓄电池叉车		
类别编号	012	类别名称	叉车	资产组名称	
规格型号	LG16B	使用部门			仓管部
增加方式	商品置换	存放地点			
使用状况	在用	使用年限(月)	120	折旧方法	平均年限法(二)
开始使用日期	2015-07-13	已计提月份	0	币种	人民币
原值	72000.00	净残值率	0%	净残值	0.00
累计折旧	0.00	月折旧率	0	本月计提折旧额	0.00
净值	72000.00	对应折旧科目	660205,折旧费	项目	

录入人	陈永波		录入日期	2015-07-13

【任务 17】14 日，与珠海格力电器股份有限公司签订采购合同。

购 销 合 同

合同编号：CG0001

卖方：珠海格力电器股份有限公司
买方：武汉斯威驰电器股份有限公司

　　为保护买卖双方的合法权益，买卖双方根据《中华人民共和国合同法》的有关规定，经友好协商，一致同意签订本合同，共同遵守。

　　一、货物的名称、数量及金额

货物的名称	规格型号	计量单位	数量	单价 (不含税)	金额 (不含税)	税率	税额
格力 1.5P 空调	KFR-26GW	台	100	2 500.00	250 000.00	17%	42 500.00
格力电饭煲	GDF-5008D	个	200	560.00	112 000.00		19 040.00
格力电热水器	50L	台	200	480.00	96 000.00		16 320.00
合计			500		458 000.00		77 860.00

　　二、合同总金额：人民币伍拾叁万伍仟捌佰陆拾元整（¥535 860.00）。

　　三、付款时间及付款方式

　　1. 交货日期及方式：本年 7 月内。

　　2. 结算方式：收货一个月内付清货款。信用条件：2/10、1/20、n/30（价税合计）。

　　3. 交货地点：武汉斯威驰电器股份有限公司。

　　四、发运方式与运输费用承担方式：由卖方发货，运输费用由卖方承担。

卖　　方：珠海格力电器股份有限公司　　　　买　　方：武汉斯威驰电器股份有限公司
授权代表：朱益明　　　　　　　　　　　　授权代表：陈帆
日　　期：2015 年 7 月 14 日　　　　　　　日　　期：2015 年 7 月 14 日

广东省增值税专用发票

No 1337678543

开票日期：2015 年 7 月 14 日

购货单位	名　　称：武汉斯威驰电器股份有限公司 纳税人识别号：1867289987763420 地址、电话：湖北省武汉市江汉区友谊路128号　027-87826668 开户行及账号：中国工商银行武汉市江汉支行　6227000526781279809	密码区	略

货物或应税劳务名称	规格型号	单 位	数 量	单 价	金 额	税 率	税 额
格力1.5P空调	KFR-26GW	台	100	2500.00	250000.00	17%	42500.00
格力电饭煲	GDF-5008D	个	200	560.00	112000.00		19040.00
格力电热水器	50L	台	200	480.00	96000.00		16320.00
合　计					¥458000.00		¥77860.00

价税合计	（大写）人民币伍拾叁万伍仟捌佰陆拾元整		（小写）¥535860.00

销货单位	名　　称：珠海格力电器股份有限公司 纳税人识别号：10009806756745 地址、电话：珠海市香洲区梅花街迎宾北路78号　0756-8909786 开户行及账号：中国工商银行珠海梅花支行　6222712890675643423	备注	

收款人：（略）　　　　复核：（略）　　　　开票人：（略）　　　　销货单位：（章）

【业务说明】

该业务属于签订采购合同，票到货款到，需要录入采购订单和采购专用发票。注意：未完全报销。

【操作指导】 ☞[操作视频]▶

1. 7月14日，G01在"采购管理"系统中，录入采购订单、采购专用发票。

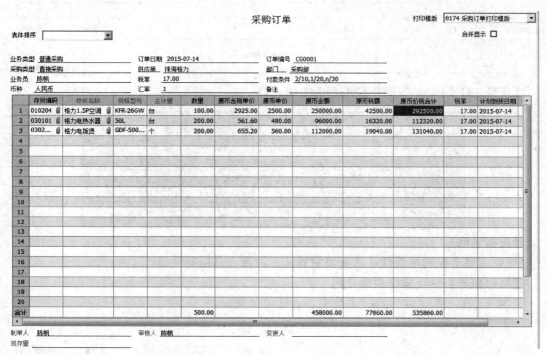

2. W02在"应付款管理"系统中，审核应付单据并制单（未完全报销）。

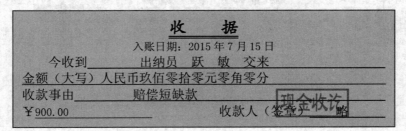

【任务 18】15 日，收到赔偿的现金短缺款。

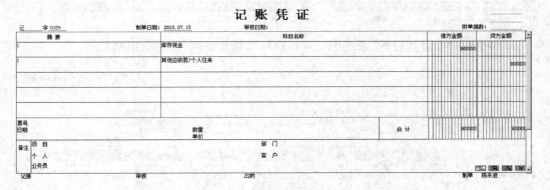

【业务说明】

该业务属于收到赔偿款，需要填制凭证。注意：日期和科目。

【操作指导】 ☞[操作视频]▶

7 月 15 日，W02 在"总账"系统中，直接填制凭证。

记 账 凭 证

记　字 0026　　制单日期：2015.07.15　　审核日期：　　　　　　　　　　　　附单据数：

摘　要	科目名称	借方金额	贷方金额
1	库存现金	90000	
1	其他应收款/个人往来		90000
合 计		90000	90000

票号
日期　　　　　　　　　数量　　　　　　单价　　　　　　　　　　　合 计

备注　项　目　　　　　　　部　门
个　人　　　　　　　客　户
业务员

记账　　　　审核　　　　出纳　　　　　　　　制单 陈永波

【任务 19】 16 日，与深圳鑫凯公司就部分商品质量问题的处理签署了协议书。

产品质量问题处理协议书

甲方：深圳鑫凯家电股份有限公司

乙方：武汉斯威驰电器股份有限公司

　　甲方在对2015年7月收到的全部商品进行质检时发现，该批商品有部分存在质量问题。经协商，双方达成如下协议：

　　1. 甲方质检部经检验认为，该批商品中的100台海尔小1P壁挂式空调机存在质量问题（部分因运输原因导致外部油漆划痕明显），影响正常销售；

　　2. 甲方要求对此次购买的海尔小1P壁挂式空调机在价格上给予10%的销售折让；

　　3. 乙方于签订协议当日将销售折让商品的款项退回甲方；

　　4. 甲方向当地税务机关申请开具红字增值税专用发票通知单。经税务机关审核后，甲方开具红字增值税专用发票通知单。

甲方（盖章）：深圳鑫凯家电股份有限公司　　乙方（盖章）：武汉斯威驰电器股份有限公司

法定代表人：李乐宣　　　　　　　　　　　　法定代表人：柯振海

日　　期：2015 年 7 月 16 日　　　　　　　日　　期：2015 年 7 月 16 日

开具红字增值税专用发票通知单　　No1897678545

开票日期：2015 年 7 月 16 日

购货单位	名　　称：深圳鑫凯家电股份有限公司						密码区	略			第四联：记账联　销货方记账凭证
	纳税人识别号：186728998763420										
	地址、电话：广东省深圳市福田区华强北路289号　0755-87895658										
	开户行及账号：中国工商银行深圳市华强支行　6222278965674532143										
货物或应税劳务名称	规格型号	单位	数量	单价		金　额		税率	税　额		
海尔1P 壁挂式空调	KFR-23GW	台				18990.00		17%	3228.30		
合　计						¥18990.00			¥3228.30		
价税合计	（大写）人民币贰万贰仟贰佰壹拾捌元叁角整							（小写）¥22218.30			
销货单位	名　　称：武汉斯威驰电器股份有限公司						备注				
	纳税人识别号：186728998763420										
	地址、电话：湖北省武汉市江汉区友谊路 128号　027-87826668							186728998763420			
	开户行及账号：中国工商银行武汉市江汉支行 6227000526781279809										

收款人：（略）　　复核：（略）　　开票人：（略）　　销货单位：（章）

中国工商银行电汇凭单（回单）

普通□　加急□　　　　　　　　　　　　日期：2015 年 7 月 16 日

付款人	全　称	武汉斯威驰电器股份有限公司	收款人	全　称	深圳鑫凯家电股份有限公司
	账　号	6227000526781279809		账　号	6222278965674532143
	开户银行	中国工商银行武汉市江汉支行		开户银行	中国工商银行深圳市福田支行

人民币（大写）：贰万贰仟贰佰壹拾捌元叁角整	千	百	十	万	千	百	十	元	角	分
			¥	2	2	2	1	8	3	0

票据种类	电汇	票据张数	1	
票据号码：134529087				
单位主管：（略）　　会计：（略）				汇出（户）行盖章
复　核：（略）　　记账：（略）				

【业务说明】

该业务属于销售商品发生折让，需要录入红字销售专用发票和虚拟红字收款单。注意：退补标志和核销。

【操作指导】 ☞[操作视频]▶

1. 7 月 16 日，X01 在"销售管理"系统中，录入红字销售专用发票(退补标志)。

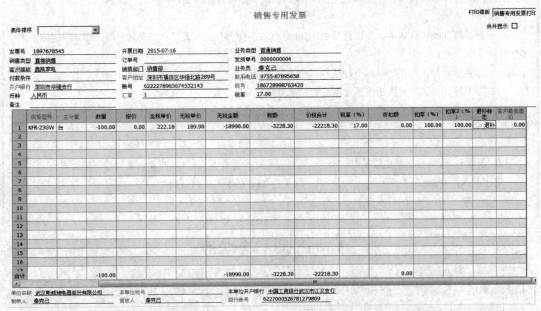

2. W03 在"应收款管理"系统中，录入虚拟红字收款单(收款单切换为付款单)。

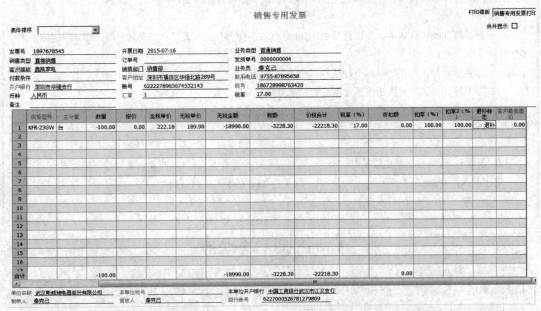

3. W02 在"应收款管理"系统中，审核应收单据，审核收款单据并生成凭证，然后进行核销。

记 账 凭 证

已生成

记 字 0029　　　制单日期：2015.07.16　　　审核日期：　　　　　　　　　附单据数：1

摘　要	科目名称	借方金额	贷方金额
销售专用发票	应收账款	2221830	
销售专用发票	主营业务收入		1899000
销售专用发票	应交税费/应交增值税/销项税额		322830

票号 日期	数量 单价		合计	2221830	2221830

备注　项　目　　　　　　　　部　门
　　　个　人　　　　　　　　客　户　鑫凯家电
　　　业务员　秦克己

记账　　　审核　　　出纳　　　　　　　　　　　制单　陈永波

记 账 凭 证

已生成

记 字 0030　　　制单日期：2015.07.16　　　审核日期：　　　　　　　　　附单据数：1

摘　要	科目名称	借方金额	贷方金额
付款单	银行存款/工行存款		2221830
付款单	应收账款		2221830

票号 5 - 134529087 日期 2015.07.16	数量 单价		合计		

备注　项　目　　　　　　　　部　门
　　　个　人　　　　　　　　客　户
　　　业务员

记账　　　审核　　　出纳　　　　　　　　　　　制单　陈永波

【任务 20】 20 日，收到 14 日采购的商品并支付货款。

中国工商银行转账支票存根

支票号码：10098987279

科　　目：＿＿＿＿＿＿＿＿

对方科目：＿＿＿＿＿＿＿＿

签发日期：2015 年 7 月 20 日

收款人：珠海格力电器股份有限公司
金　额：￥525142.80
用　途：支付货款
备　注：

单位主管：（略）　　　会计：（略）

复　　核：（略）　　　记账：（略）

【业务说明】

该业务属于收到业务 17 中的商品并支付货款，需要录入采购到货单、采购入库单和付款单。注意：手工结算、结算方式、核销和合并制单。

【操作指导】　☞[操作视频][▶]

1. 7 月 20 日，G01 在"采购管理"系统中，录入采购到货单。

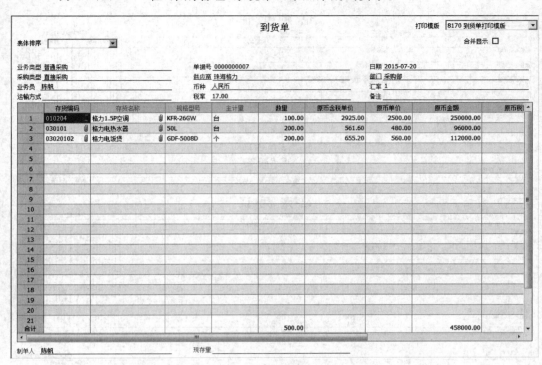

2. C01 在"库存管理"系统中，根据到货单生成采购入库单。

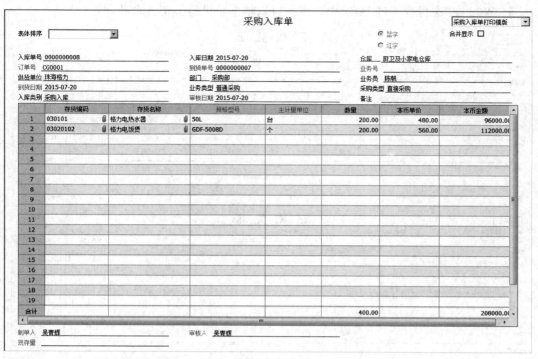

3. G01 在"采购管理"系统中，手工结算。

4. W03 在"应付款管理"系统中，录入付款单。

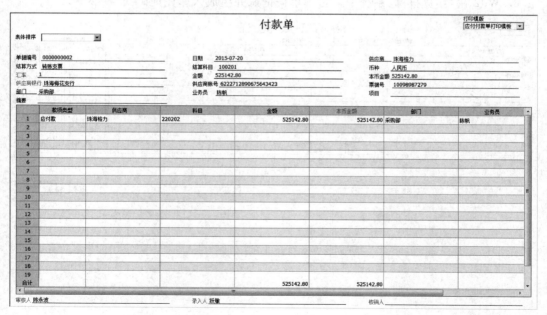

5. W02 在"应付款管理"系统中，审核付款单据，进行核销并合并制单。

记 账 凭 证

已生成

记	字 0031	制单日期: 2015.07.20	审核日期:		附单据数: 1

摘 要	科目名称	借方金额	贷方金额
付款单	应付账款/一般应付账款	52514280	
付款单	银行存款/工行存款		52514280

票号 日期		数量 单价		合计	52514280	52514280

备注	项 目 个 人 业务员 陈帆		部 门 供应商 珠海格力	

记账　　　　审核　　　　出纳　　　　　　　　　制单 陈永波

记 账 凭 证

已生成

记	字 0039	制单日期: 2015.07.20	审核日期:		附单据数: 1

摘 要	科目名称	借方金额	贷方金额
核销	应付账款/一般应付账款	1071720	
现金折扣	财务费用	1071720	

票号 日期		数量 单价		合计		

备注	项 目 个 人 业务员		部 门 客 户	

记账　　　　审核　　　　出纳　　　　　　　　　制单 陈永波

6. W02 在"存货核算"系统中，正常单据记账并生成入库凭证。

记 账 凭 证

已生成

记	字 0032	制单日期: 2015.07.20	审核日期:		附单据数: 2

摘 要	科目名称	借方金额	贷方金额
采购入库单	库存商品	45800000	
采购入库单	在途物资		45800000

票号 日期		数量 单价	500.00000台 916.00000	合计	45800000	45800000

备注	项 目 个 人 业务员		部 门 客 户	

记账　　　　审核　　　　出纳　　　　　　　　　制单 陈永波

【任务 21】 21 日，与河北协恒电器商贸股份有限公司签订销售合同。

购 销 合 同

合同编号：XS0002

卖方：武汉斯威驰电器股份有限公司
买方：河北协恒电器商贸股份有限公司

为保护买卖双方的合法权益，根据《中华人民共和国合同法》的有关规定，双方经友好协商，一致同意签订本合同，并共同遵守合同内容。

一、货物的名称、数量及金额

货物的名称	规格型号	计量单位	数量	单价（不含税）	金额（不含税）	税率	税额
美的空调扇	AC120-C	台	200	499.00	99 800.00	17%	16 966.00
格力大 3P 空调	3 匹变频 KFR-72W	台	100	7 699.00	769 900.00		130 883.00
格力电热水器	50L	台	200	628.00	125 600.00		21 352.00
合计					995 300.00		169 201.00

二、合同总金额：人民币壹佰壹拾陆万肆仟伍佰零壹元整（￥1 164 501.00）。

三、付款时间及付款方式

卖方分两次向买方发货：卖方于签订合同当日向买方发第一批货（每种商品各发出 50%），同时收到部分货款。7 月 26 日向买方发出第二批货，买方收货并验收合格后于月底前向卖方支付剩余款项。

如有质量问题，买方在 8 月 31 日前有权退还该批商品。

四、时间与地点

交货时间：2015 年 7 月 21 日　　交货地点：河北协恒电器商贸有限公司

五、发运方式与运输费用承担方式：由卖方发货，运输费用由买方承担。

卖　方：武汉斯威驰电器股份有限公司　　　买　方：河北协恒电器商贸股份有限公司
授权代表：秦已克　　　　　　　　　　　授权代表：许志强
日　期：2015 年 7 月 21 日　　　　　　日　期：2015 年 7 月 21 日

湖北省增值税专用发票

开票日期：2015 年 7 月 21 日　　　　　No1897678546

第四联：记账联 销货方记账凭证

| 购货单位 | 名称：河北协恒电器商贸股份有限公司 纳税人识别号：100980765456732 地址、电话：河北省石家庄市和平南路56号　0311-87896656 开户行及账号：中国工商银行石家庄市桥东和平支行　6222789064543432456 | | | | | 密码区 | 略 | |

货物或应税劳务名称	规格型号	单位	数量	单价	金额	税率	税额
美的空调扇	AC120-C	台	200	499.00	99800.00	17%	16966.00
格力大3P空调	KFR-72W3匹变频	台	100	7699.00	769900.00		130883.00
格力电热水器	50L	台	200	628.00	125600.00		21352.00
合　计					￥995300.00		￥169201.00

| 价税合计 | （大写）人民币壹佰壹拾陆万肆仟伍佰零壹元整 | （小写）￥1164501.00 |

| 销货单位 | 名称：武汉斯威驰电器股份有限公司 纳税人识别号：186728998763420 地址、电话：湖北省武汉市江汉区友谊路128号　027-87826668 开户行及账号：中国工商银行武汉市江汉支行　6227000526781279809 | 备注 | |

收款人：（略）　　复核：（略）　　开票人：（略）　　销货单位：（章）

【业务说明】

该业务属于签订销售合同(分批发货、分次收款),需要录入销售订单、销售专用发票和收款单。注意:预发货日期、发票数量、发票号码和结算方式。

【操作指导】   ☞[操作视频]▶

1. 7 月 21 日,X01 在"销售管理"系统中,录入销售订单(预发货日期 6 条记录)。

销售订单

打印模版 销售订单打印模版 ▼

表体排序 [▼]   合并显示 □

订单号 XS0002   订单日期 2015-07-21   业务类型 普通销售
销售类型 直接销售   客户源称 河北协恒   付款条件
销售部门 销售部   业务员 秦克己   税率 17.00
币种 人民币   汇率 1   备注
必有定金 否   定金原币金额

	数量	报价	含税单价	无税单价	无税金额	税额	价税合计	税率(%)	折扣额	扣率(%)	扣率2(%)	预发货日期
1	100.00	0.00	583.83	499.00	49900.00	8483.00	58383.00	17.00	0.00	100.00	100.00	2015-07-21
2	50.00	0.00	9007.83	7699.00	384950.00	65441.50	450391.50	17.00	0.00	100.00	100.00	2015-07-21
3	100.00	0.00	734.76	628.00	62800.00	10676.00	73476.00	17.00	0.00	100.00	100.00	2015-07-21
4	100.00	0.00	583.83	499.00	49900.00	8483.00	58383.00	17.00	0.00	100.00	100.00	2015-07-26
5	50.00	0.00	9007.83	7699.00	384950.00	65441.50	450391.50	17.00	0.00	100.00	100.00	2015-07-26
6	100.00	0.00	734.76	628.00	62800.00	10676.00	73476.00	17.00	0.00	100.00	100.00	2015-07-26
7												
8												
9												
10												
11												
12												
13												
14												
15												
16												
17												
18												
19												
合计	500.00				995300.00	169201.00	1164501.00		0.00			

制单人 秦克己   审核人 秦克己   关闭人

2. X01 在"销售管理"系统中，根据销售订单生成发货单（50%）。

<table>
<tr><td colspan="2" align="center">发货单</td><td align="right">打印模版 发货单打印模版 ▼</td></tr>
</table>

表体排序 _____ ▼　　　　　　　　　　　　　　　　　　　　　　　　合并显示 ☐

发货单号 0000000005　　　　　　发货日期 2015-07-21　　　　　　业务类型 普通销售
销售类型 直接销售　　　　　　　订单号 XS0002　　　　　　　　发票号
客户简称 河北协恒　　　　·　　销售部门 销售部　　　　　　　　业务员 秦克己
发货地址　　　　　　　　　　　发运方式　　　　　　　　　　　付款条件
税率 17.00　　　　　　　　　　币种　人民币　　　　　　　　　汇率 1
备注

	仓库名称	存货编码	存货名称	规格型号	主计量	数量	报价	含税单价	无税单价	无税
1	大型家电仓库	01020202	美的空调扇	AC120-C	台	100.00	0.00	583.83	499.00	
2	大型家电仓库	010205	格力大3P空调	3匹变频	台	50.00	0.00	9007.83	7699.00	
3	厨卫及小家电…	030101	格力电热水器	50L	台	100.00	0.00	734.76	628.00	
4										
5										
6										
7										
8										
9										
10										
11										
12										
13										
14										
15										
16										
17										
18										
合计						250.00				

制单人 秦克己　　　　　　　　审核人 秦克己　　　　　　　　　关闭人

3. X01 在"销售管理"系统中，生成销售专用发票（全额、现结）。

现结	销售专用发票	打印模版 销售专用发票打印模 ▼

表体排序 _____ ▼　　　　　　　　　　　　　　　　　　　　　　　　合并显示 ☐

发票号 1897678546　　　　　　开票日期 2015-07-21　　　　　　业务类型 普通销售
销售类型 直接销售　　　　　　　订单号 XS0002　　　　　　　　发货单号 0000000005
客户简称 河北协恒　　　　　　　客户地址 河北省石家庄市和平南路56号　业务员 秦克己
付款条件　　　　　　　　　　　　　　　　　　　　　　　　　　　联系电话 0311-87896656
开户银行 石家庄市桥东和平支行　账号 62227890645434323456　税号 100980765456732
币种　人民币　　　　　　　　　汇率 1　　　　　　　　　　　　税率 17.00
备注

	仓库名称	存货编码	存货名称	规格型号	主计量	数量	报价	含税单价	无税单价	无税金额	税额	价税合计	税率
1	大型家电	0102…	美的空调扇	AC120-C	台	200.00	0.00	583.83	499.00	99800.00	16966.00	116766.00	17
2	大型家电…	010205	格力大3P空调	3匹变频	台	100.00	0.00	9007.83	7699.00	769900.00	130883.00	900783.00	17
3	厨卫及小…	030101	格力电热水器	50L	台	200.00	0.00	734.76	628.00	125600.00	21352.00	146952.00	17
4													
5													
6													
7													
8													
9													
10													
11													
12													
13													
14													
15													
16													
17													
合计						500.00				995300.00	169201.00	1164501.00	

单位名称 武汉斯威驰电器股份有限公司　本单位税号　　　　本单位开户银行 中国工商银行武汉市江汉支行
制单人 秦克己　　　　　　　　复核人 秦克己　　　　　　　　　银行账号 6227000526781279809

4. W01 在"库存管理"系统中，生成销售出单。

销售出库单

	销售出库单打印模版 ▼
	○ 蓝字 合并显示 □
	○ 红字

表体排序 [　　　　　] ▼

出库单号 0000000006　　　出库日期 2015-07-21　　　仓库 大型家电仓库
出库类别 销售出库　　　业务类型 普通销售　　　业务号 0000000005
销售部门 销售部　　　业务员 秦克己　　　客户 河北协恒
审核日期 2015-07-21　　　备注

	存货编码	存货名称	规格型号	主计量单位	数量	单价	金额
1	01020202	美的空调扇	AC120-C	台	100.00		
2	010205	格力大3P空调	3匹变频	台	50.00		
3							
4							
5							
6							
7							
8							
9							
10							
11							
12							
13							
14							
15							
16							
17							
18							
19							
20							
合计					150.00		

制单人 吴青辉　　　审核人 吴青辉
现存量

销售出库单

	销售出库单打印模版 ▼
	● 蓝字 合并显示 □
	○ 红字

表体排序 [　　　　　] ▼

出库单号 0000000007　　　出库日期 2015-07-21　　　仓库 厨卫及小家电仓库
出库类别 销售出库　　　业务类型 普通销售　　　业务号 0000000005
销售部门 销售部　　　业务员 秦克己　　　客户 河北协恒
审核日期 2015-07-21　　　备注

	存货编码	存货名称	规格型号	主计量单位	数量	单价	金额
1	030101	格力电热水器	50L	台	100.00		
2							
3							
4							
5							
6							
7							
8							
9							
10							
11							
12							
13							
14							
15							
16							
17							
18							
19							
20							
合计					100.00		

制单人 吴青辉　　　审核人 吴青辉
现存量

5. W02 在"应收款管理"系统中，审核应收单据并制单（包含现结）。

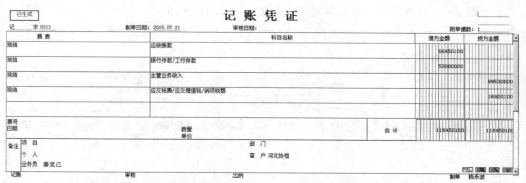

6. W02 在"存货核算"系统中，正常单据记账并生成出库凭证。

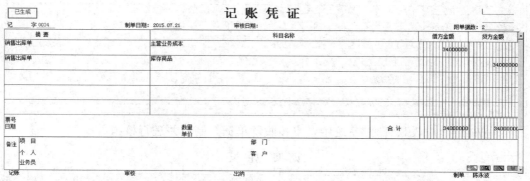

【任务 22】23 日，收到河北协恒电器商贸股份有限公司支付的部分货款。

中国工商银行电汇凭证（收账通知）			票据号码：29098768567	
日期：2015 年 7 月 23 日				
收　款　人	武汉斯威驰电器股份有限公司	汇　款　人	河北协恒电器商贸股份有限公司	
账号或地址	6227000526781279809	账号或地址	62227890645434323456	
兑付地点	湖北省武汉市	兑付行	工行武汉市江汉支行	汇款用途	支付购货款
汇款金额	人民币（大写）　伍拾贰万捌仟壹佰捌拾元整		千 百 十 万 千 百 十 元 角 分　¥ 5 2 8 1 8 0 0 0	

【业务说明】

该业务属于收到任务 21 的货款，需要录入收款单。注意：结算方式、票据号码和核销。

【操作指导】 ☞[操作视频]▶

1. 7 月 23 日，W03 在"应收款管理"系统中，录入收款单。

收款单

打印模板
应收收款单打印模板 ▼

表体排序 [　　　] ▼

单据编号 0000000005	日期　2015-07-23	客户　河北协恒
结算方式 电汇	结算科目 100201	币种　人民币
汇率　1	金额　528180.00	本币金额 528180.00
客户银行 石家庄市桥东和平支行	客户账号 62227890645434323456	票据号 29098768567
部门　销售部	业务员　秦克己	项目
摘要		

	款项类型	客户	部门	业务员	金额	本币金额	科
1	应收款	河北协恒	销售部	秦克己	528180.00	528180.00	1122
2							
3							
4							
5							
6							
7							
8							
9							
10							
11							
12							
13							
14							
15							
16							
17							
18							
19							
合计					528180.00	528180.00	

录入人　跃敏　　　　　　　　　审核人　陈永波　　　　　　　　　核销人

2. W02 在"应收款管理"系统中，审核收款单据，制单并进行核销。

记 账 凭 证

已生成

记　字 0035　　　　制单日期: 2015. 07. 23　　　　审核日期:　　　　　　　　　　　　　　附单据数: 1

摘　要	科目名称	借方金额	贷方金额
收款单	银行存款/工行存款	52818000	
收款单	应收账款		52818000

票号　5　- 29098768567
日期　2015. 07. 23

数量
单价

合　计　　52818000　　52818000

备注　项　目　　　　　　　　　　　部　门
　　　个　人　　　　　　　　　　　客　户
　　　业务员

记账　　　　　审核　　　　　出纳　　　　　　　　　　　制单　陈永波

【任务23】24 日，与江西瑞祥翔电器股份有限公司签订销售合同，同时与珠海格力电器股份有限公司签订采购合同。

购　销　合　同

合同编号：XS0003

卖方：武汉斯威驰电器股份有限公司

买方：江西瑞祥电器股份有限公司

为保护买卖双方的合法权益，根据《中华人民共和国合同法》的有关规定，双方经友好协商，一致同意签订本合同，并共同遵守合同内容。

一、货物的名称、数量及金额

货物的名称	规格型号	计量单位	数量	单价（不含税）	金额（不含税）	税率	税额
格力 1P 空调	KFR-35GW	台	50	2 200.00	11 000.00		18 700.00
格力 1.5P 空调	KFR-26GW	台	70	3 200.00	224 000.00	17%	38 080.00
格力双开门冰箱	KFR-K10	台	50	3 550.00	177 500.00		30 175.00
合计			170		511 500.00		86 955.00

二、合同总金额：人民币伍拾玖万捌仟肆佰伍拾伍元整（￥598 455.00）。

三、付款时间及付款方式

买方于签订合同当日提货，同时向卖方支付货款。

四、时间与地点

交货时间：2015 年 7 月 24 日　交货地点：珠海格力电器股份有限公司

五、发运方式与运输费用承担方式：由卖方发货，买方自提，运输费用由买方承担。

卖　　方：武汉斯威驰电器股份有限公司　　　　买　　方：江西瑞翔祥电器股份有限公司

授权代表：秦克己　　　　　　　　　　　　　授权代表：刘强东

日　　期：2015 年 7 月 24 日　　　　　　　　日　　期：2015 年 7 月 24 日

湖北省增值税专用发票

No1897678547

开票日期：2015 年 7 月 24 日

购货单位	名　　称：江西瑞翔祥电器股份有限公司 纳税人识别号：111987536254687 地址、电话：江西省南昌市解放西路68号 0791-88856666 开户行及账号：中国工商银行南昌市解放支行 6222789456325698986						密码区	略	
货物或应税劳务名称	规格型号	单位	数量	单价	金　额	税率	税　额		
格力1P空调	KFR-35GW	台	50	2200.00	1100000.00	17%	18700.00		
格力1.5P空调	KFR-26GW	台	70	3200.00	224000.00		38080.00		
格力双开门冰箱	KFR-K10	台	50	3550.00	177500.00		30175.00		
合　计					￥511500.00		￥86955.00		
价税合计	人民币（大写）伍拾玖万捌仟肆佰伍拾伍元整					（小写）￥598455.00			
销货单位	名　　称：武汉斯威驰电器股份有限公司 纳税人识别号：186728998763420 地址、电话：湖北省武汉市江汉区友谊路128号 027-87826668 开户行及账号：中国工商银行武汉市江汉支行 6227000526781279809						备注		

收款人：（略）　　　　复核：（略）　　　　开票人：（略）　　　　销货单位：（章）

中国工商银行电汇凭单（回单）

普通□　加急□　　　　　　　　　　2015 年 7 月 24 日

付款人	全称	江西瑞翔祥电器股份有限公司	收款人	全称	武汉斯威驰电器股份有限公司
	账号	6222789456325698986		账号	6227000526781279809
	开户银行	中国工商银行南昌市解放支行		开户银行	中国工商银行武汉市江汉支行

人民币（大写）：伍拾玖万捌仟肆佰伍拾伍元整（￥598455.00）	千	百	十	万	千	百	十	元	角	分
		￥	5	9	8	4	5	5	0	0

票据种类	电汇	票据张数	1	汇出（户）行盖章

购 销 合 同

合同编号：CG0002

卖方：武汉斯威驰电器股份有限公司
买方：珠海格力电器股份有限公司

　　为保护双方的合法权益，根据《中华人民共和国合同法》的有关规定，双方经友好协商，一致同意签订本合同，并共同遵守合同内容。

　　一、货物的名称、数量及金额

货物的名称	规格型号	计量单位	数量	单价 （不含税）	金额 （不含税）	税率	税额
格力 1P 空调	KFR-35GW	台	50	1 800.00	90 000.00	17%	15 300.00
格力 1.5P 空调	KFR-25GW	台	70	2 500.00	175 000.00		29 750.00
格力双开门冰箱	KFR-K10	台	50	2 800.00	140 000.00		23 800.00
合计					405 000.00		68 850.00

　　二、合同总金额：人民币肆拾柒万叁仟捌佰伍拾元整（￥473 850.00）。

　　三、付款时间及付款方式：买方收货并验收合格后于月底前向卖方支付货款。

　　四、时间与地点

交货时间：2015 年 7 月 24 日　交货地点：珠海格力电器股份有限公司

　　五、发运方式与运输费用承担方式：由卖方发货，买方自提，运输费用由买方承担。

买　　方：武汉斯威驰电器股份有限公司　　　卖　　方：珠海格力电器股份有限公司

授权代表：秦克己　　　　　　　　　　　　授权代表：朱益明

日　　期：2015 年 7 月 24 日　　　　　　日　　期：2015 年 7 月 24 日

广东省增值税专用发票

开票日期：2015 年 7 月 24 日　　　　　　　No125478555

购货单位	名　　称：武汉斯威驰电器股份有限公司 纳税人识别号：186728998763420 地址、电话：湖北省武汉市江汉区友谊路128号　027-87826668 开户行及账号：中国工商银行武汉市江汉支行　6227000526781279809				密码区	略		
货物或应税劳务名称	规格型号	单　位	数　量	单　价	金　额	税率	税　额
格力1P空调 格力1.5P空调 格力双开门冰箱	KFR-35GW KFR-26GW KFR-K10	台 台 台	50 70 50	1800.00 2500.00 2800.00	90000.00 175000.00 140000.00	17%	15300.00 29750.00 23800.00
合　计					￥405000.00		￥68850.00
价税合计	（大写）人民币肆拾柒万叁仟捌佰伍拾元整					（小写）￥473850.00	
销货单位	名　　称：珠海格力电器股份有限公司 纳税人识别号：10009806756745 地址、电话：珠海市香洲区梅花街迎宾北路78号　0756-8909786 开户行及账号：中国工商银行珠海梅花支行　6222712890675643423				备注		

收款人：（略）　　　复核：（略）　　　开票人：（略）　　　销货单位：（章）

（第二联：发票联　购货方记账凭证）

【业务说明】

该业务属于直运销售，需要录入销售订单、销售专用发票、采购订单、采购专用发票和收款单。注意：销售类型（直运销售）、采购人员和科目。

【操作指导】☞［操作视频］▶

1. 7 月 1 日，X01 在"销售管理"系统中，录入销售订单（直运销售），生成销售专用发票（现结）。

销售订单

打印模版　[销售订单打印模版 ▼]

表体排序 [　　　　　▼]　　　　　　　　　　　　　　　　　　　　　合并显示 □

订单号　XS0003　　　　　订单日期 2015-07-24　　　业务类型 直运销售
销售类型 直接销售　　　　客户简称 江西瑞祥　　　　付款条件
销售部门 销售部　　　　　业务员 秦克己　　　　　税率 17.00
币种　人民币　　　　　　汇率　1　　　　　　　　备注
必有定金 否　　　　　　　定金原币金额 0.00

	存货编码	存货名称	规格型号	主计量	数量	报价	含税单价	无税单价	无税金额	税额	价税合计	税率（%）	折
1	010204	格力1.5P空调	KFR-26GW	台	70.00	0.00	3744.00	3200.00	224000.00	38080.00	262080.00	17.00	
2	010206	格力1P空调	KFR-35GW	台	50.00	0.00	2574.00	2200.00	110000.00	18700.00	128700.00	17.00	
3	0101...	格力双开门...	KFR-K10	台	50.00	0.00	4153.50	3550.00	177500.00	30175.00	207675.00	17.00	
4													
5													
6													
7													
8													
9													
10													
11													
12													
13													
14													
15													
16													
17													
18													
19													
合计					170.00				511500.00	86955.00	598455.00		

制单人　秦克己　　　　审核人　秦克己　　　　关闭人

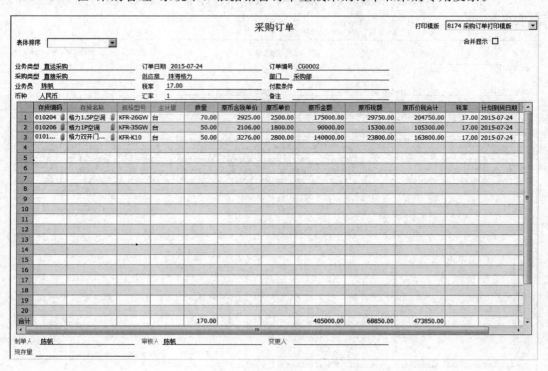

	仓库名称	存货编码	存货名称	规格型号	主计量	数量	报价	含税单价	无税单价	无税金额	税额	价税合计	税率
1		010204	格力1.5P空调	KFR-26GW	台	70.00	0.00	3744.00	3200.00	224000.00	38080.00	262080.00	17
2		010206	格力1P空调	KFR-35GW	台	50.00	0.00	2574.00	2200.00	110000.00	18700.00	128700.00	17
3		0101...	格力双开门...	KFR-K10	台	50.00	0.00	4153.50	3550.00	177500.00	30175.00	207675.00	17
合计						170.00				511500.00	86955.00	598455.00	

单位名称　武汉斯威驰电器股份有限公司　　本单位税号　　　　本单位开户银行　中国工商银行武汉市江汉支行

制单人　秦克己　　　　　复核人　秦克己　　　　　银行账号　6227000526781279809

2. G01 在"采购管理"系统中，根据销售订单生成采购订单和采购专用发票。

	存货编码	存货名称	规格型号	主计量	数量	原币含税单价	原币单价	原币金额	原币税额	原币价税合计	税率	计划到货日期
1	010204	格力1.5P空调	KFR-26GW	台	70.00	2925.00	2500.00	175000.00	29750.00	204750.00	17.00	2015-07-24
2	010206	格力1P空调	KFR-35GW	台	50.00	2106.00	1800.00	90000.00	15300.00	105300.00	17.00	2015-07-24
3	0101...	格力双开门...	KFR-K10	台	50.00	3276.00	2800.00	140000.00	23800.00	163800.00	17.00	2015-07-24
合计					170.00			405000.00	68850.00	473850.00		

制单人　陈帆　　　　　审核人　陈帆　　　　　变更人

现存量

3. W02 在"应收款管理"系统中，审核应收单据并制单。

记 账 凭 证

已生成							
记 字 0036		制单日期：2015.07.24	审核日期：			附单据数：1	
摘 要			科目名称			借方金额	贷方金额
现结		银行存款/工行存款				59845500	
现结		主营业务收入					51150000
现结		应交税费/应交增值税/销项税额					8695500
票号 5 -							
日期 2015.07.24		数量 单价			合 计	59845500	59845500
备注 项 目			部 门				
个 人			客 户				
业务员							
记账	审核		出纳			制单 陈永波	

4. W02 在"应付款管理"系统中，审核应付单据并制单。

记 账 凭 证

已生成							
记 字 0037		制单日期：2015.07.24	审核日期：			附单据数：1	
摘 要			科目名称			借方金额	贷方金额
采购专用发票		商品采购				40500000	
采购专用发票		应交税费/应交增值税/进项税额				6885000	
采购专用发票		应付账款/一般应付账款					47385000
票号							
日期		数量 单价			合 计	47385000	47385000
备注 项 目			部 门				
个 人			供应商 珠海格力				
业务员 陈帆							
记账	审核		出纳			制单 陈永波	

5. W02 在"存货核算"系统中，直运销售记账并生成凭证。

记账凭证

已生成

记 字 0038	制单日期: 2015.07.24	审核日期:	附单据数: 1		
摘要		科目名称		借方金额	贷方金额
专用发票		主营业务成本		40500000	
专用发票		商品采购			40500000

票号 日期	数量 170.00000台 单价 2382.35294		合 计	40500000	40500000
备注 项 目 个 人 业务员 秦克己		部 门 供应商 珠海格力			

记账　　　　审核　　　　出纳　　　　制单 陈永波

【任务 24】 25 日，签发银行汇票，支付给广东美的电器股份有限公司。

采购部通知

财务部科（部）：

　　请向广东美的电器股份有限公司开具 50000 元的银行汇票，用于购买商品。请予以支持。

开户行：中国工商银行中山市万福支行 6222908000587908230

负责人签字：陈帆

2015 年 7 月 25 日

中国工商银行汇票委托书（存根）　　　第 013 号

委托日期　　2015 年 7 月 25 日

收 款 人	广东美的电器股份有限公司		汇 款 人	武汉斯威驰电器股份有限公司									
账 号 或 地 址	6222908000587908230		账号或 收货地址	6227000526781279809									
兑付地点	广东省 中山市	兑付行	中国工商银行 中山市万福支行	汇款用途	购置商品								
汇款金额	人民币 （大写）	伍万元整		千	百	十	万	千	百	十	元	角	分
						￥ 5	0	0	0	0	0	0	0

【业务说明】

　　该业务属于签发银行汇票，需要填制凭证。注意：填制日期、结算方式、科目和金额。

【操作指导】　　☞［操作视频］▶

7 月 25 日，W02 在"总账"系统中，直接填制签发银行汇票凭证。

记账凭证

记 字 0039	制单日期: 2015.07.25	审核日期:	附单据数:		
摘要		科目名称		借方金额	贷方金额
1		其他货币资金/存出投资款		5000000	
1		银行存款/工行存款			5000000

票号 日期	数量 单价		合 计	5000000	5000000
备注 项 目 个 人 业务员		部 门 客 户			

记账　　　　审核　　　　出纳　　　　制单 陈永波

【任务 25】26 日，向河北协恒电器商贸股份有限公司发出第二批货，同时收到货款。

中国工商银行电汇凭证（收账通知）第 5 号　　票据号：1000789468

2015 年 7 月 26 日

收 款 人	武汉斯威驰电器股份有限公司		汇 款 人	河北协恒电器商贸股份有限公司
账 号或 地 址	6227000526781279809		账 号或 地 址	62227890645434323456
兑付地点	湖北省武汉市	兑付行	汇款用途	采购商品

汇款金额	人民币（大写）　陆拾贰万肆仟陆佰柒拾伍元整	千	百	十	万	千	百	十	元	角	分
			￥	6	2	4	6	7	5	0	0

【业务说明】

该业务属于收到任务 21 中发出的第二批货，需要录入销售发货单、销售出库单和收款单。注意：结算方式、票据号码和核销（此业务金额有问题不能核销）。

【操作指导】　☞[操作视频]▶

1. 7 月 26 日，X01 在"销售管理"系统中，录入销售发货单。

发货单　　打印模版 发货单打印模版

表体排序　　　　　　　　合并显示 □

发货单号 0000000006　　　发货日期 2015-07-26　　　业务类型 普通销售
销售类型 直接销售　　　　订单号 XS0002　　　　　发票号
客户简称 河北协恒　　　　销售部门 销售部　　　　　业务员 秦克己
发货地址　　　　　　　　发运方式　　　　　　　　付款条件
税率 17.00　　　　　　　币种 人民币　　　　　　汇率 1
备注

	仓库名称	存货编码	存货名称	规格型号	主计量	数量	报价	含税单价	无税单价	无税
1	大型家电仓库	01020202	美的空调扇	AC120-C	台	100.00	0.00	583.83	499.00	
2	大型家电仓库	010205	格力大3P空调	3匹变频	台	50.00	0.00	9007.83	7699.00	
3	厨卫及小家电…	030101	格力电热水器	50L	台	100.00	0.00	734.76	628.00	
合计						250.00				

制单人 秦克己　　　审核人 秦克己　　　关闭人

2. C01 在"库存管理"系统中，生成销售出库单。

销售出库单

销售出库单打印模版 ▼

表体排序 [　　　　▼]　　　　　　　　　　　　　　　　　● 蓝字　　　合并显示 □
　　　　　　　　　　　　　　　　　　　　　　　　　　　　○ 红字

出库单号 0000000008　　　　　　出库日期 2015-07-26　　　　　　仓库 大型家电仓库
出库类别 销售出库　　　　　　　业务类型 普通销售　　　　　　业务号 0000000006
销售部门 销售部　　　　　　　　业务员 秦克己　　　　　　　　客户 河北协恒
审核日期 2015-07-26　　　　　　备注

	存货编码	存货名称	规格型号	主计量单位	数量	单价	金额
1	01020202	美的空调扇	AC120-C	台	100.00		
2	010205	格力大3P空调	3匹变频	台	50.00		
3							
4							
5							
6							
7							
8							
9							
10							
11							
12							
13							
14							
15							
16							
17							
18							
19							
20							
合计					150.00		

制单人 吴青辉　　　　　　　审核人 吴青辉
现存量

销售出库单

销售出库单打印模版 ▼

表体排序 [　　　　▼]　　　　　　　　　　　　　　　　　● 蓝字　　　合并显示 □
　　　　　　　　　　　　　　　　　　　　　　　　　　　　○ 红字

出库单号 0000000009　　　　　　出库日期 2015-07-26　　　　　　仓库 厨卫及小家电仓库
出库类别 销售出库　　　　　　　业务类型 普通销售　　　　　　业务号 0000000006
销售部门 销售部　　　　　　　　业务员 秦克己　　　　　　　　客户 河北协恒
审核日期 2015-07-26　　　　　　备注

	存货编码	存货名称	规格型号	主计量单位	数量	单价	金额
1	030101	格力电热水器	50L	台	100.00		
2							
3							
4							
5							
6							
7							
8							
9							
10							
11							
12							
13							
14							
15							
16							
17							
18							
19							
20							
合计					100.00		

制单人 吴青辉　　　　　　　审核人 吴青辉
现存量

3. W03 在"应收款管理"系统中，录入收款单。

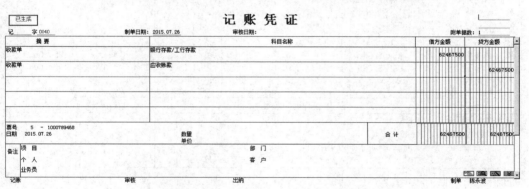

4. W02 在"应收款管理"系统中，审核收款单，生成凭证并进行核销。

记 账 凭 证

已生成

记　字 0040	制单日期：2015.07.26	审核日期：		附单据数：1
摘　要	**科目名称**		**借方金额**	**贷方金额**
收款单	银行存款/工行存款		62467500	
收款单	应收账款			62467500

票号　5　-　1000789468
日期　2015.07.26

数量
单价

| 合　计 | 62467500 | 62467500 |

备注
项　目
个　人
业务员

部　门
客　户

记账　　　审核　　　出纳　　　制单　陈永波

5. W02 在"存货核算"系统中，正常单据记账并生成出库凭证。

记 账 凭 证

已生成

记　字 0041	制单日期：2015.07.26	审核日期：		附单据数：2
摘　要	**科目名称**		**借方金额**	**贷方金额**
销售出库单	主营业务成本		34000000	
销售出库单	库存商品			34000000

票号
日期

数量
单价

| 合　计 | 34000000 | 34000000 |

备注
项　目
个　人
业务员

部　门
客　户

记账　　　审核　　　出纳　　　制单　陈永波

【任务 26】26 日，与珠海格力电器股份有限公司签订退货协议，收到对方开具的红字增值税专用发票，同时收到退货款。

产品质量问题处理协议书

甲方：珠海格力电器股份有限公司

乙方：武汉斯威驰电器股份有限公司

乙方于 2015 年 7 月 20 日收到甲方提供的货物，经检验，该批商品有部分存在质量问题。经协商，双方达成如下协议：

1. 乙方质检部经检验认为该批商品中的部分货物存在质量问题，影响销售；

2. 乙方要求对存在质量问题的货物进行退货处理；

3. 甲方向当地税务机关申请开具红字增值税专用发票通知单，经税务机关审核后，甲方开具红字增值税专用发票通知单，同时向乙方退回相应货款。

甲方(盖章)：珠海格力电器股份有限公司　　乙方(盖章)：武汉斯威驰电器股份有限公司

法定代表人：朱益明　　　　　　　　　　　法定代表人：柯振海

日　　　期：2015 年 7 月 26 日　　　　　　日　　　期：2015 年 7 月 26 日

开具红字增值税专用发票通知单

No 2000945896

开票日期：2015 年 7 月 26 日

第二联：发票联　购货方记账凭证

购货单位	名　　　称：武汉斯威驰电器股份有限公司							
	纳税人识别号：186728998763420							
	地址、电话：湖北省武汉市江汉区友谊路128号　027-87826668						密码区	略
	开户行及账号：中国工商银行武汉市江汉支行　6227000526781279809							

货物或应税劳务名称	规格型号	单位	数量	单价	金额	税率	税额
格力1.5P空调	KFR-26GW	台	10	2500	25000.00	17%	4250.00
格力电饭煲	GDF-5008D	个	20	560	11200.00		1904.00
格力电热水器	50L	台	20	480	9600.00		1632.00
合　计					¥45800.00		¥7786.00

价税合计	（大写）人民币伍万叁仟伍佰捌拾陆元整	（小写）¥53586.00

销货单位	名　　　称：珠海格力电器股份有限公司	
	纳税人识别号：10009806756745	备注
	地址、电话：珠海市香洲区梅花街迎宾北路78号　0756-8909786	
	开户行及账号：中国工商银行珠海梅花支行　6222712890675643423	

收款人：(略)　　复核：(略)　　开票人：(略)　　销货单位：(章)

中国工商银行电汇凭证（收账通知）

票据号码：1009878965

日期：2015 年 7 月 26 日

收款人	武汉斯威驰电器股份有限公司	汇款人	珠海格力电器股份有限公司
账号或地址	6227000526781279809	账号或收货地址	6222712890675643423
兑付地点	湖北省武汉市	兑付行	工行武汉市江汉支行	汇款用途	支付商品退货款

汇款金额	人民币（大写）伍万贰仟伍佰壹拾肆元贰角捌分	千	百	十	万	千	百	十	元	角	分
				¥	5	2	5	1	4	2	8

【业务说明】

该业务属于采购退货，需要录入采购退货单、红字入库单、红字采购专用发票和虚拟红字收款单。注意：现付、核销和虚拟付款单。

【操作指导】　☞[操作视频]▶

1. 7 月 26 日，G01 在"采购管理"系统中，录入采购退货单。

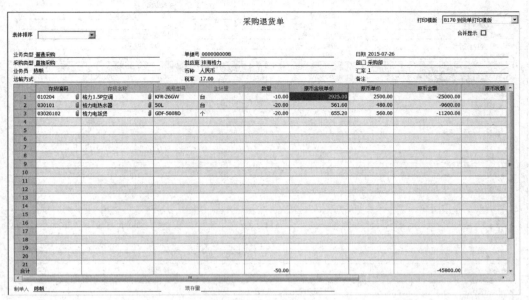

2. C01 在"库存管理"系统中，生成红字采购入库单。

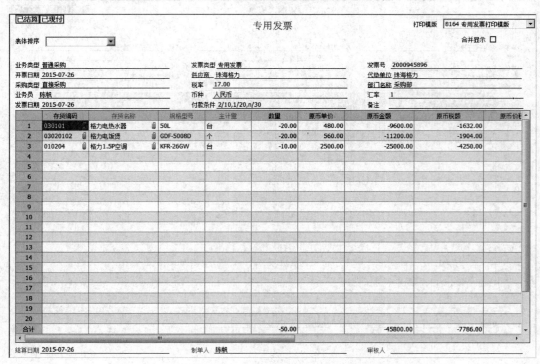

采购入库单

采购入库单打印模版

表体排序 [　　　]

○ 蓝字
○ 红字

合并显示 □

入库单号 0000000010　　　　入库日期 2015-07-26　　　　仓库 大型家电仓库
订单号 CG0001　　　　到货单号 0000000008　　　　业务号
供货单位 珠海格力　　　　部门 采购部　　　　业务员 陈帆
到货日期 2015-07-26　　　　业务类型 普通采购　　　　采购类型 直接采购
入库类别 采购入库　　　　审核日期 2015-07-26　　　　备注

	存货编码	存货名称	规格型号	主计量单位	数量	本币单价	本币金额
1	010204	格力1.5P空调	KFR-26GW	台	-10.00	2500.00	-25000.00
2							
3							
4							
5							
6							
7							
8							
9							
10							
11							
12							
13							
14							
15							
16							
17							
18							
19							
合计					-10.00		-25000.00

制单人 吴青辉　　　　审核人 吴青辉
现存量

3. G01 在"采购管理"系统中，生成红字采购专用发票(现付)、结算。

已结算　已现付

专用发票

打印模版 8164 专用发票打印模版

表体排序 [　　　]

合并显示 □

业务类型 普通采购　　　　发票类型 专用发票　　　　发票号 2000945896
开票日期 2015-07-26　　　　供应商 珠海格力　　　　代垫单位 珠海格力
采购类型 直接采购　　　　税率 17.00　　　　部门名称 采购部
业务员 陈帆　　　　币种 人民币　　　　汇率 1
发票日期 2015-07-26　　　　付款条件 2/10,1/20,n/30　　　　备注

	存货编码	存货名称	规格型号	主计量	数量	原币单价	原币金额	原币税额	原币价
1	030101	格力电热水器	50L	台	-20.00	480.00	-9600.00	-1632.00	
2	03020102	格力电饭煲	GDF-5008D	个	-20.00	560.00	-11200.00	-1904.00	
3	010204	格力1.5P空调	KFR-26GW	台	-10.00	2500.00	-25000.00	-4250.00	
4									
5									
6									
7									
8									
9									
10									
11									
12									
13									
14									
15									
16									
17									
18									
19									
20									
合计					-50.00		-45800.00	-7786.00	

结算日期 2015-07-26　　　　制单人 陈帆　　　　审核人

4. W03 在"应付款管理"系统中，录入虚拟红字付款单（付款单切换为收款单）。

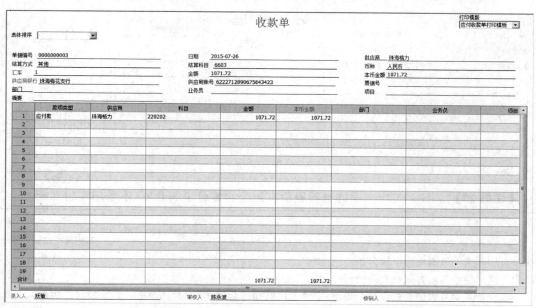

5. W02 在"应付款管理"系统中，审核应付单据审核、付款单据（虚拟），制单并进行核销。

记 账 凭 证

已生成

记 字 0050　　　制单日期：2015.07.26　　审核日期：　　　　　　　　　　　附单据数：1

摘 要	科目名称	借方金额	贷方金额
现结	在途物资	4580000	
现结	应交税费/应交增值税/进项税额	778600	
现结	应付账款/一般应付账款		107172
现结	银行存款/工行存款	5251428	

票号　5 - 1009878965
日期　2015.07.26

数量
单价
合计　　　1071728　1071728

备注　项 目　　　　部 门
个 人　　　　客 户
业务员

记账　　　　审核　　　　出纳　　　　制单 陈永波

记 账 凭 证

已生成

记 字 0044　　　制单日期：2015.07.26　　审核日期：　　　　　　　　　　　附单据数：1

摘 要	科目名称	借方金额	贷方金额
收款单	应付账款/一般应付账款	107172	
收款单	财务费用	107172	

票号
日期

数量
单价
合计

备注　项 目　　　　部 门
个 人　　　　客 户
业务员

记账　　　　审核　　　　出纳　　　　制单 陈永波

6. W02 在"存货核算"系统中，正常单据记账并生成退货凭证。

记 账 凭 证

已生成					附单据数：2	
记　字 0045	制单日期：2015.07.26		审核日期：			
摘　要		科目名称			借方金额	贷方金额
采购入库单		库存商品			4580000	
采购入库单		在途物资				4580000
票号 日期		数量 单价	−50.00000台 916.00000	合　计	4580000	4580000
备注	项　目 个　人 业务员		部　门 客　户			
记账	审核	出纳			制单 陈永波	

【任务 27】 27 日，与广东美的电器股份有限公司签订采购合同（不采用现付功能）。

购 销 合 同

合同编号：CG0003

卖方：广东美的电器股份有限公司

买方：武汉斯威驰电器股份有限公司

为保护买卖双方的合法权益，根据《中华人民共和国合同法》的有关规定，双方经友好协商，一致同意签订本合同，并共同遵守合同内容。

一、货物的名称、数量及金额

货物的名称	规格型号	计量单位	数量	单价（不含税）	金额（不含税）	税率	税额
美的饮水机	YR1309S-X	台	200	799.00	159 800.00		27 166.00
美的豆浆机	DE-12G21	台	150	380.00	57 000.00	17%	9 690.00
美的壁挂式空调 1.5P 变频壁挂式空调	KFR-35GW 1.5P 变频	台	200	2180.00	436 000.00		74 120.00
合计			550		652 800.00		110 976.00

二、合同总金额：人民币柒拾陆万叁仟柒佰柒拾陆元整（￥763 776.00）。

三、付款时间及付款方式：银行汇票，不足部分于 8 月 31 号之前支付。

四、交货日期与交货地点

交货日期：2015 年 7 月 27 日　　交货地点：武汉斯威驰电器股份有限公司

五、发运方式与运输费用承担方式：由卖方发货，运输费用由买方承担。

卖　方：广东美的电器股份有限公司　　买　方：武汉斯威驰电器股份有限公司

授权代表：方洪波　　　　　　　　　　授权代表：陈帆

日　期：2015 年 7 月 27 日　　　　　日　期：2015 年 7 月 27 日

广东省增值税专用发票　　　　　No2897611553

开票日期：2015 年 7 月 27 日

购货单位	名　　称：武汉斯威驰电器股份有限公司
	纳税人识别号：186728998763420
	地址、电话：湖北省武汉市江汉区友谊路128号　027-87826668
	开户行及账号：中国工商银行武汉市江汉支行　6227000526781279809

密码区　　　略

货物或应税劳务名称	规格型号	单位	数量	单价	金　额	税率	税　额
运费		公里	1160	5.00	5800.00	11%	638.00
合　计					￥5800.00		￥638.00

价税合计	（大写）人民币陆仟肆佰叁拾捌元整	（小写）￥6438.00

销货单位	名　　称：广东腾迅物流股份有限公司
	纳税人识别号：109895674671290
	地址、电话：广东省中山市中山港凤凰路108号　0760-82897809
	开户行及账号：中国工商银行中山市凤凰支行　6222789067564567834

备注

（销货单位印章：广东腾迅物流股份有限公司　109895674671290　发票专用章）

收款人：（略）　　复核：（略）　　开票人：（略）　　销货单位：（章）

第二联：发票联　购货方记账凭证

注：运费发票使用采购专用发票功能录入。

广东省增值税专用发票　　　　　No1832378554

开票日期：2015 年 7 月 27 日

购货单位	名　　称：武汉斯威驰电器股份有限公司
	纳税人识别号：186728998763420
	地址、电话：湖北省武汉市江汉区友谊路128号　027-87826668
	开户行及账号：中国工商银行武汉市江汉支行　6227000526781279809

密码区　　　略

货物或应税劳务名称	规格型号	单位	数量	单价	金　额	税率	税　额
美的饮水机	YR1309S-X	台	200	799.00	159800.00	17%	27166.00
美的豆浆机	DE-12G21	台	150	380.00	57000.00		9690.00
美的壁挂式空调1.5P变频壁挂式空调	KFR-35GW 1.5P变频	台	200	2180.00	436000.00		74120.00
合　计					￥652800.00		￥110976.00

价税合计	（大写）人民币柒拾陆万叁仟柒佰柒拾陆元整	（小写）￥763776.00

销货单位	名　　称：广东美的电器股份有限公司
	纳税人识别号：276454310098978
	地址、电话：广东省中山市东凤镇万福路78号　0760-82343668
	开户行及账号：中国工商银行中山市万福支行　6222908000587908230

备注

（销货单位印章：广东美的电器股份有限公司　276454310098978　发票专用章）

收款人：（略）　　复核：（略）　　开票人：（略）　　销货单位：（章）

第二联：发票联　购货方记账凭证

【业务说明】

　　该业务属于签订采购合同（含运费），需要录入采购订单、采购到货单、采购入库单、采购专用发票和付款单。注意：手工结算、结算方式和核销。

【操作指导】☞[操作视频]▶

　　1. 7月27日，G01在"采购管理"系统中，录入采购订单，生成采购到货单。

采购订单

打印模版 [8174 采购订单打印模版 ▼]

表体排序 [　　　▼]　　　　　　　　　　　　　　　　　　　合并显示 □

业务类型 普通采购　　　　订单日期 2015-07-27　　　　订单编号 CG0003
采购类型 直接采购　　　　供应商 广东美的　　　　　　部门 采购部
业务员 陈帆　　　　　　　税率 17.00　　　　　　　　付款条件
币种 人民币　　　　　　　汇率 1　　　　　　　　　　备注

	存货编码	存货名称	规格型号	主计量	数量	原币含税单价	原币单价	原币金额	原币税额	原币价税合计	税率	计划到货日期
1	010203	美的壁挂式…	1.5P变频	台	200.00	2550.60	2180.00	436000.00	74120.00	510120.00	17.00	2015-07-27
2	0302…	美的豆浆机	DE-12G21	台	150.00	444.60	380.00	57000.00	9690.00	66690.00	17.00	2015-07-27
3	0302…	美的饮水机	YR1309S-X	台	200.00	934.83	799.00	159800.00	27166.00	186966.00	17.00	2015-07-27
4												
5												
6												
7												
8												
9												
10												
11												
12												
13												
14												
15												
16												
17												
18												
19												
20												
合计					550.00			652800.00	110976.00	763776.00		

制单人 陈帆　　　　　审核人 陈帆　　　　　变更人
现存量

到货单

打印模版 [8170 到货单打印模版 ▼]

表体排序 [　　　▼]　　　　　　　　　　　　　　　　　　　合并显示 □

业务类型 普通采购　　　　单据号 0000000009　　　　日期 2015-07-27
采购类型 直接采购　　　　供应商 广东美的　　　　　　部门 采购部
业务员 陈帆　　　　　　　币种 人民币　　　　　　　汇率 1
运输方式　　　　　　　　税率 17.00　　　　　　　　备注

	存货编码	存货名称	规格型号	主计量	数量	原币含税单价	原币单价	原币金额	原币税
1	010203	美的壁挂式空调	1.5P变频	台	200.00	2550.60	2180.00	436000.00	
2	03020201	美的豆浆机	DE-12G21	台	150.00	444.60	380.00	57000.00	
3	03020301	美的饮水机	YR1309S-X	台	200.00	934.83	799.00	159800.00	
4									
5									
6									
7									
8									
9									
10									
11									
12									
13									
14									
15									
16									
17									
18									
19									
20									
21 合计					550.00			652800.00	1

制单人 陈帆　　　　　现存量

2. C01 在"库存管理"系统中，生成采购入库单。

采购入库单

采购入库单打印模版

- ◉ 蓝字　　合并显示 ☐
- ○ 红字

表体排序

入库单号 0000000012	入库日期 2015-07-27	仓库　厨卫及小家电仓库
订单号　CG0003	到货单号 0000000009	业务号
供货单位 广东美的	部门　采购部	业务员　陈帆
到货日期 2015-07-27	业务类型 普通采购	采购类型　直接采购
入库类别 采购入库	审核日期 2015-07-27	备注

	存货编码	存货名称	规格型号	主计量单位	数量	本币单价	本币金额
1	03020201	美的豆浆机	DE-12G21	台	150.00	383.38	57506.43
2	03020301	美的饮水机	YR1309S-X	台	200.00	806.10	161219.80
3							
4							
5							
6							
7							
8							
9							
10							
11							
12							
13							
14							
15							
16							
17							
18							
19							
合计					350.00		218726.23

制单人 吴青辉　　　　　审核人 吴青辉
现存量

采购入库单

采购入库单打印模版

- ◉ 蓝字　　合并显示 ☐
- ○ 红字

表体排序

入库单号 0000000011	入库日期 2015-07-27	仓库　大型家电仓库
订单号　CG0003	到货单号 0000000009	业务号
供货单位 广东美的	部门　采购部	业务员　陈帆
到货日期 2015-07-27	业务类型 普通采购	采购类型　直接采购
入库类别 采购入库	审核日期 2015-07-27	备注

	存货编码	存货名称	规格型号	主计量单位	数量	本币单价	本币金额
1	010203	美的壁挂式空调	1.5P变频	台	200.00	2199.37	439873.72
2							
3							
4							
5							
6							
7							
8							
9							
10							
11							
12							
13							
14							
15							
16							
17							
18							
19							
合计					200.00		439873.72

制单人 吴青辉　　　　　审核人 吴青辉
现存量

3. G01 在"采购管理"系统中，生成采购专用发票，录入运费采购专用发票（按金额分摊结算）。

| 已结算 | 已审核 | | | 专用发票 | | | | 打印模版 | 8164 专用发票打印模版 | |

表体排序 [ ] 合并显示 ☐

业务类型 普通采购　　　　　　　　　发票类型 专用发票　　　　　　发票号 2897611553
开票日期 2015-07-27　　　　　　　供应商　广东腾讯　　　　　代垫单位 广东美的
采购类型 直接采购　　　　　　　　税率　　11.00　　　　　　部门名称 采购部
业务员　陈帆　　　　　　　　　　币种　　人民币　　　　　　汇率　1
发票日期　　　　　　　　　　　　付款条件　　　　　　　　　备注

	存货编码	存货名称	规格型号	主计量	数量	原币单价	原币金额	原币税额	原币价税
1	0501	运费		公里	1160.00	5.00	5800.00	638.00	
2									
3									
4									
5									
6									
7									
8									
9									
10									
11									
12									
13									
14									
15									
16									
17									
18									
19									
20									
合计					1160.00		5800.00	638.00	

结算日期 2015-07-27　　　　　　　制单人 陈帆　　　　　　　　审核人 陈永波

| 已结算 | 已审核 | | | 专用发票 | | | | 打印模版 | 8164 专用发票打印模版 | |

表体排序 [ ] 合并显示 ☐

业务类型 普通采购　　　　　　　　　发票类型 专用发票　　　　　　发票号 1832378554
开票日期 2015-07-27　　　　　　　供应商　广东美的　　　　　代垫单位 广东美的
采购类型 直接采购　　　　　　　　税率　　17.00　　　　　　部门名称 采购部
业务员　陈帆　　　　　　　　　　币种　　人民币　　　　　　汇率　1
发票日期 2015-07-27　　　　　　　付款条件　　　　　　　　　备注

	存货编码	存货名称	规格型号	主计量	数量	原币单价	原币金额	原币税额	原币价
1	010203	美的壁挂式空调	1.5P变频	台	200.00	2180.00	436000.00	74120.00	
2	03020201	美的豆浆机	DE-12G21	台	150.00	380.00	57000.00	9690.00	
3	03020301	美的饮水机	YR1309S-X	台	200.00	799.00	159800.00	27166.00	
4									
5									
6									
7									
8									
9									
10									
11									
12									
13									
14									
15									
16									
17									
18									
19									
20									
合计					550.00		652800.00	110976.00	

结算日期 2015-07-27　　　　　　　制单人 陈帆　　　　　　　　审核人 陈永波

4. W03 在"应付款管理"系统中，录入付款单（银行汇票）。

付款单

打印模版　应付付款单打印模板▼

表体排序								

单据编号　0000000003　　日期　2015-07-27　　供应商　广东美的
结算方式　银行汇票　　结算科目　101202　　币种　人民币
汇率　1　　金额　50000.00　　本币金额　50000.00
供应商银行　中山市万福支行　　供应商账号　6222908000587908230　　票据号
部门　　业务员　　项目
摘要

	款项类型	供应商	科目	金额	本币金额	部门	业务员
1	应付款	广东美的	220202	50000.00	50000.00		
2							
3							
4							
5							
6							
7							
8							
9							
10							
11							
12							
13							
14							
15							
16							
17							
18							
19							
合计				50000.00	50000.00		

审核人　陈永波　　　录入人　跃敏　　　核销人

5. W02 在"应付款管理"系统中，审核应付单据、付款单据，制单并进行核销。

记 账 凭 证

记　字 0046　　制单日期：2015.07.27　　审核日期：　　　　附单据数：1

摘要	科目名称	借方金额	贷方金额
采购专用发票	在途物资	65280000	
采购专用发票	应交税费/应交增值税/进项税额	11097600	
采购专用发票	应付账款/一般应付账款		76377600

票号
日期　　数量
　　单价　　　　合计　76377600　76377600
备注　项目　　　部门
　　个人　　　供应商 广东美的
　　业务员 陈帆

记账　　审核　　出纳　　制单 陈永波

记 账 凭 证

记　字 0047　　制单日期：2015.07.27　　审核日期：　　　　附单据数：1

摘要	科目名称	借方金额	贷方金额
采购专用发票	在途物资	580000	
采购专用发票	应交税费/应交增值税/进项税额	63800	
采购专用发票	应付账款/一般应付账款		643800

票号
日期　　数量
　　单价　　　　合计　643800　643800
备注　项目　　　部门
　　个人　　　供应商 广东美的
　　业务员 陈帆

记账　　审核　　出纳　　制单 陈永波

6. W02 在"存货核算"系统中,正常单据记账并生成入库凭证。

【任务 28】 31 日,计算本月应付工资,代扣个人所得税和三险一金。

职工出勤表

部 门	职 务	姓 名	白班加班天数	夜班加班天数	事假天数	病假天数
总经理办公室	财务总监总经理	柯振海	5			
财务部	财务经理	郁凯玲	4	2		
财务部	会计	陈永波	3			2
财务部	出纳	跃 敏	6	4		
人力资源部	部门经理	廖建凯	3	2	1	
销售部	销售员	秦克己	2	2	1	
采购部	采购员	陈 帆	7	2		
仓管部	库管员	吴青辉	3	2		
资产管理部	资产部部长	王姗姗	2	2	1	

部门经理:(略)　　　　　　　　　　　　　　　　制表人:(略)

【业务说明】

该业务属于计提工资、代扣代缴个人税费,需要计算汇总工资、薪金表。注意:天数。

【操作指导】　☞[操作视频][▶]

1. 7 月 31 日,W02 在"薪资管理"系统中,录入白夜班加班天数、事假天数和病假天数,计算并汇总。

2. 7 月 31 日,W02 在"薪资管理"系统中,生成相应的凭证(合并相同科目并制单)。

记 账 凭 证

记 字 0059　制单日期：2015.07.31　审核日期：2015.07.31　附单据数：0

摘　要	科目名称	借方金额	贷方金额
工资费用分配	销售费用/职工薪酬	625356	
工资费用分配	管理费用/职工薪酬	5317007	
工资费用分配	应付职工薪酬/工资		5942363
票号 日期　－	数量 单价	合计　5942363	5942363

备注　项　目　　　部　门
　　　个　人　　　客　户
　　　业务员

记账　陈永波　　审核　郁凯玲　　出纳　　　　　制单　陈永波

记 账 凭 证

记 字 0056　制单日期：2015.07.31　审核日期：2015.07.31　附单据数：0

摘　要	科目名称	借方金额	贷方金额
代扣个人所得税	应付职工薪酬/工资	118019	
代扣个人所得税	应交税费/应交个人所得税		118019
票号 日期	数量 单价	合计　118019	118019

备注　项　目　　　部　门
　　　个　人　　　客　户
　　　业务员

记账　陈永波　　审核　郁凯玲　　出纳　　　　　制单　陈永波

记 账 凭 证

记 字 0058　制单日期：2015.07.31　审核日期：2015.07.31　附单据数：0

摘　要	科目名称	借方金额	贷方金额
个人－－住房公积金	应付职工薪酬/工资	583200	
个人－－住房公积金	其他应付款/住房公积金		583200
票号 日期　－	数量 单价	合计　583200	583200

备注　项　目　　　部　门
　　　个　人　　　客　户
　　　业务员

记账　陈永波　　审核　郁凯玲　　出纳　　　　　制单　陈永波

记 账 凭 证

记 字 0055　制单日期：2015.07.31　审核日期：2015.07.31　附单据数：0

摘　要	科目名称	借方金额	贷方金额
个人－－失业保险	应付职工薪酬/工资	9720	
个人－－失业保险	其他应付款/失业保险		9720
票号 日期　－	数量 单价	合计　9720	9720

备注　项　目　　　部　门
　　　个　人　　　客　户
　　　业务员

记账　陈永波　　审核　郁凯玲　　出纳　　　　　制单　陈永波

记 账 凭 证

记 字 0056	制单日期:2015.07.31	审核日期:2015.07.31		附单据数: 0

摘 要	科目名称	借方金额	贷方金额
个人－－养老保险	应付职工薪酬/工资	354400	
个人－－养老保险	其他应付款/养老保险		354400

| 票号 日期 | － | 数量 单价 | 合 计 | 354400 | 354400 |

备注 项 目 部 门
个 人 客 户
业务员

记账 陈永波　　　　审核 郁凯玲　　　　出纳　　　　　　　　　制单 陈永波

记 账 凭 证

记 字 0057	制单日期:2015.07.31	审核日期:2015.07.31		附单据数: 0

摘 要	科目名称	借方金额	贷方金额
个人－－医疗保险	应付职工薪酬/工资	97200	
个人－－医疗保险	其他应付款/医疗保险		97200

| 票号 日期 | － | 数量 单价 | 合 计 | 97200 | 97200 |

备注 项 目 部 门
个 人 客 户
业务员

记账 陈永波　　　　审核 郁凯玲　　　　出纳　　　　　　　　　制单 陈永波

【任务 29】31 日，按规定计提本月应交的五险一金、工会经费及职工教育经费。（合并科目相同、辅助项相同的分录，计提表略）

【业务说明】

该业务属于计提五险一金、工会经费和职工教育经费，需要生成凭证。注意：合并相同科目。

【操作指导】 ☞［操作视频］▶

7 月 31 日，W02 在"薪资管理"系统中，生成相应的凭证。

记 账 凭 证

记 字 0060	制单日期:2015.07.31	审核日期:2015.07.31		附单据数: 0

摘 要	科目名称	借方金额	贷方金额
公司－－工会经费	销售费用/职工薪酬	11400	
公司－－工会经费	管理费用/职工薪酬	85800	
公司－－工会经费	应付职工薪酬/工会经费		97200

| 票号 日期 | | 数量 单价 | 合 计 | 97200 | 97200 |

备注 项 目 部 门
个 人 客 户
业务员

记账 陈永波　　　　审核 郁凯玲　　　　出纳　　　　　　　　　制单 陈永波

记 账 凭 证

记 字 0066	制单日期: 2015.07.31	审核日期: 2015.07.31	附单据数: 0

摘 要	科目名称	借方金额	贷方金额
公司--职工教育经费	销售费用/职工薪酬	14250	
公司--职工教育经费	管理费用/职工薪酬	107250	
公司--职工教育经费	应付职工薪酬/职工教育经费		121500
票号 日期	数量 单价	合计 121500	121500
备注 项 目	部 门		
个 人	客 户		
业务员			

记账 陈永波   审核 郁凯玲   出纳   制单 陈永波

记 账 凭 证

记 字 0067	制单日期: 2015.07.31	审核日期: 2015.07.31	附单据数: 0

摘 要	科目名称	借方金额	贷方金额
公司--住房公积金	销售费用/职工薪酬	68400	
公司--住房公积金	管理费用/职工薪酬	514800	
公司--住房公积金	应付职工薪酬/住房公积金		583200
票号 - 日期	数量 单价	合计 583200	583200
备注 项 目	部 门		
个 人	客 户		
业务员			

记账 陈永波   审核 郁凯玲   出纳   制单 陈永波

记 账 凭 证

记 字 0063	制单日期: 2015.07.31	审核日期: 2015.07.31	附单据数: 0

摘 要	科目名称	借方金额	贷方金额
公司--失业保险	销售费用/职工薪酬	5700	
公司--失业保险	管理费用/职工薪酬	42900	
公司--失业保险	应付职工薪酬/失业保险		48600
票号 - 日期	数量 单价	合计 48600	48600
备注 项 目	部 门		
个 人	客 户		
业务员			

记账 陈永波   审核 郁凯玲   出纳   制单 陈永波

记 账 凭 证

记 字 0064	制单日期: 2015.07.31	审核日期: 2015.07.31	附单据数: 0

摘 要	科目名称	借方金额	贷方金额
公司--养老保险	销售费用/职工薪酬	114000	
公司--养老保险	管理费用/职工薪酬	858000	
公司--养老保险	应付职工薪酬/养老保险		972000
票号 - 日期	数量 单价	合计 972000	972000
备注 项 目	部 门		
个 人	客 户		
业务员			

记账 陈永波   审核 郁凯玲   出纳   制单 陈永波

记 账 凭 证

记　字 0065	制单日期：2015.07.31	审核日期：2015.07.31		附单据数：0

摘　要	科目名称	借方金额	贷方金额
公司一一医疗保险	销售费用/职工薪酬	57000	
公司一一医疗保险	管理费用/职工薪酬	429000	
公司一一医疗保险	应付职工薪酬/医疗保险		486000

票号 日期	—	数量 单价	合 计	486000	486000

备注	项　目	部　门	
	个　人	客　户	
	业务员		

记账　陈永波　　　　审核　郁凯玲　　　　出纳　　　　　　　　制单　陈永波

记 账 凭 证

记　字 0061	制单日期：2015.07.31	审核日期：2015.07.31		附单据数：0

摘　要	科目名称	借方金额	贷方金额
公司一一工伤保险	销售费用/职工薪酬	5700	
公司一一工伤保险	管理费用/职工薪酬	42900	
公司一一工伤保险	应付职工薪酬/工伤保险		48600

票号 日期		数量 单价	合 计	48600	48600

备注	项　目	部　门	
	个　人	客　户	
	业务员		

记账　陈永波　　　　审核　郁凯玲　　　　出纳　　　　　　　　制单　陈永波

记 账 凭 证

记　字 0062	制单日期：2015.07.31	审核日期：2015.07.31		附单据数：0

摘　要	科目名称	借方金额	贷方金额
公司一一生育保险	销售费用/职工薪酬	4560	
公司一一生育保险	管理费用/职工薪酬	34320	
公司一一生育保险	应付职工薪酬/生育保险		38880

票号 日期		数量 单价	合 计	38880	38880

备注	项　目	部　门	
	个　人	客　户	
	业务员		

记账　陈永波　　　　审核　郁凯玲　　　　出纳　　　　　　　　制单　陈永波

【任务 30】31 日，收到河北协恒电器商贸股份有限公司退回的商品。

开具红字增值税专用发票通知单

No3150945637

开票日期：2015 年 7 月 31 日

购货单位	名　称：河北协恒电器商贸股份有限公司	密码区	略	第四联：记账联　销货方记账凭证
	纳税人识别号：100980765456732			
	地址、电话：河北省石家庄市和平南路56号　0311-87896656			
	开户行及账号：中国工商银行石家庄市桥东和平支行　62227890645434323456			

货物或应税劳务名称	规格型号	单位	数量	单价	金额	税率	税额
美的空调扇	AC120-C	台	10	499.00	4990.00	17%	848.30
格力大3P空调	KFR-72W3匹变频	台	5	7699.00	38495.00		6544.15
格力电热水器	50L	台	10	628.00	6280.00		1067.60
合　计					￥49765.00		￥8460.05

价税合计	（大写）人民币伍万捌仟贰佰贰拾伍元零伍分	（小写）￥58225.05

销货单位	名　称：武汉斯威驰电器股份有限公司	备注
	纳税人识别号：186728998763420	
	地址、电话：湖北省武汉市江汉区友谊路 128 号　027-87826668	
	开户行及账号：中国工商银行武汉市江汉支行　6227000526781279809	

收款人：（略）　　　复核：（略）　　　开票人：（略）　　　销货单位：（章）

退货商品入库单价一览表				
商品名称	型号	数量（台）	单价（元）	金额（元）
美的空调扇	AC120-C	10	320.00	3200.00
格力大 3P 空调	KFR-72W3 匹变频	5	5200.00	26000.00
格力电热水器	50L	10	480.00	4800.00
合　　计				34000.00

【业务说明】

该业务属于销售退货，需要录入销售退货单、红字出库单和红字销售专用发票。注意：退货数量和退货入库商品单价。

【操作指导】　☞［操作视频］▶

1. 7 月 31 日，X01 在"销售管理"系统中，参照订单生成销售退货单。

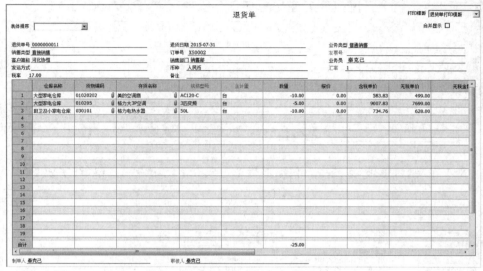

2. C01 在"库存管理"系统中，生成红字出库单（单价）。

销售出库单

销售出库单打印模版 ▾

表体排序 [　　　　　　] ▾　　　　　　　　　　　　　　　　　　◯ 蓝字　　　合并显示 ☐
◉ 红字

出库单号 0000000017　　　　　　出库日期 2015-07-31　　　　　　仓库 厨卫及小家电仓库
出库类别 销售出库　　　　　　　业务类型 普通销售　　　　　　　业务号 0000000011
销售部门 销售部　　　　　　　　业务员 秦克己　　　　　　　　客户 河北协恒
审核日期 2015-07-31　　　　　　备注

	存货编码	存货名称	规格型号	主计量单位	数量	单价	金额
1	030101	格力电热水器	50L	台	-10.00	480.00	-4800.00
2							
3							
4							
5							
6							
7							
8							
9							
10							
11							
12							
13							
14							
15							
16							
17							
18							
19							
20							
合计					-10.00		-4800.00

制单人 吴青辉　　　　　　　　审核人 吴青辉
现存量

3. X01 在"销售管理"系统中,根据退货单生成红字销售专用发票(红字记录)。

销售专用发票

打印模版 销售专用发票打印模 ▾

表体排序 [　　　　　　] ▾　　　　　　　　　　　　　　　　　　　　　合并显示 ☐

发票号 3150945637　　　　　开票日期 2015-07-31　　　　业务类型 普通销售
销售类型 直接销售　　　　　订单号 XS0002　　　　　　发货单号 0000000011
客户简称 河北协恒　　　　　销售部门 销售部　　　　　　业务员 秦克己
付款条件　　　　　　　　　客户地址 河北省石家庄市和平南路56号　　联系电话 0311-87896656
开户银行 石家庄市桥东和平支行　账号 62227890645434323456　　税号 100980765456732
币种 人民币　　　　　　　　汇率 1　　　　　　　　　　税率 17.00
备注

	仓库名称	存货编码	存货名称	规格型号	主计量	数量	报价	含税单价	无税单价	无税金额	税额	价税合计	税率(%)	折扣额	扣率(%
1	大型家电…	0102…	美的空调器	AC120-C	台	-10.00	0.00	583.83	499.00	-4990.00	-848.30	-5838.30	17.00	0.00	100.
2	大型家电…	010205	格力大3P空调	3匹变频	台	-5.00	0.00	9007.83	7699.00	-38495.00	-6544.15	-45039.15	17.00	0.00	100.
3	厨卫及小…	030101	格力电热水器	50L	台	-10.00	0.00	734.76	628.00	-6280.00	-1067.60	-7347.60	17.00	0.00	100.
4															
5															
6															
7															
8															
9															
10															
11															
12															
13															
14															
15															
16															
合计						-25.00				-49765.00	-8460.05	-58225.05		0.00	

单位名称 武汉斯威驰电器股份有限公司　　本单位税号　　　　本单位开户银行 中国工商银行武汉市江汉支行
制单人 秦克己　　　　　　　复核人 秦克己　　　　　　　　　　　　　银行账号 6227000526781279809

4. W02 在"应收款管理"系统中，审核应收单据并制单。

记 账 凭 证

记　字 0068		制单日期：2015.07.31	审核日期：2015.07.31	科目名称		借方金额	贷方金额	附单据数：1
摘　要				科目名称		借方金额	贷方金额	
销售专用发票				应收账款		5822505		
销售专用发票				主营业务收入			4976500	
销售专用发票				应交税费/应交增值税/销项税额			846005	
票号 日期			数量 单价			合 计	5822505	5822505
备注	项　目 个　人 业务员		秦克己	部　门 客　户 河北协恒				
记账　陈永波		审核　郁凯玲		出纳			制单　陈永波	

5. W02 在"存货核算"系统中，正常单据记账并生成凭证。

记 账 凭 证

记　字 0069		制单日期：2015.07.31	审核日期：2015.07.31	科目名称		借方金额	贷方金额	附单据数：2
摘　要				科目名称		借方金额	贷方金额	
销售出库单				主营业务成本		3400000		
销售出库单				库存商品			3400000	
票号 日期			数量 单价			合 计	3400000	3400000
备注	项　目 个　人 业务员			部　门 客　户				
记账　陈永波		审核　郁凯玲		出纳			制单　陈永波	

【任务 31】31 日，发放抚恤金。

职工补助申请单
2015 年 7 月 31 日

部门	销售部门	姓名	秦克己	本人工资 收　入	4500.00	家庭其他 成员收入	无
补助 原因	因父亲病故，申请补助。			补助性质		抚恤金	
				申请金额		人民币贰仟伍佰元整	
部 门 意 见	按规定给予抚恤金 贰仟伍佰元整 柯振海 2015 年 7 月 26 日	工 会 意 见	同意 车楠 2015 年 7 月 26 日	代收据 现金付讫		今收到抚恤金 人民币贰仟伍佰元整 领款人：秦克己 2015 年 7 月 31 日	

【业务说明】

该业务属于发放抚恤金，需要填制计提凭证和发放凭证。注意：结算方式和金额。

【操作指导】　☞［操作视频］▶

7 月 31 日，W02 在"总账"系统中，直接填制凭证（计提和发放）。

记 账 凭 证

记 字 0070　　　　制单日期：2015.07.31　　　　审核日期：2015.07.31　　　　附单据数：

摘要	科目名称	借方金额	贷方金额
1	应付职工薪酬/职工福利	250000	
1	库存现金		250000

票号 日期　　　　数量 单价　　　　合计　　250000　　250000

备注　项目　　　　　　部门
　　　个人　　　　　　客户
　　　业务员

记账 陈永波　　　审核 郁凯玲　　　出纳 跃峰　　　制单 陈永波

记 账 凭 证

记 字 0071　　　　制单日期：2015.07.31　　　　审核日期：2015.07.31　　　　附单据数：

摘要	科目名称	借方金额	贷方金额
1	销售费用/职工薪酬	250000	
1	应付职工薪酬/职工福利		250000

票号 日期　　　　数量 单价　　　　合计　　250000　　250000

备注　项目　　　　　　部门
　　　个人　　　　　　客户
　　　业务员

记账 陈永波　　　审核 郁凯玲　　　出纳　　　制单 陈永波

【任务 32】 31 日，对固定资产计提本月折旧。（固定资产折旧计提表略）

【业务说明】

该业务属于计提折旧，需要计提折旧并批量制单。注意：合并相同科目。

【操作指导】　　☞［操作视频］▶

7 月 31 日，W02 在"固定资产"系统中，计提本月折旧并批量制单。

记 账 凭 证

记 字 0072　　　　制单日期：2015.07.31　　　　审核日期：2015.07.31　　　　附单据数：0

摘要	科目名称	借方金额	贷方金额
计提第[7]期间折旧	销售费用/折旧费	588000	
计提第[7]期间折旧	管理费用/折旧费	1403637	
计提第[7]期间折旧	累计折旧		1991637

票号 日期　　　　数量 单价　　　　合计　　1991637　　1991637

备注　项目　　　　　　部门
　　　个人　　　　　　客户
　　　业务员

记账 陈永波　　　审核 郁凯玲　　　出纳　　　制单 陈永波

【任务 33】 31 日，中国平安股份有限公司股票（股票代码：601318）当日收盘价为 22 元。

交易性金融资产公允价值变动计算表

2015 年 7 月 31 日

金融资产名称	数量	账面价值	期末收盘价	公允价值变动额

会计主管：（略）　　　　记账：（略）　　　　审核：（略）　　　　制表：（略）

【业务说明】

该业务属于任务 5 中购买交易性金融资产期末公允价值变动，需要填制公允价值变动凭证。注意：科目方向和金额。

【操作指导】　☞［操作视频］▶

7 月 31 日，W02 在"总账"系统中，直接填制公允价值变动凭证。

【任务 34】31 日，与珠海格力公司结清货款。

中国工商银行进账单（回单）

2015 年 7 月 31 日

收款人	全　称	珠海格力电器股份有限公司	付款人	全　称	武汉斯威驰电器股份有限公司
	账　号	6222712890675643423		账　号	6227000526781279809
	开户银行	中国工商银行珠海市梅花支行		开户银行	中国工商银行武汉市江汉支行

人民币（大写）：肆拾柒万叁仟捌佰伍拾元整	千	百	十	万	千	百	十	元	角	分
		¥	4	7	3	8	5	0	0	0

票据种类	转账支票	票据张数	1
票据号码		300987865	

中国工商银行武汉市江汉支行

转讫

收款人开户银行签章

单位主管：（略）　　　会计：（略）

复　核：（略）　　　记账：（略）

【业务说明】

该业务属于任务 23 中的结清货款，需要录入付款单。注意：结算方式、票据号码和核销。

【操作指导】 ☞[操作视频]▶

1. 7 月 31 日，W03 在"应付款管理"系统中，录入付款单。

付款单

打印模版
应付付款单打印模板 ▼

表体排序 [　　　　] ▼

单据编号 0000000005	日期 2015-07-31	供应商 珠海格力
结算方式 转账支票	结算科目 100201	币种 人民币
汇率 1.00000000	金额 473850.00	本币金额 473850.00
供应商银行 珠海梅花支行	供应商账号 6222712890675643423	票据号 300987865
部门 销售部	业务员 秦克己	项目

摘要

	款项类型	供应商	科目	金额	本币金额	部门	业务员
1	应付款	珠海格力	220202	473850.00	473850.00	销售部	秦克己
2							
3							
4							
5							
6							
7							
8							
9							
10							
11							
12							
13							
14							
15							
16							
17							
18							
19							
合计				473850.00	473850.00		

审核人 陈永波　　　　录入人 跃敏　　　　核销人 陈永波

2. W02 在"应付款管理"系统中，付款单据审核、制单并核销。

记 账 凭 证

记　字 0074　　　制单日期：2015.07.31　　　审核日期：2015.07.31　　　附单据款：1

摘要	科目名称	借方金额	贷方金额
付款单	应付账款/一般应付账款	47385000	
付款单	银行存款/工行存款		47385000
票号 日期	数量 单价	合　计	47385000	47385000

备注　项　目　　　　　　　部　门
　　　个　人　　　　　　　供应商 珠海格力
　　　业务员 秦克己

记账 陈永波　　　审核 郁凯玲　　　出纳 跃敏　　　制单 陈永波

【任务 35】 31 日，计提发行债券本月利息支出。

债券利息计算表

债券面值	票面利率	应计利息	实际利率	实际利息	本月计提额
1000000.00	6%		5.4%		

【业务说明】

该业务属于计提发行债券本月利息支出，需要填制计提利息凭证。注意：科目方向和金额。

【操作指导】 ☞[操作视频]▶

7 月 31 日，W02 在"总账"系统中，直接填制计提债券利息凭证。

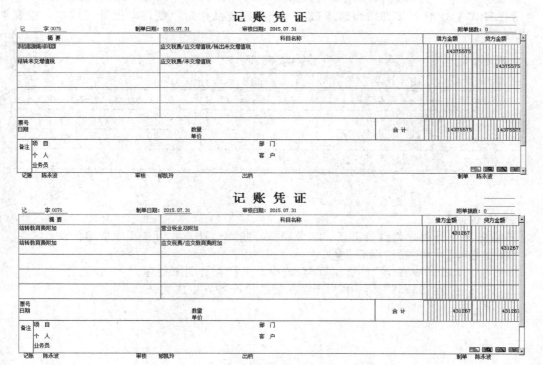

记 账 凭 证

记 字 0075	制单日期: 2015.07.31	审核日期: 2015.07.31	附单据数:	
摘 要		科目名称	借方金额	贷方金额
	财务费用		460206	
	应付债券/利息调整		39794	
	应付利息			500000

票号	—				
日期		数量			
		单价	合 计	500000	500000
备注	项 目		部 门		
	个 人		客 户		
	业务员				

记账　陈永波　　　审核　郁凯玲　　　出纳　　　　　　　　制单　陈永波

【任务36】 31 日，计算本月应交增值税并结转本月未交增值税，计算本月应交城建税、教育费附加及地方教育费附加。

【业务说明】

该业务属于计算本月应交增值税，结转本月未交增值税并计算本月应交的附加税，需要自定义结转并生成凭证。注意：自定义结转公式。

【操作指导】 ☞[操作视频][▶]

1. 7 月 31 日，W03 在"总账"系统中，对相应凭证进行出纳签字。

2. W01 在"总账"系统中，对相应凭证进行审核。

3. W02 在"总账"系统中，对相应凭证进行记账。

4. W02 在"总账"系统中，期末结转中自定义结转公式并生成凭证。

记 账 凭 证

记 字 0075	制单日期: 2015.07.31	审核日期: 2015.07.31	附单据数: 0	
摘 要		科目名称	借方金额	贷方金额
结转本月未交增值税	应交税费/应交增值税/转出未交增值税		14375575	
结转未交增值税	应交税费/未交增值税			14375575

票号					
日期		数量			
		单价	合 计	14375575	14375575
备注	项 目		部 门		
	个 人		客 户		
	业务员				

记账　陈永波　　　审核　郁凯玲　　　出纳　　　　　　　　制单　陈永波

记 账 凭 证

记 字 0076	制单日期: 2015.07.31	审核日期: 2015.07.31	附单据数: 0	
摘 要		科目名称	借方金额	贷方金额
结转教育费附加	营业税金及附加		431267	
结转教育费附加	应交税费/应交教育费附加			431267

票号					
日期		数量			
		单价	合 计	431267	431267
备注	项 目		部 门		
	个 人		客 户		
	业务员				

记账　陈永波　　　审核　郁凯玲　　　出纳　　　　　　　　制单　陈永波

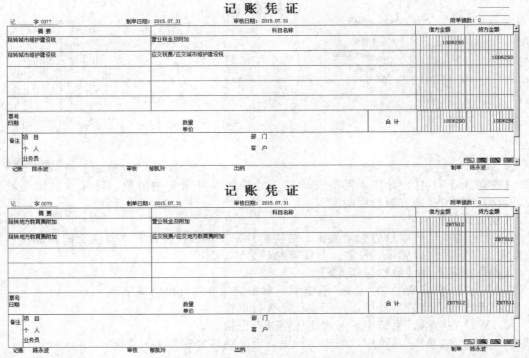

记 账 凭 证

记 字 0077　　　　制单日期: 2015.07.31　　　审核日期: 2015.07.31　　　　　　　　　附单据数: 0

摘　要	科目名称	借方金额	贷方金额
陆转城市维护建设税	营业税金及附加	1006290	
陆转城市维护建设税	应交税费/应交城市维护建设税		1006290

票号
日期　　　　　　　　　　　　　数量
　　　　　　　　　　　　　　　单价　　　　　　　　　　　　　合　计　　1006290　　1006290

备注　项　目　　　　　　　　　　　　　　　　部　门
　　　个　人　　　　　　　　　　　　　　　　客　户
　　　业务员

记账　陈永波　　　　　审核　郁凯玲　　　　　出纳　　　　　　　　　　制单　陈永波

记 账 凭 证

记 字 0078　　　　制单日期: 2015.07.31　　　审核日期: 2015.07.31　　　　　　　　　附单据数: 0

摘　要	科目名称	借方金额	贷方金额
陆转地方教育费附加	营业税金及附加	287512	
结转地方教育费附加	应交税费/应交地方教育费附加		287512

票号
日期　　　　　　　　　　　　　数量
　　　　　　　　　　　　　　　单价　　　　　　　　　　　　　合　计　　287512　　287512

备注　项　目　　　　　　　　　　　　　　　　部　门
　　　个　人　　　　　　　　　　　　　　　　客　户
　　　业务员

记账　陈永波　　　　　审核　郁凯玲　　　　　出纳　　　　　　　　　　制单　陈永波

【任务 37】31 日，接到采购部通知，部分库存商品期末可变现净值低于成本，按要求计提存货跌价准备。

采 购 部 通 知

经全面清查，由于市场物价异动，下列商品期末预计可变现净值的单价如下：

存货编码	商品名称	型　号	可变现净值单价（元）
01020202	美的空调扇	AC120-C	300.00
030101	格力电热水器	50L	450.00
010202	海尔 1P 壁挂式空调	KFR-23GW	1100.00

采购部：（略）
2015年7月31日

【业务说明】

该业务属于计提存货跌价准备，需要录入存货单。注意：可变现净值单价。

【操作指导】　☞［操作视频］［▶］

1. 7 月 31 日，W02 在"存货核算"系统中，进行存货期末处理。

2. W02 在"存货核算"系统中，计提存货跌价准备并生成凭证。

【任务 38】 31 日，进行期末库存盘点，结果如下表所示。

库存商品实存账存对比表

盘点单位：仓管部各仓库　　　　　盘点日期：2015 年 7 月 31 日

编号	商品名称	单位	单价	账面结存		实际盘存		升溢		损耗		升溢损耗原因
				数量	金额	数量	金额	数量	金额	数量	金额	
010205	格力空调（大 3P）	台	5200.00	10	52000.00	7	36400.00			3	15600.00	非人为因素仓库失火
01020201	格力空调扇	台	320.00	25	8000.00	27	8640.00	2	640.00			计量出错
	合　计											

单位主管：（略）　　会计：（略）　　复核：（略）　　监盘：（略）　　物资负责人：（略）

【业务说明】

该业务属于期末库存盘点，需要录入盘点单和其他出入库单。注意：数量、金额和盘盈盘亏。

【操作指导】 ☞[操作视频]▶

1. 7 月 31 日，C01 在"库存管理"系统中，录入盘点单并生成其他出（入）库单。

2. W02 在"存货核算"系统中，正常单据记账并生成凭证。

记 账 凭 证

记　　字 0081	制单日期：2015.07.31	审核日期：2015.07.31		附单据数：1	
摘　要		科目名称		借方金额	贷方金额
其他出库单		待处理财产损益/待处理流动资产损益		1560000	
其他出库单		库存商品			1560000
票号 日期	数量 单价		合　计	1560000	1560000
备注	项　目 个　人 业务员	部　门 客　户			
记账　陈永波	审核　郁凯玲	出纳		制单　陈永波	

【任务 39】 31 日，对各子系统的业务进行月末处理。

【业务说明】

该业务属于月末处理，需要对各子系统的业务进行月末处理。注意：月末处理顺序。

【操作指导】 ☞[操作视频][▶]

1. 7 月 31 日，X01 在"销售管理"系统中，进行月末处理。

2. G01 在"采购管理"系统中，进行月末处理。

3. C01 在"库存管理"系统中，进行月末处理。

4. W02 在"存货核算""应收款管理""应付款管理""固定资产""薪金管理""总账"系统中，分别进行月末处理。

记 账 凭 证

记　　字 0083	制单日期：2015.07.31	审核日期：2015.07.31		附单据数：1	
摘　要		科目名称		借方金额	贷方金额
蓝字回冲单		库存商品		2100000	
蓝字回冲单		应付账款/暂估应付账款			2100000
票号 日期	数量 14.00000台 单价 1500.00000		合　计	2100000	2100000
备注	项　目 个　人 业务员	部　门 客　户			
记账　陈永波	审核　郁凯玲	出纳		制单　陈永波	

【任务 40】 31 日，进行期末损益类账户结转(按收入和支出分别生成记账凭证)。

【业务说明】

该业务属于结转损益类账户，需要结转损益类账户并生成凭证。注意：先记账再结转。

【操作指导】 ☞[操作视频][▶]

7 月 31 日，W02 在"总账"系统中，自定义结转，生成收入和支出凭证。

记 账 凭 证

记　　字 0084	制单日期：2015.07.31	审核日期：2015.07.31		附单据数：0	
摘　要		科目名称		借方金额	贷方金额
期间损益结转		本年利润			274788500
期间损益结转		主营业务收入		255788500	
期间损益结转		公允价值变动损益		22000000	
期间损益结转		投资收益		3000000	
票号 日期	数量 单价		合　计	274788500	274788500
备注	项　目 个　人 业务员	部　门 客　户			
记账　陈永波	审核　郁凯玲	出纳		制单　利摇琴	

记 账 凭 证

记　字 0085　- 0001/0003　制单日期: 2015.07.31　审核日期: 2015.07.31　附单据数: 0

摘要	科目名称	借方金额	贷方金额
期间损益结转	本年利润	197802128	
期间损益结转	主营业务成本		183100000
期间损益结转	营业税金及附加		1725069
期间损益结转	销售费用/职工薪酬		1215659
期间损益结转	销售费用/折旧费		588000
票号 日期	数量 单价	合计 197802128	197802128

备注　项目　个人　业务员　　　部门　客户

记账　陈永波　审核　郁凯玲　出纳　　　制单　柯振海

记 账 凭 证

记　字 0085　- 0002/0003　制单日期: 2015.07.31　审核日期: 2015.07.31　附单据数: 0

摘要	科目名称	借方金额	贷方金额
期间损益结转	销售费用/差旅费		439500
期间损益结转	管理费用/职工薪酬		7658605
期间损益结转	管理费用/折旧费		1403637
期间损益结转	管理费用/存货盘点		54000
期间损益结转	财务费用		504342
票号 日期	数量 单价	合计 197802128	197802128

备注　项目　个人　业务员　　　部门　客户

记账　陈永波　审核　郁凯玲　出纳　　　制单　柯振海

记 账 凭 证

记　字 0085　- 0003/0003　制单日期: 2015.07.31　审核日期: 2015.07.31　附单据数: 0

摘要	科目名称	借方金额	贷方金额
期间损益结转	管理费用/折旧费		1403637
期间损益结转	管理费用/存货盘点		54000
期间损益结转	财务费用		504342
期间损益结转	资产减值损失		680000
期间损益结转	营业外支出/盘亏支出		1560000
票号 日期	数量 单价	合计 197802128	197802128

备注　项目　个人　业务员　　　部门　客户

记账　陈永波　审核　郁凯玲　出纳　　　制单　柯振海

【**任务 41**】31 日，比照上年年末，完善期末自定义公式，计算并结转本月应交所得税。

应纳税所得额计算表
2015 年 7 月 31 日

项　目		金　额
利润总额		
调增项目	非公益性捐赠 存货跌价准备 业务招待费	
调减项目	公允价值变动损益	
应纳税所得额		

【业务说明】

该业务属于计提并结转所得税，需要进行纳税公式调整，设置并生成凭证。注意：纳税调整公式。

【操作指导】　☞［操作视频］▶

1. 7 月 31 日，W02 在"总账"系统中，自定义设置纳税调整公式，并自定义生成凭证。

2. W02 在"总账"系统中，填制结转本月应交所得税凭证。

【任务 42】31 日，比照上年年末，按全年税后净利润的 10％提取法定盈余公积，30％提取投资者利润，并结转"利润分配"科目中的各明细科目。

【操作指导】　☞［操作视频］▶

7 月 31 日，W02 在"总账"系统中，自定义生成凭证。

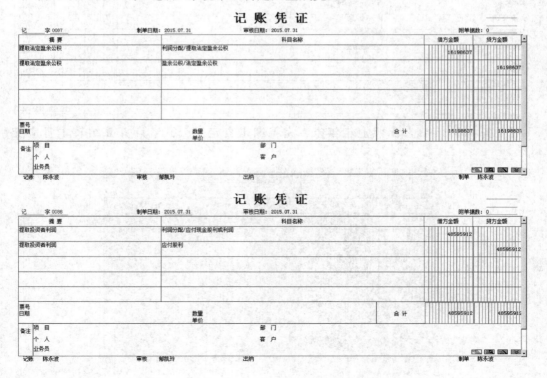

记 账 凭 证

记 字 0069 　　　　制单日期：2015.07.31 　　审核日期：2015.07.31 　　　　　附单据数：0

摘 要	科目名称	借方金额	贷方金额
结转利润分配明细	利润分配/未分配利润	64794549	
结转利润分配明细	利润分配/提取法定盈余公积		16198637
结转利润分配明细	利润分配/应付现金股利或利润		48595912

票号 日期	数量 单价	部 门	合 计	64794549	64794545
备注 项 目 个 人 业务员		客 户			

记账 陈永波 　　　　　审核 郁凯玲 　　　　　出纳 　　　　　　　　　　　制单 陈永波

2017 年国赛
江苏雅洁家纺股份有限公司

第一部分
企业背景资料

一、企业基本情况

　　江苏雅洁家纺股份有限公司(简称雅洁公司)是一家专门从事床上用品、家居服装、毛巾系列产品、家纺系列产品、室内装饰品等产品零售及批发的商贸企业。

　　公司法人代表：邱启明

　　公司开户银行：中国建设银行江苏南通市源兴支行

　　基本存款账户：6227 6768 9089 5645 209

　　公司纳税登记号：320302897896723

　　公司地址：江苏省南通市高新开发区源兴路 555 号

　　电话：0513－87856988

　　邮箱：yajiejiafang@163.com

二、操作员及权限

表 1　软件应用操作员及操作权限分工表

编码	姓名	隶属部门	职务	操作分工
A01	邱启明	总经理办公室	总经理	账套主管
W01	李达凯	财务部	财务经理	记账凭证的审核、查询、对账、总账结账、编制 UFO 报表

续表

编码	姓名	隶属部门	职务	操作分工
W02	陈悦瑶	财务部	会计	总账(填制、查询凭证、账表、期末处理、记账)、应收款和应付款管理(不含收付款单填制、选择收款和选择付款权限)、固定资产、薪资管理、存货核算的所有权限
W03	楚琪峰	财务部	出纳	收付款单填制、选择收款和选择付款权限、票据管理、出纳签字、银行对账
X01	陈国军	销售部	销售员	销售管理的所有权限
G01	胡阳雪	采购部	采购员	采购管理的所有权限
C01	秦松波	仓管部	库管员	库存管理的所有权限

注：操作员无密码。

三、操作要求

1. 科目设置要求：应付账款科目下设暂估应付账款、一般应付账款和债务重组三个二级科目。其中，一般应付账款设置为受控于应付款系统，暂估应付账款和债务重组科目设置为不受控于应付款系统。

预收账款科目下设预收货款和一般预收款两个二级科目。其中，预收货款科目设置为不受控于应收款系统，一般预收款设置为受控于应收款系统。

2. 辅助核算要求

日记账：库存现金、银行存款/基本存款账户、其他货币资金/存出投资款。

银行账：银行存款/基本存款账户。

客户往来：应收票据/银行承兑汇票、应收票据/商业承兑汇票、应收账款、预收账款/预收货款、预收账款/一般预收款、发出商品/其他销售发出商品。

供应商往来：在途物资、应付票据/银行承兑汇票、应付票据/商业承兑汇票、应付账款/一般应付账款、应付账款/暂估应付账款、应付账款/债务重组、预付账款、其他应收款/单位往来。

个人往来：其他应收/个人往来。

项目核算：交易性金融资产/公允价值变动。

项目(数量)核算：交易性金融资产/成本。

数量核算：在途物资、发出商品/分期收款发出商品、发出商品/其他销售发出商品、库存商品、受托代销商品。

3. 会计凭证的基本规定：录入或生成"记账凭证"均由指定的会计人员操作，含有库存现金和银行存款科目的记账凭证均须出纳签字。采用复式记账凭证，采用单一凭证格式。对于已记账凭证的修改，只采用红字冲销法。为保证财务与业务数据的一致性，可在业务系统生成的记账凭证不得在总账系统直接录入。根据原始单据生成记账凭证时，除特殊规定外，不采用合并制单。出库单与入库单原始凭证以软件系统生成的为准；除指定业务外，在业务发生当日，收到发票并支付款项的业务使用现付功能处理，开出发票的同时收到款项的业务使用现结功能处理。

4. 货币资金业务的处理：公司采用的结算方式包括现金、支票、托收承付、委托收款、银行汇票、商业汇票、电汇、同城特约委托收款等。收付款业务由财务部门根据有关凭证进行处理。

5. 薪酬业务的处理：由公司承担并缴纳的医疗保险费、工伤保险费、生育保险费、住房公积金分别按 10%、1%、0.8%、12% 的比例计算，养老保险费、失业保险费分别按 20%、1% 的比例计算；职工个人承担的养老保险费、医疗保险费、失业保险费、住房公积金分别按 8%、2%、0.2%、12% 的比例计算。按工资总额的 2% 计提工会经费，按工资总额的 2.5% 计提职工教育经费。各类社会保险费当月计提，次月缴纳。

按照国家有关规定，公司代扣代缴个人所得税，其费用扣除标准为 3 500 元，附加费用 1 300 元；工资分摊制单合并科目相同、辅助项相同的分录。

6. 固定资产业务的处理：公司固定资产包括房屋及建筑物、办公设备和运输工具，均为在用状态；采用平均年限法（二）按月计提折旧；同期多次增加固定资产时，不采用合并制单。

7. 销售业务的处理：对客户销售商品时产生的费用由销售管理子系统处理。

8. 存货业务的处理：公司存货主要为购进商品，按存货分类进行存放及项目核算。各类存货按照实际成本核算，采用永续盘存制；发出存货成本采用"先进先出法"按仓库进行核算，普通采购业务入库存货对方科目全部使用"在途物资"科目，受托代销入库存货对方科目使用"受托代销商品款"科目，委托代销成本核算方式按发出商品核算。同一批出库或入库业务生成一张凭证；采购、销售必有订单，订单号为合同号，到货必有到货单，发货必有发货单，存货按业务发生日期逐笔记账并制单，暂估业务除外。

存货核算制单时，普通业务不允许勾选"已结算采购入库单自动选择全部结算单上单据（包括入库单、发票、付款单），非本月采购入库按蓝字报销单制单"选项。

9. 税费的处理：公司为增值税一般纳税人，增值税税率为 17%，按季缴纳，按当期应交增值税 7% 计算城市维护建设税，3% 计算教育费附加，2% 计算地方教育费附加；企业所得税采用资产负债表债务法，企业所得税的计税依据为应纳税所得额，税率为 25%，按月预计，按季预缴，全年汇算清缴。缴纳税费按银行开具的原始凭证编制记账凭证。

10. 财产清查的处理：公司每年年末对存货及固定资产进行清查，根据盘点结果编制"盘点表"，并与账面数据进行比较，由相关管理员审核后进行处理（月末视同年末）。

11. 坏账损失的处理：除应收账款外，其他的应收款项不计提坏账准备。每年年末，按应收账款余额百分比法计提坏账准备，提取比例为 0.5%（月末视同年末）。

12. 利润分配：根据公司章程，公司税后利润按以下顺序及规定分配，（1）弥补亏损；（2）按 10% 提取法定盈余公积；（3）按 30% 向投资者分配利润（月末视同年末）。

13. 损益类账户的结转：每月月末将各损益类账户余额转入本年利润账户，结转时按收入和支出分别生成记账凭证。

第二部分
业务处理与会计核算

操作视频

工作任务：对江苏雅洁家纺股份有限公司 2017 年 4 月业务进行处理。

【任务 1】1 日，总经理办公室报销业务招待费。

中国建设银行转账支票存根
支票号码：18890768903

科　　目： _____	
对方科目： _____	
签发日期：2017年4月1日	

收款人：江苏百乐门大酒店	
金　额：￥2120.00	
用　途：报销业务招待费	
备　注：	

单位主管：（略）　　　会计：（略）
复　　核：（略）　　　记账：（略）

江苏省增值税专用发票						No 10092348911		

3200328745

开票日期：2017 年 4 月 1 日

购货单位	名　称：江苏雅洁家纺股份有限公司	密码区	897098+*2><618//*4646416 1145641/*-+4154><6758/*-46></--45465490/*-526781 2345/*980--><-9807*9014/-*/98--+2+2><12345&90877 7908/-*
	纳税人识别号：320302897896723		
	地址、电话：江苏省南通市高新开发区源兴路555号　0513-87856988		
	开户行及账号：中国建设银行江苏南通市源兴支行　6227676890895645209		

货物或应税劳务名称	规格型号	单位	数量	单价	金　额	税率	税　额
住宿费					2000.00	6%	120.00
合　计					￥2000.00		￥120.00

价税合计	人民币（大写）贰仟壹佰贰拾元整	（小写）￥2120.00

销货单位	名　称：江苏百乐门大酒店	备注	
	纳税人识别号：3203028966822121		
	地址、电话：江苏省南通市高新开发区新源路885号　0513-87858755		
	开户行及账号：中国建设银行江苏南通市新源支行　6227676890895646693		

收款人：略　　　复核：略　　　开票人：略　　　销货单位：（章）

第三联：发票联　购货方记账凭证

【业务说明】

本笔业务是报销招待费业务，需要进行直接填制凭证处理。注意：填制日期、结算方式和票据号。

【操作指导】 ☞［操作视频］▶

4 月 1 日，W02 在"总账"系统中，进行"填制凭证"操作。

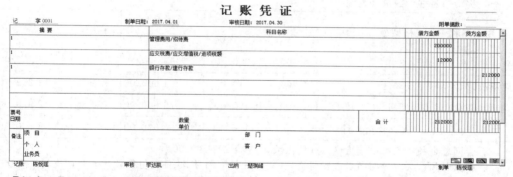

【任务 2】 2 日，人力资源部借支差旅费。

【业务说明】

本笔业务是预借差旅费业务，需要直接填制凭证。注意：填制日期、个人往来辅助项。

【操作指导】　☞[操作视频][▶]

4 月 2 日，W02 在"总账"系统中，进行"填制凭证"操作。

【任务 3】 3 日，与湖南新月家纺股份有限公司签订销售合同。

购 销 合 同

合同编号：XS0001

卖方：江苏雅洁家纺股份有限公司

买方：湖南新月家纺股份有限公司

　　为保护买卖双方的合法权益，根据《中华人民共和国合同法》的有关规定，双方经友好协商，一致同意签订本合同，并共同遵守合同内容。

　　一、货物的名称、数量及金额

货物的名称	规格型号	计量单位	数量	单价 (不含税)	金额 (不含税)	税率	税额
空调被(梦洁)	1.8M	件	300	300.00	90 000.00	17%	15 300.00
空调被(都爱)	1.8M	件	400	210.00	84 000.00		14 280.00
被套(都爱)	1.8M	件	400	190.00	76 000.00		12 920.00
合　计					¥250 000.00		¥42 500.00

　　二、合同总金额：人民币贰拾玖万贰仟伍佰元整(¥292 500.00)。

　　三、收款时间：买方分期向卖方支付货款(从本月起于每月 29 日支付货款，分两期支付，每次支付金额不得低于合同总金额的百分之三十，逾期未付，视为买方违约)。

　　四、至付清所有合同款项前，卖方按买方未付款项与合同总价款的比例保留对合同标的物的所有权。

　　五、发货时间：卖方于签订合同当日发出全部商品。

　　六、发运方式：买方自提。

卖　　方：江苏雅洁家纺股份有限公司　　　　买　　方：湖南新月家纺股份有限公司

授权代表：陈国军　　　　　　　　　　　　　授权代表：肖明理

日　　期：2017 年 4 月 3 日　　　　　　　　日　　期：2017 年 4 月 3 日

【业务说明】

本笔业务是签订销售合同、销售发货出库业务，需要进行销售订单、发货单、销售出库单的录入和审核，发出商品记账生成存货凭证处理。注意："销售订单"中"业务类型"选择"分期收款"。

【操作指导】　☞[操作视频]▶

1. 4月3日，X01在"销售管理"系统中，填制销售订单（业务类型为分期收款）并审核，再根据已审核的销售订单生成发货单并审核。

销售订单　　　　　　　　　　　　　打印模版 销售订单打印模版 ▼

表体排序 [　　　]　　　　　　　　　　　　　　　　　　合并显示 □

订单号 XS0001　　　　　　订单日期 2017-04-03　　　业务类型 分期收款
销售类型 分期收款销售　　　客户简称 湖南新月　　　付款条件
销售部门 销售部　　　　　　业务员 陈国军　　　　　税率 17.00
币种 人民币　　　　　　　　汇率 1　　　　　　　　备注
必有定金 否　　　　　　　　定金原币金额 0.00

	存货编码	存货名称	规格型号	主计量	数量	报价	含税单价	无税单价	无税金额	税额	价税合计	税率（%）	折
1	0105	空调被（梦...	1.8M	件	300.00	0.00	351.00	300.00	90000.00	15300.00	105300.00	17.00	
2	0106	空调被（都爱）	1.8M	件	400.00	0.00	245.70	210.00	84000.00	14280.00	98280.00	17.00	
3	0101	被套（都爱）	1.8M	件	400.00	0.00	222.30	190.00	76000.00	12920.00	88920.00	17.00	
4													
5													
6													
7													
8													
9													
10													
11													
12													
13													
14													
15													
16													
17													
18													
19													
合计					1100.00				250000.00	42500.00	292500.00		

制单人 陈国军　　　　审核人 陈国军　　　　关闭人

发货单　　　　　　　　　　　　　打印模版 发货单打印模版 ▼

表体排序 [　　　]　　　　　　　　　　　　　　　　　　合并显示 □

发货单号 0000000001　　　发货日期 2017-04-03　　　业务类型 分期收款
销售类型 分期收款销售　　　订单号 XS0001　　　　　发票号
客户简称 湖南新月　　　　　销售部门 销售部　　　　业务员 陈国军
发货地址　　　　　　　　　发运方式　　　　　　　　付款条件
税率 17.00　　　　　　　　币种 人民币　　　　　　汇率 1
备注

	仓库名称	存货编码	存货名称	规格型号	主计量	数量	报价	含税单价	无税单价	无税金
1	床上用品仓库	0105	空调被（梦洁）	1.8M	件	300.00	0.00	351.00	300.00	
2	床上用品仓库	0106	空调被（都爱）	1.8M	件	400.00	0.00	245.70	210.00	
3	床上用品仓库	0101	被套（都爱）	1.8M	件	400.00	0.00	222.30	190.00	
4										
5										
6										
7										
8										
9										
10										
11										
12										
13										
14										
15										
16										
17										
18										
合计						1100.00				

制单人 陈国军　　　　审核人 陈国军　　　　关闭人

2. C01 在"库存管理"系统中，根据已审核的发货单生成销售出库单并审核。

3. W02 在"存货核算"系统中，对出库存货进行"发出商品记账"操作；在"财务核算"系统中生成凭证。

【任务 4】 4 日，对持有的银行承兑汇票进行贴现(贴现率 12%，收款通知略，由系统自动计算完成)。

【业务说明】

本笔业务是汇票贴现业务，需要进行票据贴现处理。注意：贴现率和同城异地。

【操作指导】 ☞[操作视频]▶

1. 4月4日，W03在"应收款管理"系统的"票据管理"中进行"贴现"处理。

商业汇票

银行名称		票据类型 银行承兑汇票
方向 收款	票据编号 08989	结算方式
收到日期 2017-01-04	出票日期 2017-01-04	到期日 2017-07-04
出票人 广东悦方百货有限公司	出票人账号	付款人银行 中国建设银行
收款人	收款人账号	收款人开户银行
币种 人民币	金额 138000.00	票面利率 10.00000000
汇率	付款行行号	付款行地址
背书人	背书金额 0.00	备注
业务员	部门	票据摘要 票据贴现
交易合同号码	制单人	

	处理方式	处理日期	贴现银行	被背书人	贴现率	利息	费用	处理金额	
1	贴现	2017-04-04	中国建设银行江苏南通市…		12.00000000	2508.33		140508.33	
2									
3									
4									
5									
6									
7									
8									
9									
10									
11									
12									
13									
14									
合计									

2. W02在"应收款管理"系统中，打开"制单处理"菜单，选中"票据处理制单"，生成凭证。

记 账 凭 证

记 字 0004　　制单日期：2017.04.04　　审核日期：2017.04.30　　附单据数：1

摘 要	科目名称	借方金额	贷方金额
票据贴现	银行存款/建行存款	14050833	
票据贴现	应收票据/银行承兑汇票		13800000
票据利息	财务费用	250833	

票号 08989
日期 2017.04.04
数量／单价　　合计 13800000 / 13800000

备注 项 目　　部 门
　　 个 人　　客 户
　　 业务员

记账 陈悦瑶　　审核 李达岚　　出纳 楚琪峰　　制单 陈悦瑶

【任务5】 5日，与深圳沃尔玛公司签订销售合同（无法估计退货率）。

购 销 合 同

合同编号：XS0002

卖方：江苏雅洁家纺股份有限公司

买方：深圳沃尔玛百货有限公司

为保护买卖双方的合法权益，买卖双方根据《中华人民共和国合同法》的有关规定，双方经友好协商，一致同意签订本合同，并共同遵守合同内容。

一、货物的名称、数量及金额

货物的名称	规格型号	计量单位	数量	单价（不含税）	金额（不含税）	税率	税额
被芯（无印良品）	1.8M	件	500	265.00	132 500.00	17%	22 525.00
床笠（晚安）	1.8M	个	400	190.00	76 000.00		12 920.00
枕头（晚安）	1.8M	件	400	205.00	82 000.00		13 940.00
合　计					￥290 500.00		￥49 385.00

二、合同总金额：人民币叁拾叁万玖仟捌佰捌拾伍元整（￥339 885.00）。

三、收款时间：买方签订合同当日向卖方支付全部购货款。

四、发货时间：卖方于签订合同当日（2017年4月5日）发出全部商品。

五、5月20日前，买方有权因商品质量问题退货。

六、发运方式：卖方代运。交货地点：深圳沃尔玛百货有限公司。

卖　　方：江苏雅洁家纺股份有限公司　　买　　方：深圳沃尔玛百货有限公司

授权代表：陈国军　　　　　　　　　　　授权代表：李秋月

日　　期：2017年4月5日　　　　　　　日　　期：2017年4月5日

江苏省增值税专用发票

No 1092348907

开票日期：2017年4月5日

3257462584

购货单位	名　称：深圳沃尔玛百货有限公司 纳税人识别号：440300980786785 地址、电话：深圳市高新开发区南山区中一道5号　0755-89897656 开户行及账号：中国建设银行深圳市华强中一支行　6223676890890564529	密码区	668098+*2><618//*46464161 145641/*-+4164><6758/*- 46></—45487690/<-53568 12345/*980—><-9807*90 14/-*/98—+2+2><12345&90 8765908/-*

货物或应税劳务名称	规格型号	单位	数量	单价	金　额	税率	税　额
被芯（无印良品）	1.8M	件	500	265.00	132 500.00	17%	22 525.00
枕头（晚安）	1.8M	个	400	190.00	76 000.00	17%	12 920.00
床笠（晚安）	1.8M	件	400	205.00	82 000.00	17%	13 940.00
合　计					￥290 500.00		￥49 385.00

价税合计	人民币（大写）叁拾叁万玖仟捌佰捌拾伍元整	（小写）￥339 885.00

销货单位	名　称：江苏雅洁家纺股份有限公司 纳税人识别号：320302897896723 地址、电话：江苏省南通市高新开发区源兴路555号　0513-87856988 开户行及账号：中国建设银行江苏南通市源兴支行　6227676890895645209	备注

收款人：略　　复核：略　　开票人：略　　销货单位：（章）

第二联：记账联　销货方记账凭证

中国建设银行电汇凭证（收账通知）　NO 1188907976
日期：2017 年 4 月 5 日

收　款　人	江苏雅洁家纺股份有限公司	汇　款　人	深圳沃尔玛百货有限公司
账号或地址	6227676890895645209	账号或地址	6223676890890564529
兑 付 地 点	江苏南通市	兑付行 中国建设银行 江苏南通市源兴支行	汇款用途	商品货款

| 汇 款 金 额 | 人民币（大写）叁拾叁万玖仟捌佰捌拾伍元整 | 千 百 十 万 千 百 十 元 角 分 ￥ 3 3 9 8 8 5 0 0 |

收款人：（略）　　　　　复核：（略）　　　　　开票人：（略）

【业务说明】

本笔业务是签订销售合同，开出销售专用发票，以及存货销售出库业务，需要进行销售订单、销售专用发票、发货单、销售出库单的录入和审核。注意：因该笔业务属于附有条件的销售业务，且无法估计退货率，不符合收入的确认条件，故该笔销售业务不应确认收入与成本。

【操作指导】　☞[操作视频]▶

1.4 月 5 日，X01 在"销售管理"系统中，填制"销售订单"并审核；根据已审核的"销售订单"生成"销售专用发票"，并根据题目中的"电汇凭证（收账通知）"作"现结"处理（注意："销售专用发票"中的"发票号"以及"现结"中的"结算方式"和"票据号"）并审核。此时，"发货单"已根据经审核的"销售专业发票"系统自动生成并已审核。

销售订单

打印模版 销售订单打印模版 ▼

表体排序 [　　　　]　　　　合并显示 □

订单号 XS0002　订单日期 2017-04-05　业务类型 普通销售
销售类型 直接销售　客户简称 深圳沃尔玛　付款条件
销售部门 销售部　业务员 陈国军　税率 17.00
币种 人民币　汇率 1　备注
必有定金 否　定金原币金额

	存货编码	存货名称	规格型号	主计量	数量	报价	含税单价	无税单价	无税金额	税额	价税合计	税率（%）	折
1	0109	被芯(无印良...	1.8M	件	500.00	0.00	310.05	265.00	132500.00	22525.00	155025.00	17.00	
2	0104	枕头（晚安）	1.8M	个	400.00	0.00	222.30	190.00	76000.00	12920.00	88920.00	17.00	
3	0102	床笠（晚安）	1.8M	件	400.00	0.00	239.85	205.00	82000.00	13940.00	95940.00	17.00	
4													
合计					1300.00				290500.00	49385.00	339885.00		

制单人 陈国军　　审核人 陈国军　　关闭人

发货单

打印模版 发货单打印模版 ▼

合并显示 □

表体排序 _____ ▼

发货单号	0000000001	发货日期	2017-04-03	业务类型	分期收款
销售类型	分期收款销售	订单号	XS0001	发票号	
客户简称	湖南新月	销售部门	销售部	业务员	陈国军
发货地址		发运方式		付款条件	
税率	17.00	币种	人民币	汇率	1
备注					

	仓库名称	存货编码	存货名称	规格型号	主计量	数量	报价	含税单价	无税单价	无税金
1	床上用品仓库	0105	空调被（梦洁）	1.8M	件	300.00	0.00	351.00	300.00	
2	床上用品仓库	0106	空调被（都爱）	1.8M	件	400.00	0.00	245.70	210.00	
3	床上用品仓库	0101	被套（都爱）	1.8M	件	400.00	0.00	222.30	190.00	
4										
5										
6										
7										
8										
9										
10										
11										
12										
13										
14										
15										
16										
17										
18										
合计						1100.00				

制单人 陈国军　　　　审核人 陈国军　　　　关讯人

现结

销售专用发票

打印模版 销售专用发票打印模 ▼

合并显示 □

表体排序 _____ ▼

发票号	1092348907	开票日期	2017-04-05	业务类型	普通销售
销售类型	直接销售	订单号	XS0002	发货单号	0000000002
客户简称	深圳沃尔玛	销售部门	销售部	业务员	陈国军
付款条件		客户地址	深圳市高新开发区南山区中一道5号	联系电话	0755-89897656
开户银行	中国建设银行深圳市华强中一支行	账号	6223676890890564525	税号	440300980786785
币种	人民币	汇率	1	税率	17.00
备注					

	仓库名称	存货编码	存货名称	规格型号	主计量	数量	报价	含税单价	无税单价	无税金额	税额	价税合计	税率（
1	床上用品...	0109	被芯(无印良...	1.8M	件	500.00	0.00	310.05	265.00	132500.00	22525.00	155025.00	1
2	床上用品...	0104	枕头(晚安)	1.8M	个	400.00	0.00	222.30	190.00	76000.00	12920.00	88920.00	1
3	床上用品...	0102	床笠(晚安)	1.8M	件	400.00	0.00	239.85	205.00	82000.00	13940.00	95940.00	1
4													
5													
6													
7													
8													
9													
10													
11													
12													
13													
14													
15													
16													
合计						1300.00				290500.00	49385.00	339885.00	

单位名称 江苏雅洁家纺股份有限公司　　本单位税号 320302897896723　　本单位开户银行 中国建设银行江苏南通市源兴支行

制单人 陈国军　　　　复核人 陈国军　　　　银行账号 6227676890895645209

2. C01 在"库存管理"系统中，根据已审核的"发货单"及"销售专用发票"生成"销售出库单"并审核。

销售出库单

表体排序								

销售出库单打印模版 ▼

○ 蓝字　　合并显示 □
○ 红字

出库单号 0000000002　　　出库日期 2017-04-05　　　仓库 床上用品仓库
出库类别 销售出库　　　　业务类型 普通销售　　　　业务号 1092348907
销售部门 销售部　　　　　业务员 陈国军　　　　　客户 深圳沃尔玛
审核日期 2017-04-05　　　备注

	存货编码	存货名称	规格型号	主计量单位	数量	单价	金额
1	0109	被芯(无印良品)	1.8M	件	500.00	120.00	60000.00
2	0104	枕头(晚安)	1.8M	个	400.00	60.00	24000.00
3	0102	床笠(晚安)	1.8M	件	400.00	80.00	32000.00
4							
5							
6							
7							
8							
9							
10							
11							
12							
13							
14							
15							
16							
17							
18							
19							
20							
合计					1300.00		116000.00

制单人 秦松波　　　　　　审核人 秦松波
现存量

3. W02 在"应收款管理"系统中，进行"应收单据审核"操作并立即制单（注意：因不能确认为收入，应将自动生成的凭证中"主营业务收入"科目改为"预收账款——预收货款"科目）。在"存货核算"系统中，进行"正常单据记账"操作，并在"财务核算"中"生成凭证"（注意：根据收入与成本配比原则，应将自动生成的凭证中的"主营业务成本"科目改为"发出商品——其他销售发出商品"科目）。

记 账 凭 证

记　字 0005　　　制单日期：2017.04.05　　　审核日期：2017.04.30　　　附单据数：1

摘要	科目名称	借方金额	贷方金额
现结	银行存款/建行存款	33988500	
现结	预收账款/预收货款		29050000
现结	应交税费/应交增值税/销项税额		4938500

票号　5 - 1189907976
日期　2017.04.05　　　数量
　　　　　　　　　　　单价　　　　　　　　　　　合计　　33988500　　33988500

备注　项　目
　　　个　人　　　　　　　部　门
　　　　　　　　　　　　　客　户
　　　　　　　　　　　　　业务员

记账 陈悦瑶　　　审核 李达凯　　　出纳 楚琪楠　　　　　　　制单 陈悦瑶

记 账 凭 证

记 字 0006	制单日期: 2017.04.05	审核日期: 2017.04.30			附单据数: 1
摘要		科目名称		借方金额	贷方金额
销售出库单		发出商品/其他销售发出商品		11600000	
销售出库单		库存商品			11600000
票号 日期		数量 1300.00000件(套个) 单价 89.23077		合计 11600000	11600000
备注 项 目			部 门		
个 人			客 户 深圳沃尔玛		
业务员 陈国军					
记账 陈悦瑶	审核 李达飙	出纳		制单 陈悦瑶	

【任务 6】7 日，为赚取差价购买江西中天传媒公司股票(上月已宣告但未发放股利，每股 0.3 元)。

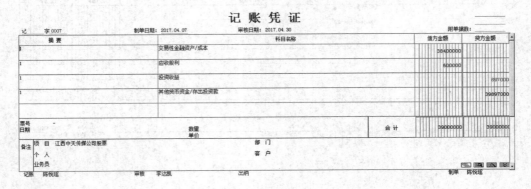

江苏证券南通市源兴路营业部
证券交易合并成交报告单

业务名称（买入成交）	币 种：人民币
成交日期：2017 年 4 月 7 日	打印日期：2017 年 4 月 7 日
资金账号：9089788	证券账号：098067865
客户名称：江苏雅洁家纺股份有限公司	代 码：890777
成交数量：20000（股）	股票名称：江西中天传媒（600859）
成交均价：19.5 元/股	实收佣金：1 170.00 元
成交金额：390 000.00 元	印 花 税：7 800.00 元
收付金额：396 000.00 元	过 户 费：

【业务说明】

本笔业务是购入股票业务，需要直接填制凭证。注意：金融资产的分类以及入账价值的确认。

【操作指导】 ☞[操作视频][▶]

4 月 7 日，W02 在"总账"系统中，进行"填制凭证"操作。

记 账 凭 证

记 字 0007	制单日期: 2017.04.07	审核日期: 2017.04.30			附单据数:
摘要		科目名称		借方金额	贷方金额
		交易性金融资产/成本		38400000	
		应收股利		600000	
		投资收益			897000
		其他货币资金/存出投资款			39897000
票号 日期		数量 单价		合计 39000000	39000000
备注 项 目 江西中天传媒公司股票			部 门		
个 人			客 户		
业务员					
记账 陈悦瑶	审核 李达飙	出纳		制单 陈悦瑶	

【任务7】8日，代垫深圳沃尔玛公司货物运杂费。（销售管理系统处理）

中国建设银行电汇凭证（回单）

NO 1188907869

日期：2017 年 4 月 8 日

收 款 人	深圳快韵达运输公司		汇 款 人	江苏雅洁家纺股份有限公司
账号或地址	6227689903456789678		账号或地址	6227676890895645209
兑付地点	深圳市福田区	兑付行 建行深圳市福田区茂源支行	汇款用途	代垫货物运杂费
汇款金额	人民币（大写）陆仟元整		千 百 十 万 千 百 十 元 角 分 ¥ 6 0 0 0 0 0	

【业务说明】

本笔业务是代垫运杂费业务，需要进行"代垫费用单"的录入并审核。

【操作指导】 ☞[操作视频]▶

1. 4 月 8 日，X01 在"销售管理"系统中，填制"代垫费用单"并审核。

代垫费用单

打印模板 代垫费用单打印模版

代垫单号 0000000001 代垫日期 2017-04-08 发票号
客户简称 深圳沃尔玛 销售部门 销售部 业务员 陈国军
币种 人民币 汇率 1 备注

	费用项目	代垫金额	存货编码	存货名称
1	代垫运杂费	6000.00		
合计		6000.00		

制单人 陈国军   审核人 陈国军

2. W02 在"应收款管理"系统中，进行"应收单据审核"操作并立即制单。

记 账 凭 证

记 字 0006   制单日期：2017.04.08   审核日期：2017.04.30   附单据数：1

摘要	科目名称	借方金额	贷方金额
其他应收单	应收账款	600000	
其他应收单	银行存款/建行存款		600000
	合 计	600000	600000

备注 项目 个人 部门 客户 深圳沃尔玛
业务员 陈国军

记账 陈悦瑶   审核 李达凯   出纳 楚琪峰   制单 陈悦瑶

【任务8】9 日,向上海华诺公司销售商品。(根据以往经验可估计退货率为 5%)

购 销 合 同

合同编号:XS0003

卖方:江苏雅洁家纺股份有限公司
买方:上海华诺日用品百货有限公司

为保护买卖双方的合法权益,根据《中华人民共和国合同法》的有关规定,双方经友好协商,一致同意签订本合同,并共同遵守合同内容。

一、货物的名称、数量及金额

货物的名称	规格型号	计量单位	数量	单价 (不含税)	金额 (不含税)	税率	税额
空调被芯 (水星家纺)	1.8M	件	300	289.00	86 700.00		14 739.00
印花床上四件套 (水星家纺)	1.8M	套	400	480.00	192 000.00	17%	32 640.00
床垫(晚安)	1.8M	件	400	320.00	128 000.00		21 760.00
合 计					¥406 700.00		¥69 139.00

二、合同总金额:人民币肆拾柒万伍仟捌佰叁拾玖元整(¥475 839.00)。
三、收款时间:买方于本月底(4 月 30 日)前支付全部货款。
四、发货时间:卖方于签订合同当日发出全部商品。
五、5 月 20 日前,买方可以因商品质量问题退货。
六、发运方式:买方自提。交货地点:江苏雅洁家纺股份有限公司。

卖　　方:江苏雅洁家纺股份有限公司　　　　买　　方:上海华诺日用品百货有限公司
授权代表:陈国军　　　　　　　　　　　　　　授权代表:翁庆祥
日　　期:2017 年 4 月 9 日　　　　　　　　　日　　期:2017 年 4 月 9 日

江苏省增值税专用发票

No 10092348911

3257462584

开票日期:2017 年 4 月 9 日

购货单位	名　　称:上海华诺日用品百货有限公司 纳税人识别号:310102786545673 地址、电话:上海市澳门路168号海天大厦一楼 021-890098786 开户行及账号:中国建设银行上海浦东天苑支行 6227890987656789045	密码区	145902345+*2><618//*4646416 1145641/*-+4164><6758/*-46) </-456590/*-5267812345/*98 0-->-9807*9014-*/98--+2+2 ><12345&908765908/-*123

货物或应税劳务名称	规格型号	单位	数量	单价	金　　额	税率	税　　额
空调被芯(水星家纺)	1.8M	件	300	289.00	86 700.00	17%	14 739.00
印花床上四件套(水星家纺)	1.8M	套	400	480.00	192 000.00	17%	32 640.00
床垫(晚安)	1.8M	件	400	320.00	128 000.00	17%	21 760.00
合　　计					¥406 700.00		¥69 139.00

价税合计	人民币(大写)肆拾柒万伍仟捌佰叁拾玖元整	(小写)¥475 839.00

销货单位	名　　称:江苏雅洁家纺股份有限公司 纳税人识别号:320302897896723 地址、电话:江苏省南通市高新开发区源兴路555号 0513-87856988 开户行及账号:中国建设银行江苏南通市源兴支行 6227676890895645209	备注	

收款人:略　　　　复核:略　　　　开票人:略　　　　销货单位:(章)

第二联:记账联 销货方记账凭证

【业务说明】

本笔业务是签订销售合同，开出销售专用发票以及存货销售出库业务，需要进行销售订单、销售专用发票、发货单、销售出库单的录入和审核。注意：因该笔业务属于附有条件的销售业务，且估计退货率为5％，故该笔销售业务不应全额确认收入与成本，应将收入与成本总额5％的差额计入"预计负债"科目。

【操作指导】　☞［操作视频］▶

1．4月9日，X01在"销售管理"系统中，填制"销售订单"并审核；根据已审核的"销售订单"生成"销售专用发票"（注意："销售专用发票"中填写"发票号"）并审核。此时，"发货单"已根据经审核的"销售专业发票"系统自动生成并已审核。

销售订单

	存货编码	存货名称	规格型号	主计量	数量	报价	含税单价	无税单价	无税金额	税额	价税合计	税率（%）
1	0107	空调被芯(水…	1.8M	件	300.00	0.00	338.13	289.00	86700.00	14739.00	101439.00	17.00
2	0113	印花床上四…	1.8M	套	400.00	0.00	561.60	480.00	192000.00	32640.00	224640.00	17.00
3	0103	床垫（晚安）	1.8M	件	400.00	0.00	374.40	320.00	128000.00	21760.00	149760.00	17.00
合计					1100.00				406700.00	69139.00	475839.00	

订单号 XS0003　订单日期 2017-04-09　业务类型 普通销售　销售类型 直接销售　客户简称 上海华诺　销售部门 销售部　业务员 陈国军　税率 17.00　币种 人民币　汇率 1　制单人 陈国军　审核人 陈国军

发货单

	仓库名称	存货编码	存货名称	规格型号	主计量	数量	报价	含税单价	无税单价
1	床上用品仓库	0107	空调被芯(水星家纺)	1.8M	件	300.00	0.00	338.13	289.00
2	床上用品仓库	0113	印花床上四件套(水…	1.8M	套	400.00	0.00	561.60	480.00
3	床上用品仓库	0103	床垫（晚安）	1.8M	件	400.00	0.00	374.40	320.00
合计						1100.00			

发货单号 0000000003　发货日期 2017-04-09　业务类型 普通销售　销售类型 直接销售　订单号 XS0003　发票号 10092348911　客户简称 上海华诺　销售部门 销售部　业务员 陈国军　税率 17.00　币种 人民币　汇率 1　制单人 陈国军　审核人 陈国军

销售专用发票

打印模版 [销售专用发票打印模] ▼

合并显示 □

表体排序 [ ] ▼

发票号	10092348911	开票日期	2017-04-09	业务类型	普通销售
销售类型	直接销售	订单号	XS0003	发货单号	0000000003
客户简称	上海华诺	销售部门	销售部	业务员	陈国军
付款条件		客户地址	上海市贵门路168号海天大厦一楼	联系电话	021-890098786
开户银行	中国建设银行上海浦东天苑支行	账号	6227890987656789045	税号	310102786545673
币种	人民币	汇率	1	税率	17.00
备注					

	仓库名称	存货编码	存货名称	规格型号	主计量	数量	报价	含税单价	无税单价	无税金额	税额	价税合计	税率
1	床上用品...	0107	空调被芯(水...	1.8M	件	300.00	0.00	338.13	289.00	86700.00	14739.00	101439.00	17
2	床上用品...	0113	印花床上四...	1.8M	套	400.00	0.00	561.60	480.00	192000.00	32640.00	224640.00	17
3	床上用品...	0103	床垫(晚安)	1.8M	件	400.00	0.00	374.40	320.00	128000.00	21760.00	149760.00	17
4													
5													
6													
7													
8													
9													
10													
11													
12													
13													
14													
15													
16													
17 合计						1100.00				406700.00	69139.00	475839.00	

单位名称	江苏雅洁家纺股份有限公司	本单位税号	3203028978966723	本单位开户银行	中国建设银行江苏南通市源兴支行
制单人	陈国军	复核人	陈国军	银行账号	6227676890895645209

2. C01 在"库存管理"系统中，根据已审核的"发货单"及"销售专用发票"生成"销售出库单"并审核。

销售出库单

销售出库单打印模版 ▼

● 蓝字

○ 红字

合并显示 □

表体排序 [ ] ▼

出库单号	0000000003	出库日期	2017-04-09	仓库	床上用品仓库
出库类别	销售出库	业务类型	普通销售	业务员	10092348911
销售部门	销售部	业务员	陈国军	客户	上海华诺
审核日期	2017-04-09	备注			

	存货编码	存货名称	规格型号	主计量单位	数量	单价	金额
1	0107	空调被芯(水星家纺)	1.8M	件	300.00	120.00	36000.00
2	0113	印花床上四件套(水星家纺)	1.8M	套	400.00	300.00	120000.00
3	0103	床垫(晚安)	1.8M	件	400.00	180.00	72000.00
4							
5							
6							
7							
8							
9							
10							
11							
12							
13							
14							
15							
16							
17							
18							
19							
20							
合计					1100.00		228000.00

制单人	秦松波	审核人	秦松波
现存量			

3. W02 在"应收款管理"系统中，进行"应收单据审核"操作并立即制单；在"存货核算"系统中，进行"正常单据记账"操作，并在"财务核算"中"生成凭证"；在"总账"系统中进行"填制凭证"操作来确认"预计负债"科目。

记 账 凭 证

记　字 0009		制单日期：2017.04.09		审核日期：2017.04.30			附单据数：1	
摘　要			科目名称			借方金额	贷方金额	
销售专用发票		应收账款				47583900		
销售专用发票		主营业务收入					40670000	
销售专用发票		应交税费/应交增值税/销项税额					6913900	
票号　－ 日期		数量 单价			合　计	47583900	47583900	
备注	项　目 个　人　陈国军 业务员　陈国军			部　门 客　户　上海华诺				
记账　陈悦瑶		审核　李达凯		出纳		制单　陈悦瑶		

记 账 凭 证

记　字 0010		制单日期：2017.04.09		审核日期：2017.04.30			附单据数：1	
摘　要			科目名称			借方金额	贷方金额	
销售出库单		主营业务成本				22800000		
销售出库单		库存商品					22800000	
票号 日期		数量 单价			合　计	22800000	22800000	
备注	项　目 个　人 业务员			部　门 客　户				
记账　陈悦瑶		审核　李达凯		出纳		制单　陈悦瑶		

记 账 凭 证

记　字 0011		制单日期：2017.04.09		审核日期：2017.04.30			附单据数：1	
摘　要			科目名称			借方金额	贷方金额	
1		主营业务成本				1140000		
1		主营业务收入					2033500	
1		预计负债					893500	
票号　－ 日期		数量 单价			合　计	1140000	1140000	
备注	项　目 个　人 业务员			部　门 客　户				
记账　陈悦瑶		审核　李达凯		出纳		制单　陈悦瑶		

【任务 9】10 日，向山西美源春家居用品制造有限公司采购商品。

购 销 合 同

合同编号：CG0001

卖方：山西美源春家居用品制造有限公司

买方：江苏雅洁家纺股份限公司

为保护买卖双方的合法权益，根据《中华人民共和国合同法》的有关规定，双方经友好协商，一致同意签订本合同，并共同遵守合同内容。

一、货物的名称、数量及金额

货物的名称	规格型号	计量单位	数量	单价 （不含税）	金额 （不含税）	税率	税额
纯棉浴巾 （美源春）	70cm * 140cm	条	500	25.00	12 500.00		2 125.00
沐浴防滑拖鞋女 （美源春）	37－40 码	双	600	18.00	10 800.00	17%	1 836.00
儿童床上四件套 （美源春）	1.5M	套	400	160.00	64 000.00		10 880.00
合　　计					￥87 300.00		￥14 841.00

二、合同总金额：人民币壹拾万零贰仟壹佰肆拾壹元整（￥102 141.00）。

三、收款方式：签订合同当日已办理托收承付手续。现金折扣条件：2/10，1/20，n/30（价款）。

四、发货时间：卖方于 4 月 15 日发出所有商品。4 月 30 日前，买方有权因商品质量问题退货。

五、发运方式：买方承运。

卖　　方：山西美源春家居用品制造有限公司　　　买　　方：江苏雅洁家纺股份有限公司

授权代表：赵跃　　　　　　　　　　　　　　　　授权代表：胡阳雪

日　　期：2017 年 4 月 10 日　　　　　　　　　日　　期：2017 年 4 月 10 日

【业务说明】

本笔业务是签订采购合同业务，需要进行采购订单的录入和审核。注意：付款条件和计划到货日期。

【操作指导】　☞[操作视频]▶

1. 4 月 10 日，G01 在"采购管理"系统中，填制"采购订单"并审核（注意：付款条件为"2/10，1/20，n/30"，计划到货日期为"2017-04-15"）。

采购订单

打印模版 8174 采购订单打印模版 ▼

表体排序 [　　　　　　　] ▼

合并显示 □

业务类型 普通采购　　　　　　　　　订单日期 2017-04-10　　　　　　　订单编号 CG00001
采购类型 直接采购　　　　　　　　　供应商 山西美源春　　　　　　　　部门 采购部
业务员 胡阳雪　　　　　　　　　　税率 17.00　　　　　　　　　　付款条件 2/10,1/20,n/30
币种 人民币　　　　　　　　　　　汇率 1　　　　　　　　　　　　备注

	存货编码	存货名称	规格型号	主计量	数量	原币含税单价	原币单价	原币金额	原币税额
1	0203	纯棉浴巾（美源春）	70cm*140cm	条	500.00	29.25	25.00	12500.00	
2	0205	沐浴防滑拖鞋女(美…	37-40码	双	600.00	21.06	18.00	10800.00	
3	0115	儿童床上四件套(美…	1.5M	套	400.00	187.20	160.00	64000.00	10
4									
5									
6									
7									
8									
9									
10									
11									
12									
13									
14									
15									
16									
17									
18									
19									
20									
合计					1500.00			87300.00	14

制单人 胡阳雪　　　　　　　　　审核人 胡阳雪　　　　　　　　　　　变更人
现存量

【任务10】 11日，人力资源部员工杜海霞报销差旅费。

差 旅 费 报 销 单

部门：人力资源部　　　　　　　　填报日期：2017年4月11日

姓　名	杜海霞		出差事由		外出调研		出差日期		4月5日—4月10日	
起讫时间及地点			车船票		夜间乘车补助		出差补助费		住宿费 金额	其他
月 日 起	月 日 迄		类别	金额	时间 标准 金额		日数 标准 金额			摘要 金额

月	日	起	月	日	迄	类别	金额	时间	标准	金额	日数	标准	金额	金额	摘要	金额
4	5	南通	4	5	成都	飞机	2 077	小时			6	300	1 800		订票费	15
4	10	成都	4	10	南通	飞机	2 147	小时							行李费	30
小　计							¥4 224						¥1 800			¥45

总计金额（大写）人民币　陆仟零陆拾玖元整　　预支¥5 000元　　核销¥6 069元　　退补　¥1 069 元

主管：略　　　　　记账：略　　　　　审核：略　　　　　制表：略

付 款 单 据

时间：**2017 年 4 月 11 日**　　现金付讫

收款单位　**人力资源部杜海霞**　　付款事由　**出差补齐款**

人 民 币（大写）　**壹仟零陆拾玖 元整**（小写）¥ **1 069.00元**

记账：略　　　审核：略　　　出纳：略　　　经办：略

【业务说明】

本笔业务是报销差旅费业务，需要直接填制凭证。注意：个人往来辅助项。

【操作指导】 ☞[操作视频]▶

4月11日，W02在"总账"系统中，进行"填制凭证"操作。

帮助 F1

记 账 凭 证

记　字 0012　　　　制单日期：2017.04.11　　　　审核日期：2017.04.30　　　　　　　　　　　　　　附单据数：_____

摘 要	科目名称	借方金额	贷方金额
1	管理费用/差旅费	606900	
1	库存现金		106900
1	其他应收款/个人往来		500000

票号　数量
日期　单价　　　　　　　　　　　　　　　　　　　　　　　合计　　606900　　606900

备注　项　目　　　　　　　　　　　部　门
　　　个　人　　　　　　　　　　　客　户
　　　业务员

记账　陈悦瑶　　审核　李达飙　　出纳　瑟琪峰　　制单　陈悦瑶

【任务 11】 12 日，支付上月工资（工资表单略）。

中国建设银行转账支票存根
支票号码：18890768904

科　　　目：_____
对方科目：_____
签发日期：2017年4月12日

收款人：	江苏雅洁家纺股份有限公司
金　额：	￥123 900.00
用　途：	发放工资
备　注：	

单位主管：（略）　　　　　会计：（略）
复　　核：（略）　　　　　记账：（略）

【业务说明】

本笔业务是发放工资，需要进行直接填制凭证处理。注意："银行存款"科目的结算方式及票据号。

【操作指导】　☞[操作视频]▶

4 月 12 日，W02 在"总账"系统中，进行"填制凭证"操作。

记 账 凭 证

记　字 0013　　　　制单日期：2017.04.12　　　　审核日期：2017.04.30　　　　　　　　　　　　　　附单据数：_____

摘 要	科目名称	借方金额	贷方金额
1	应付职工薪酬/工资	12390000	
1	银行存款/建行存款		12390000

票号　数量
日期　单价　　　　　　　　　　　　　　　　　　　　　　　合计　　12390000　　12390000

备注　项　目　　　　　　　　　　　部　门
　　　个　人　　　　　　　　　　　客　户
　　　业务员

记账　陈悦瑶　　审核　李达飙　　出纳　瑟琪峰　　制单　陈悦瑶

【任务 12】 12 日，缴纳上月五险一金（社会保险基金专项收据略）。

中国建设银行转账支票存根
支票号码：18890768905

科　　目：＿＿＿＿＿＿
对方科目：＿＿＿＿＿＿
签发日期：2017年4月12日

收款人：江苏南通市社会保障局
金　　额：￥83 013.00
用　　途：缴纳五险一金
备　　注：

单位主管：（略）　　会计：（略）
复　　核：（略）　　记账：（略）

【业务说明】

本笔业务是缴纳上月五险一金，需要进行直接填制凭证处理。注意："银行存款"科目的结算方式及票据号。

【操作指导】 ☞［操作视频］▶

4 月 12 日，W02 在"总账"系统中，进行"填制凭证"操作。（可查询各明细账余额来加快做题速度，查询账户余额快捷键"Ctrl＋Y"）

记 账 凭 证

记　字 0014 － 0001/0003　　制单日期：2017.04.12　　审核日期：2017.04.30　　附单据数：

摘　要	科目名称	借方金额	贷方金额
1	应付职工薪酬/养老保险	2478000	
1	应付职工薪酬/医疗保险	1239000	
1	应付职工薪酬/失业保险	123900	
1	应付职工薪酬/工伤保险	123900	
1	应付职工薪酬/住房公积金	1486800	

票号　　－
日期

数量
单价　　　　　合计　　8301300　　8301300

备注　项　目
　　　个　人　　　　　部　门
　　　业务员　　　　　客　户

记账　陈悦瑶　　　审核　李达凯　　　出纳　楚琪峰　　　制单　陈悦瑶

记 账 凭 证

记　字 0014 － 0002/0003　　制单日期：2017.04.12　　审核日期：2017.04.30　　附单据数：

摘　要	科目名称	借方金额	贷方金额
1	应付职工薪酬/生育保险	99120	
1	其他应付款/住房公积金	1486800	
1	其他应付款/养老保险	991200	
1	其他应付款/医疗保险	247800	
1	其他应付款/失业保险	24780	

票号　　－
日期

数量
单价　　　　　合计　　8301300　　8301300

备注　项　目
　　　个　人　　　　　部　门
　　　业务员　　　　　客　户

记账　陈悦瑶　　　审核　李达凯　　　出纳　楚琪峰　　　制单　陈悦瑶

记 账 凭 证

摘 要	科目名称	借方金额	贷方金额
	其他应付款/住房公积金	1486800	
	其他应付款/养老保险	991200	
	其他应付款/医疗保险	247800	
	其他应付款/失业保险	24780	
	银行存款/建行存款		8301300
	合 计	8301300	8301300

记 字 0014 - 0003/0003　　制单日期：2017.04.12　　审核日期：2017.04.30　　附单据数：

票号 202 - 16890768905
日期 2017.04.12

数量
单价

备注　项 目　　　　　　　　部 门
　　　个 人　　　　　　　　客 户
　　　业务员

记账　陈悦瑶　　　审核　李达凤　　　出纳　楚琪峰　　　制单　陈悦瑶

【任务 13】 14 日，缴纳公司一季度各项税费。

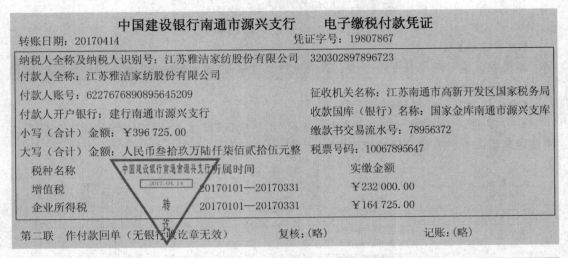

中国建设银行南通市源兴支行　　电子缴税付款凭证

转账日期：20170414　　　　　　凭证字号：19807867

纳税人全称及纳税人识别号：江苏雅洁家纺股份有限公司　320302897896723
付款人全称：江苏雅洁家纺股份有限公司
付款人账号：6227676890895645209　　征收机关名称：江苏南通市高新开发区国家税务局
付款人开户银行：建行南通市源兴支行　　收款国库（银行）名称：国家金库南通市源兴支库
小写（合计）金额：￥396 725.00　　　　缴款书交易流水号：78956372
大写（合计）金额：人民币叁拾玖万陆仟柒佰贰拾伍元整　　税票号码：10067895647

税种名称	所属时间	实缴金额
增值税	20170101—20170331	￥232 000.00
企业所得税	20170101—20170331	￥164 725.00

第二联　作付款回单（无银行收讫章无效）　　复核：（略）　　记账：（略）

中国建设银行南通市源兴支行　　电子缴税付款凭证

转账日期：20170414　　　　　　凭证字号：19807868

纳税人全称及纳税人识别号：江苏雅洁家纺股份有限公司　320302897896723
付款人全称：江苏雅洁家纺股份有限公司
付款人账号：6227676890895645209　　征收机关名称：江苏南通市高新开发区地方税务局
付款人开户银行：建行南通市源兴支行　　收款国库（银行）名称：国家金库南通市源兴支库（代理）
小写（合计）金额：￥39 540.00　　　　缴款书交易流水号：91011245
大写（合计）金额：人民币叁万玖仟伍佰肆拾元整　　税票号码：12719901650

税种名称	所属时间	实缴金额
城市维护建设税	20170101—20170331	￥16240.00
教育费附加	20170101—20170331	￥6960.00
地方教育费附加	20170101—20170331	￥4640.00
个人所得税	20170301—20170331	￥11 700.00

第二联　作付款回单（无银行收讫章无效）　　复核：（略）　　记账：（略）

【业务说明】

本笔业务是缴纳上季度税费，需要进行直接填制凭证处理。注意："银行存款"科目的结算方式及票据号，两张缴税凭证分开制单。

【操作指导】 ☞［操作视频］▶

4月14日，W02在"总账"系统中，进行"填制凭证"操作。

记 账 凭 证

记　字 0015　　　制单日期：2017.04.14　　　审核日期：2017.04.30　　　　附单据数：＿＿＿＿

摘 要	科目名称	借方金额	贷方金额
1	应交税费/未交增值税	232000000	
1	应交税费/应交企业所得税	164725000	
1	银行存款/建行存款		396725000

票号　9 - 19807867
日期　2017.04.14　　数量　单价　　合计　396725000　396725000

备注：项　目　　　　　部　门
个　人　　　　　客　户
业务员

记账　陈悦瑶　　　审核　李达凯　　　出纳　瑟琪峰　　　制单　陈悦瑶

记 账 凭 证

记　字 0016　　　制单日期：2017.04.14　　　审核日期：2017.04.30　　　　附单据数：＿＿＿＿

摘 要	科目名称	借方金额	贷方金额
1	应交税费/应交城市维护建设税	1624000	
1	应交税费/应交教育费附加	696000	
1	应交税费/应交地方教育费附加	464000	
1	应交税费/应交个人所得税	1170000	
借	银行存款/建行存款		3954000

票号　9 - 19807868
日期　2017.04.14　　数量　单价　　合计　3954000　3954000

备注：项　目　　　　　部　门
个　人　　　　　客　户
业务员

记账　陈悦瑶　　　审核　李达凯　　　出纳　瑟琪峰　　　制单　陈悦瑶

【任务14】15日，与武汉鑫荣家纺股份有限公司就上月销售商品质量问题的处理签署协议。（不合并制单）

产品质量问题处理协议书

甲方：江苏雅洁家纺股份有限公司

乙方：武汉鑫荣家纺股份有限公司

乙方（武汉鑫荣家纺）在对上月收到的全部商品进行质检时，发现该批商品有部分存在质量问题。经协商，双方达成如下协议。

1. 乙方质检部经检验结果如下：

该批商品中问题商品均属"都爱"品牌。其中，有10件空调被霉烂变质，要求退货处理；有20件被套的包装严重破损，影响正常销售，由于该商品在质保期内，甲方应免费保修，在返修合格后立即发货给乙方。

2. 甲方向当地税务机关申请开具红字增值税专用发票通知单，经税务机关审核后，甲方开具红字增值税专用发票通知单。

3. 退货造成的费用由甲方承担。

甲方（盖章）：江苏雅洁家纺股份有限公司
法定代表人：陈国军
日　　期：2017年4月15日

乙方（盖章）：武汉鑫荣家纺股份有限公司
法定代表人：肖明理
日　　期：2017年4月15日

退（返）货商品入库单

单位：元　　　　　　　　　2017 年 4 月 15 日　　　　　　　　退货：质检仓库

商品名称	规格型号	数量	单位成本	金额
空调被（都爱）	1.8M	10	90.00	900.00
被套（都爱）	1.8M	20	70.00	1 400.00

财务经理：略　　　　　　　部门经理：略　　　　　　　制表人：略

不良品处理单

单位：元　　　　　　　　　2017 年 4 月 15 日　　　　　　　　不良品仓库

商品名称	规格型号	数量	单位成本	金额	处理结果
空调被（都爱）	1.8M	10	90.00	900.00	原因不明，批准后报废处理
被套（都爱）	1.8M	20	70.00	1 400.00	当天外包给江苏智雅公司维修完成并发回乙方

财务经理：略　　　　　　　部门经理：略　　　　　　　制表人：略

开具红字增值税专用发票通知单　　　No10292348901

开票日期：2017 年 4 月 15 日

3257462584

购货单位	名　　称：武汉鑫荣家纺股份有限公司		密码区	11708978+*2<618//*46464 161145641/*-+4164><6*-46></--2378990/*-526781234 5/*980-->\<-9177*73
	纳税人识别号：100989789867671			
	地址、电话：武汉市武昌中路楚河汉街　027-89000987			
	开户行及账号：中国建设银行武汉市楚汉支行 6227890984567345678			

货物或应税劳务名称	规格型号	单位	数量	单价	金　额	税率	税　额
空调被（都爱）	1.8M	件	10	210.00	2 100.00	17%	357.00
合　计					￥2 100.00		￥357.00

| 价税合计 | 人民币（大写）贰仟肆佰伍拾柒元整 | （小写）￥2 457.00 |

销货单位	名　　称：江苏雅洁家纺股份有限公司		备注	
	纳税人识别号：320302897896723			
	地址、电话：江苏省南通市高新开发区源兴路 555 号　0513-87856988			
	开户行及账号：中国建设银行江苏南通市源兴支行 6227676890895645209			

收款人：（略）　　　　复核：（略）　　　　开票人：（略）　　　　销货单位：（章）

广东省增值税专用发票　　　No45678931822

开票日期：2017 年 4 月 15 日

1041267824

购货单位	名　　称：江苏雅洁家纺股份有限公司		密码区	10008978+*2><618//*4646 4161145641/*-+4164><6*-46></--2338990/*-52678 12345/*980-->\<-9807*90
	纳税人识别号：320302897896723			
	地址、电话：江苏省南通市高新开发区源兴路 555 号　0513-87856988			
	开户行及账号：中国建设银行江苏南通市源兴支行6227676890895645209			

货物或应税劳务名称	规格型号	单位	数量	单价	金　额	税率	税　额
运费					500.00	11%	55.00
合　计					￥500.00		￥55.00

| 价税合计 | 人民币（大写）伍佰伍拾伍元整 | （小写）￥555.00 |

销货单位	名　　称：深圳快韵达运输公司		备注	往返运费
	纳税人识别号：104102100857462			
	地址、电话：深圳市福田区茂源路 78 号　13480836810			
	开户行及账号：建行深圳市福田区茂源支行 6227689903456789678			

收款人：（略）　　　　复核：（略）　　　　开票人：（略）　　　　销货单位：（章）

江苏省增值税专用发票　　No 45678651982

3203641924　　　开票日期：2017 年 4 月 15 日

购货单位	名　称：江苏雅洁家纺股份有限公司 纳税人识别号：320302897896723 地址、电话：江苏省南通市高新开发区源兴路555号　0513-87856988 开户行及账号：中国建设银行江苏南通市源兴支行　6227676890895645209	密码区	10008978+*2><618//*4646 4161145641/*-+4164><6*- 46></--2338990/*-52678 12345/*980-->< -9807*90	第三联：发票联　购货方记账凭证

货物或应税劳务名称	规格型号	单位	数量	单价	金　额	税率	税　额
被套包装		件	20	5.00	100.00	17%	17.00
合　　计					￥100.00		￥17.00

价税合计	人民币（大写）壹佰壹拾柒元整	（小写）￥117.00

销货单位	名　称：江苏省智雅包装公司 纳税人识别号：320302825836924 地址、电话：江苏省南通市高新开发区源兴路 222 号　0513-87856433 开户行及账号：中国建设银行江苏南通市源兴支行　6227676890895646401	备注	江苏省智雅包装公司 320302825836924 发票专用章

收款人：（略）　　复核：（略）　　开票人：（略）　　销货单位：（章）

【业务说明】

本笔业务是销售退回不良品，开出红字销售专用发票以及收到返修费用发票的业务，需要进行销售退货单、红字销售出库单、红字销售专用发票、其他入库单、费用支出单、不合格品记录单、不合格品处理单以及其他出库单的录入与审核。注意：费用支出单务必选择单据流向以及退回存货的出入库仓库。

【操作指导】　☞［操作视频］▶

1. 4 月 15 日，X01 在"销售管理"系统中，根据退回存货"空调被（都爱）"填制"销售退货单"并审核，根据经审核的"销售退货单"生成"红字销售专用发票"并复核。

退货单

打印模版 退货单打印模版 ▼

表体排序 ▼　　　　　　　　　　　　　　　　　　　　　　　　　　　　　　　合并显示 □

退货单号 0000000007　　　　　　退货日期 2017-04-15　　　　　　业务类型 普通销售
销售类型 直接销售　　　　　　　　订单号　　　　　　　　　　　　发票号
客户简称 武汉鑫荣　　　　　　　　销售部门 销售部　　　　　　　　业务员 陈国军
发运方式　　　　　　　　　　　　币种　人民币　　　　　　　　　汇率　1
税率 17.00　　　　　　　　　　　备注

	仓库名称	货物编码	存货名称	规格型号	主计量	数量	报价	含税单价	无税单价	无税金
1	退货质检仓库	0106	空调被(都爱)	1.8M	件	-10.00	0.00	245.70	210.00	
2										
3										
4										
5										
6										
7										
8										
9										
10										
11										
12										
13										
14										
15										
16										
17										
18										
19										
合计						-10.00				

制单人 陈国军　　　　　　　　　　审核人 陈国军

2. C01 在"库存管理"系统中，根据销售生成"红字销售出库单"并审核。

3. W02 在"存货核算"系统中，对"红字销售出库单"进行"正常单据记账"，并在"财务核算"中"生成凭证"；在"应收款管理"系统中，对"红字销售专用发票"进行"应付单据审核"并生成凭证。

记 账 凭 证

记 字 0017 　　制单日期: 2017.04.15 　　审核日期: 2017.04.30 　　附单据数: 1

摘 要	科目名称	借方金额	贷方金额
销售出库单	主营业务成本	90000	
销售出库单	库存商品		90000

票号
日期 　　数量/单价 　　合 计 90000 90000

备注 项 目 　　部 门
　　个 人 　　客 户
　　业务员

记账 陈悦瑶 　　审核 李达凯 　　出纳 　　制单 陈悦瑶

记 账 凭 证

记 字 0018 　　制单日期: 2017.04.15 　　审核日期: 2017.04.30 　　附单据数: 1

摘 要	科目名称	借方金额	贷方金额
销售专用发票	应收账款	245700	
销售专用发票	主营业务收入		210000
销售专用发票	应交税费/应交增值税/销项税额		35700

票号
日期 　　数量/单价 　　合 计 245700 245700

备注 项 目 　　部 门
　　个 人 　　客 户 武汉鑫荣
　　业务员 陈国军

记账 陈悦瑶 　　审核 李达凯 　　出纳 　　制单 陈悦瑶

4. C01 在"库存管理"系统中,根据退回存货"被套(都爱)"填制"其他入库单"并审核。

其他入库单

其他入库单打印模版

表体排序 [　　　　] 　　⊙蓝字 　　合并显示 □
　　　　　　　　　　○红字

入库单号 0000000001 　　入库日期 2017-04-15 　　仓库 退货质检仓库
入库类别 　　业务类型 其他入库 　　业务号
部门 销售部 　　审核日期 2017-04-15 　　备注

	存货编码	存货名称	规格型号	主计量单位	数量	单价	金额
1	0101	被套（都爱）	1.8M	件	20.00	70.00	1400.00
2							
3							
4							
5							
6							
7							
8							
9							
10							
11							
12							
13							
14							
15							
16							
17							
18							
19							
20							
21 合计					20.00		1400.00

制单人 秦松波 　　审核人 秦松波
现存量

5. X01 在"销售管理"系统中，填制"费用支出单——运费"和"费用支出单——包装费用"并审核。注意：选择单据流向为"其他应付单"。

销售费用支出单

打印模版 销售费用支出单打印[▼]

表体排序 [▼]

发票号 45678931822 　　支出日期 2017-04-15 　　单据流向 其他应付单
客户简称 武汉鑫荣 　　销售部门 销售部 　　业务员 陈国军
币种 人民币 　　汇率 1 　　备注
费用供货商名称 深圳快韵达运输公司

	费用项目编号	费用项目	支出金额	存货编码	存货名称	规格型号
1	201	运费	555.00	0101	被套（称爱）	1.8M
2						
3						
4						
5						
6						
7						
8						
9						
10						
11						
12						
13						
14						
15						
16						
17						
18						
19						
20						
合计			555.00			

制单人 陈国军　　　审核人 陈国军

销售费用支出单

打印模版 销售费用支出单打印[▼]

表体排序 [▼]

发票号 45678651982 　　支出日期 2017-04-15 　　单据流向 其他应付单
客户简称 武汉鑫荣 　　销售部门 销售部 　　业务员 陈国军
币种 人民币 　　汇率 1 　　备注
费用供货商名称 江苏省智雅包装公司

	费用项目编号	费用项目	支出金额	存货编码	存货名称	规格型号
1	202	包装费用	117.00	0101	被套（称爱）	1.8M
2						
3						
4						
5						
6						
7						
8						
9						
10						
11						
12						
13						
14						
15						
16						
17						
18						
19						
20						
合计			117.00			

制单人 陈国军　　　审核人 陈国军

6. W02 在"应付款管理"系统中，对两张"费用支出单"进行"应付单据审核"操作并生成凭证。

记 账 凭 证

记　字 0019　　　制单日期：2017.04.15　　　审核日期：2017.04.30　　　附单据数：1

摘要	科目名称	借方金额	贷方金额
其他应付单	销售费用/运杂费	50000	
其他应付单	应交税费/应交增值税/进项税额	5500	
其他应付单	应付账款/一般应付账款		55500
票号 日期	数量 单价	合计　55500	55500

备注　项目　　　　　　部门
　　　个人　　　　　　客户
　　　业务员

记账　陈悦瑶　　审核　李达凯　　出纳　　　　　制单　陈悦瑶

记 账 凭 证

记　字 0020　　　制单日期：2017.04.15　　　审核日期：2017.04.30　　　附单据数：1

摘要	科目名称	借方金额	贷方金额
其他应付单	销售费用/检理费	10000	
其他应付单	应交税费/应交增值税/进项税额	1700	
其他应付单	应付账款/一般应付账款		11700
票号 日期	数量 单价	合计　11700	11700

备注　项目　　　　　　部门
　　　个人　　　　　　客户
　　　业务员

记账　陈悦瑶　　审核　李达凯　　出纳　　　　　制单　陈悦瑶

7. C01 在"库存管理"系统中，根据退回存货的两种情况分别填制两张"不合格品记录单"并审核。注意："转入仓库"为"不良品仓库"，"转出仓库"为"退货质检仓库"；"空调被（都爱）"的"出库类别"为"废品损失"，"被套（都爱）"的"出库类别"为"返修出库"。

不合格品记录单

不合格品记录单打印模版　合并显示 □

表体排序

单据号　0000000001　　　日期　2017-04-15　　　转入仓库　不良品仓库
转出仓库　退货质检仓库　　　入库类别　　　　　出库类别　废品损失
部门名称　销售部　　　　经手人　　　　　备注

	存货编码	存货名称	规格型号	主计量单位	数量	单价	金额	子件补料申请单号
1	0106	空调被(都爱)	1.8M	件	10.00			
2								
3								
合计					10.00			

现存量　　　　　　制单人　秦松波　　　　　审核人　秦松波
审核日期　2017-04-15

不合格品记录单

不合格品记录单打印模版 ▼

合并显示 □

表体排序 [▼]

单据号	0000000002	日期	2017-04-15	转入仓库	不良品仓库
转出仓库	退货质检仓库	入库类别		出库类别	返修出库
部门名称	销售部	经手人		备注	

	存货编码	存货名称	规格型号	主计量单位	数量	单价	金额	子件补料申请单号
1	0101	被套（都爱）	1.8M	件	20.00			
2								
3								
4								
5								
6								
7								
8								
9								
10								
11								
12								
13								
14								
15								
16								
17								
18								
19								
20								
21								
22								
合计					20.00			

现存量
审核日期 2017-04-15

制单人 秦松波   审核人 秦松波

8. C01 在"库存管理"系统中，根据上一步骤所填制的"不合格品记录单"填制"不合格品处理单"并审核。注意："仓库"和"出库类别"的选择。

不合格品处理单

不合格品处理单打印模版 ▼

合并显示 □

表体排序 [▼]

单据号	0000000001	日期	2017-04-15	仓库	不良品仓库
客户	武汉鑫荣家纺股份有限公司	部门	销售部	出库类别	废品损失
经手人		备注			

	存货编码	存货名称	规格型号	主计量单位	数量	处理日期	处理地点	处理方式
1	0106	空调被(都爱)	1.8M	件	10.00			
2								
3								
4								
5								
6								
7								
8								
9								
10								
11								
12								
13								
14								
15								
16								
17								
18								
19								
20								
21								
22								
23								
合计					10.00			

制单人 秦松波   审核人 秦松波   审核日期 2017-04-15

不合格品处理单

不合格品处理单打印模版 ▾

表体排序 [　　　　　　　] ▾　　　　　　　　　　　　　　　合并显示 □

单据号 0000000002　　　　日期 2017-04-15　　　　仓库 不良品仓库
客户 武汉鑫荣家纺股份有限公司　　　部门 销售部　　　出库类别 返修出库
经手人 　　　　　　　　　　　　　备注

	存货编码	存货名称	规格型号	主计量单位	数量	处理日期	处理地点	处理方式	
1	0101	被套（都爱）	1.8M	件	20.00				
2									
3									
4									
5									
6									
7									
8									
9									
10									
11									
12									
13									
14									
15									
16									
17									
18									
19									
20									
21									
22									
23									
合计					20.00				

制单人 秦松波　　　　　　审核人 秦松波　　　　　　审核日期 2017-04-15

9. C01 在"库存管理"系统中，经上一步骤"不合格品处理单"的审核，对于系统已自动生成两张"其他出库单"进行审核。

其他出库单

其他出库单打印模版 ▾

表体排序 [　　　　　　　] ▾　　　　　　　　● 蓝字　　　　　合并显示 □
　　　　　　　　　　　　　　　　　　　　○ 红字

出库单号 0000000001　　　　出库日期 2017-04-15　　　　仓库 退货质检仓库
出库类别 废品损失　　　　业务类型 不合格品　　　　业务号 0000000001
部门 销售部　　　　审核日期 2017-04-15　　　　备注

	存货编码	存货名称	规格型号	主计量单位	数量	单价	金额
1	0106	空调被(都爱)	1.8M	件	10.00	90.00	900.00
2							
3							
4							
5							
6							
7							
8							
9							
10							
11							
12							
13							
14							
15							
16							
17							
18							
19							
20							
21							
合计					10.00		900.00

制单人 秦松波　　　　　　审核人 秦松波
现存量 　　　　　　　　　　发货地址

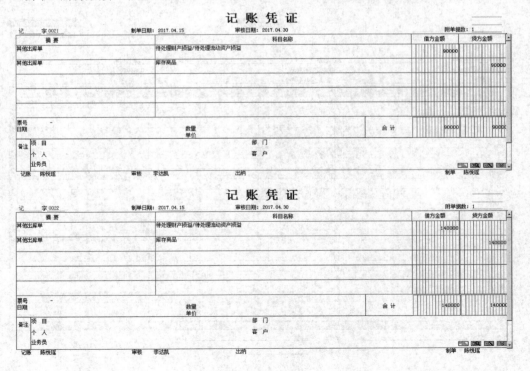

10. W02 在"存货核算"系统中，对"其他入库单"与"其他出库单"进行"正常单据记账"，并在"财务核算"中生成凭证；在"总账"系统中，直接填制处理退货报废的凭证。

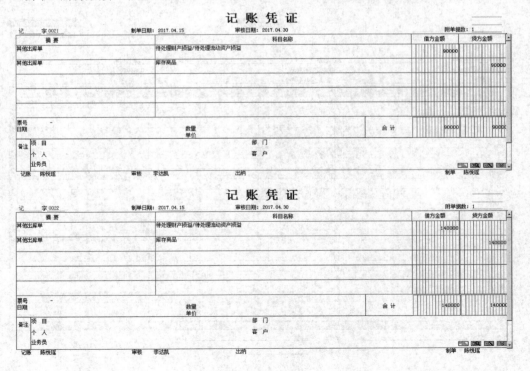

记 账 凭 证

记 字 0023　　　制单日期: 2017.04.15　　　审核日期: 2017.04.30　　　附单据数: 1

摘 要	科目名称	借方金额	贷方金额
其他入库单	库存商品	140000	
其他入库单	待处理财产损益/待处理流动资产损益		140000

票号 日期 —　　　数量 20.00000件(套个)　　　单价 70.00000　　　合计 140000 140000

备注　项目　　部门
　　　个人
　　　业务员　　客户

记账 陈悦瑶　　　审核 李达凯　　　出纳　　　制单 陈悦瑶

记 账 凭 证

记 字 0024　　　制单日期: 2017.04.15　　　审核日期: 2017.04.30　　　附单据数:

摘 要	科目名称	借方金额	贷方金额
1	营业外支出/非正常损失	105300	
1	待处理财产损益/待处理流动资产损益		90000
1	应交税费/应交增值税/进项税额转出		15300

票号 日期　　　数量　　　单价　　　合计 105300 105300

备注　项目　　部门
　　　个人
　　　业务员　　客户

记账 陈悦瑶　　　审核 李达凯　　　出纳　　　制单 陈悦瑶

【任务 15】16 日，与成都盛宇公司签订受托代销协议。

受托代销合同

合同编号: ST0001

委托方: 成都盛宇家居用品制造有限公司
受托方: 江苏雅洁家纺股份有限公司

　　为保护委托方和受托方的合法权益，根据《中华人民共和国合同法》的有关规定，双方经友好协商，一致同意签订本合同，并共同遵守合同内容。

　　一、货物的名称、数量及金额

货物的名称	规格型号	计量单位	数量	单价 (不含税)	金额 (不含税)	税率	税额
沙发抱枕(盛宇)	50*50	个	500	120.00	60 000.00		10 200.00
床垫(盛宇)	1.8M	件	200	150.00	30 000.00	17%	5 100.00
蚕丝被(盛宇)	1.8M	件	300	188.00	56 400.00		9 588.00
床上四件套(盛宇)	1.8M	套	200	200.00	40 000.00		6 800.00
合　计					¥186 400.00		¥31 688.00

　　二、委托代销方式：采用买断的方式由委托方委托受托方代销货物，即受托方在取得代销商品后是否获利，均与委托方无关；2017 年 6 月 1 日前，未销售完的商品可退回给委托方。

　　三、合同总金额：人民币贰拾壹万捌仟零捌拾捌元整(¥218 088.00)。

　　四、付款时间及付款方式

　　付款时间：受托方根据代销货物销售情况，每月底依照结算清单结算货款。

　　付款方式：电汇。

　　五、交货时间：2017 年 4 月 16 日　　　交货地点：江苏雅洁家纺股份有限公司

委 托 方：成都盛宇家居用品制造有限公司　　　委 托 方：江苏雅洁家纺股份有限公司
授权代表：陈立文　　　　　　　　　　　　　　授权代表：胡阳雪
日　　期：2017 年 4 月 16 日　　　　　　　　日　　期：2017 年 4 月 16 日

【业务说明】

本笔业务是签订受托代销合同、收到受托代销货物的业务，需要进行采购合同、到货单和采购入库单的录入和审核。注意：采购订单中的业务类型。

【操作指导】　☞[操作视频]▶

1. 4 月 16 日，G01 在"采购管理"系统中，填制"采购订单"并审核("业务类型"为"受托代销")；根据已审核的"采购订单"生成"到货单"并审核。

采购订单

打印模版 8174 采购订单打印模版 ▾

表体排序 ▢　　　　　　　　　　　　　　　　　　　　　　　　　　　合并显示 □

业务类型 受托代销　　　　　订单日期 2017-04-16　　　　　订单编号 ST00001
采购类型 受托代销　　　　　供应商 成都盛宇　　　　　　　部门 采购部
业务员 胡阳雪　　　　　　　税率 17.00　　　　　　　　　付款条件　　　　备注
币种 人民币　　　　　　　汇率 1

	存货编码	存货名称	规格型号	主计量	数量	原币含税单价	原币单价	原币金额	原币税额
1	0301	沙发抱枕（盛宇）	50*50	个	500.00	140.40	120.00	60000.00	10
2	0302	床垫（盛宇）	1.8M	件	200.00	175.50	150.00	30000.00	5
3	0303	蚕丝被（盛宇）	1.8M	件	300.00	219.96	188.00	56400.00	
4	0304	床上四件套（盛宇）	1.8M	套	200.00	234.00	200.00	40000.00	
5									
6									
7									
8									
9									
10									
11									
12									
13									
14									
15									
16									
17									
18									
19									
20									
合计					1200.00			186400.00	3

制单人 胡阳雪　　　　　审核人 胡阳雪　　　　　　　变更人
现存量

到货单

打印模版 8170 到货单打印模版 ▾

表体排序 ▢　　　　　　　　　　　　　　　　　　　　　　　　　　　合并显示 □

业务类型 受托代销　　　　　单据号 0000000001　　　　　日期 2017-04-16
采购类型 受托代销　　　　　供应商 成都盛宇　　　　　　　部门 采购部
业务员 胡阳雪　　　　　　　币种 人民币　　　　　　　　汇率 1
运输方式　　　　　　　　　税率 17.00　　　　　　　　　备注

	存货编码	存货名称	规格型号	主计量	数量	原币含税单价	原币单价	原币金额	原币税
1	0301	沙发抱枕（盛宇）	50*50	个	500.00	140.40	120.00	60000.00	
2	0302	床垫（盛宇）	1.8M	件	200.00	175.50	150.00	30000.00	
3	0303	蚕丝被（盛宇）	1.8M	件	300.00	219.96	188.00	56400.00	
4	0304	床上四件套（盛宇）	1.8M	套	200.00	234.00	200.00	40000.00	
5									
6									
7									
8									
9									
10									
11									
12									
13									
14									
15									
16									
17									
18									
19									
20									
21									
合计					1200.00			186400.00	

制单人 胡阳雪　　　　　现存量

2. C01 在"库存管理"系统中，根据已审核的"到货单"生成"采购入库单"并审核。

采购入库单

	存货编码	存货名称	规格型号	主计量单位	数量	本币单价	本币金额
1	0301	沙发抱枕（盛宇）	50*50	个	500.00	120.00	60000.00
2	0302	床垫（盛宇）	1.8M	件	200.00	150.00	30000.00
3	0303	蚕丝被（盛宇）	1.8M	件	300.00	188.00	56400.00
4	0304	床上四件套（盛宇）	1.8M	套	200.00	200.00	40000.00
合计					1200.00		186400.00

入库单号 0000000001　　入库日期 2017-04-16　　仓库 受托代销商品库
订单号 ST00001　　到货单号 0000000001　　业务号
供货单位 成都盛宇　　部门 采购部　　业务员 胡阳雪
到货日期 2017-04-16　　业务类型 受托代销　　采购类型 受托代销
入库类别 受托代销入库　　审核日期 2017-04-16　　备注

表体排序
采购入库单打印模版
● 蓝字　　合并显示 □
○ 红字

制单人 秦松波　　审核人 秦松波
现存量

3. W02 在"存货核算"系统中，对"采购入库单"进行"正常单据记账"操作，并在"财务核算"中进行"生成凭证"操作。

记 账 凭 证

记　字 0025　　制单日期：2017.04.16　　审核日期：2017.04.30　　附单据数：1

摘要	科目名称	借方金额	贷方金额
采购入库单	受托代销商品	18640000	
采购入库单	受托代销商品款		18640000
票号 日期	数量 1200.00000件（套个） 单价 155.33333	合计 18640000	18640000
备注 项目 个人 业务员	部门 客户		

记账 陈悦瑶　　审核 李达凯　　出纳　　制单 陈悦瑶

【任务 16】17 日，收到为深圳沃尔玛公司代垫的运杂费。

中国建设银行电汇凭证（收账通知）

NO 1188907972

日期：2017 年 4 月 17 日

收　款　人	江苏雅洁家纺股份有限公司	汇　款　人	深圳沃尔玛百货有限公司
账号或地址	6227676890895645209	账号或地址	6223676890890564529
兑付地点	江苏南通市　兑付行　中国建设银行 江苏南通市源兴支行	汇款用途	商品运费
汇款金额	人民币（大写）陆仟元整	千 百 十 万 千 百 十 元 角 分 ¥ 6 0 0 0 0 0	

收款人：（略）　　复核：（略）　　开票人：（略）

【业务说明】

本笔业务接任务 7，是收到代垫运杂费业务，需要进行收款单的录入和审核。注意：结算方式与票据号。

【操作指导】　☞[操作视频]▶

1. 4 月 17 日，W03 在"应收款管理"系统中，进行"收款单据录入"操作，填制"收款单"。

2. W02 在"应收款管理"系统中，对"收款单"进行"收款单据审核"并生成凭证；根据经审核的"收款单"与任务 7 中生成的"其他应收单"进行"核销"处理。

【任务 17】 17 日，支付广告费。

湖南省增值税专用发票

No 23092348910

4300623851

开票日期：2017 年 4 月 17 日

购货单位	名　　　称：江苏雅洁家纺股份有限公司 纳税人识别号：320302897896723 地址、电话：江苏省南通市高新开发区源兴路555号　0513-87856988 开户行及账号：中国建设银行江苏南通市源兴支行　6227676890895645209	密码区	10008978-+*2<618//*4646 4161145641/*-+4164<6*- 46</--2338990/*-52678 12345/*980-->< -9807*90 14/-*/98--+2+2><9098&

货物或应税劳务名称	规格型号	单位	数量	单价	金　额	税率	税　额
广告费					50 000.00	6%	3 000.00
合　计					￥50 000.00		￥3 000.00

价税合计	人民币（大写）伍万叁仟元整	（小写）￥53 000.00

销货单位	名　　　称：湖南伊莱瑞广告制作有限公司 纳税人识别号：430009880782345 地址、电话：株洲醴陵市天元区解放路 625 号　0733-86889889 开户行及账号：中国建设银行株洲市醴陵天元支行　6227238987990007867	备注	

收款人：（略）　　　　复核：（略）　　　　开票人：（略）　　　　销货单位：（章）

第三联：发票联　购货方记账凭证

中国建设银行电汇凭证（回单）

NO 1188907881

日期：2017 年 4 月 17 日

收　款　人	湖南伊莱瑞广告制作有限公司	汇　款　人	江苏雅洁家纺股份有限公司
账号或地址	6227238987990007867	账号或地址	6227676890895645209
兑付地点	湖南省株洲市　兑付行 中国建设银行株洲市醴陵天元支行	汇款用途	广告费

汇款金额	人民币（大写）伍万叁仟元整	千	百	十	万	千	百	十	元	角	分
			￥	5	3	0	0	0	0	0	0

【业务说明】

本笔业务是支付广告费，需要进行直接填制凭证操作。注意："银行存款"科目的"结算方式"和"票据号"辅助项的录入。

【操作指导】 ☞［操作视频］▶

4 月 17 日，W02 在"总账"系统中，进行"填制凭证"操作。

记 账 凭 证

记　字 0027	制单日期：2017.04.17	审核日期：2017.04.30		附单据数：

	摘　要	科目名称	借方金额	贷方金额
1		销售费用/广告费	5000000	
1		应交税费/应交增值税/进项税额	300000	
1		银行存款/建行存款		5300000

票号　5 - 1188907881
日期　2017.04.17
数量
单价

备注	项　目		部　门	合　计	5300000	5300000
	个　人		客　户			
	业务员					

记账　陈悦瑶　　　　审核　李达飘　　　　出纳　瞿琪峰　　　　制单　陈悦瑶

【任务 18】 18 日，收到山西美源春公司开出的增值税专用发票及商品，将实际收到商品验收入库后，支付购货款(特殊业务、不作现付)。

山西省增值税专用发票　　No111290878689

1401946572　　开票日期：2017 年 4 月 18 日

购货单位	名　称：江苏雅洁家纺股份有限公司 纳税人识别号：320302897896723 地址、电话：江苏省南通市高新开发区源兴路 555 号　0513-87856988 开户行及账号：中国建设银行江苏南通市源兴支行 6227676890895645209	密码区	1000895645+*2)<618//*4646416 1145641/*-+4164)<6758/*-46)< /--45487690/*-5267812345/*980--><-9807*90></--100989789

货物或应税劳务名称	规格型号	单位	数量	单价	金额	税率	税额
纯棉浴巾（美源春）	70cm*140cm	条	500	25.00	12 500.00	17%	2 125.00
沐浴防滑拖鞋女（美源春）	37-40 码	双	600	18.00	10 800.00	17%	1 836.00
儿童床上四件套（美源春）	1.5M	套	400	160.00	64 000.00	17%	10 880.00
合　计					￥87 300.00		￥14 841.00

价税合计	人民币（大写）壹拾万零贰仟壹佰肆拾壹元整		（小写）￥102 141.00

销货单位	名　称：山西美源春家居用品制造有限公司 纳税人识别号：140103789256478 地址、电话：山西运城市万容县西贾工业园西座 0359-86962998 开户行及账号：中国建行山西运城市万容支行 6227156789098256767	备注	（销货单位章）

收款人：（略）　　复核：（略）　　开票人：（略）　　销货单位：（章）

第三联：发票联　购货方记账凭证

商品入库单
日期：2017 年 4 月 18 日

商品名称	型号	应收数量	实收数量	单价	核对结果	原因	处理结果
纯棉浴巾（美源春）	70cm*140cm	500	505	25.00	多 5 条	卖方多发	赠品
沐浴防滑拖鞋女(美源春)	37-40 码	600	560	18.00	缺 40 双	卖方少发	对方照价赔偿
儿童床上四件套（美源春）	1.5M	400	400	160.00			
合　计							

财务经理：略　　部门经理：略　　制表人：略

中国建设银行托收承付结算凭证（付款凭证）
2017 年 4 月 18 日

收款单位	全　称	山西美源春家居用品制造有限公司	付款单位	全　称	江苏雅洁家纺股份有限公司
	账号或地址	中国建行山西运城市万容支行 6227156789098256767		账号或地址	中国建设银行江苏南通市源兴支行 6227676890895645209
	汇入地点	运城市	汇入行名称	建行运城市万容支行	汇出地点 南通市　汇出行名称 建行南通市源兴支行

金额	（大写）人民币壹拾万零叁佰玖拾伍元整	千	百	十	万	千	百	十	元	角	分
			￥	1	0	0	3	9	5	0	0

附　件	商品发运情况	合同名称号码
附寄单证张数或册数	自　提	
备注：	付款单位注意：	

单位主管（略）　会计（略）　复核（略）　记账（略）　付款单位开户行盖章 2017 年 4 月 18 日

【业务说明】

本笔业务是收到销售方开出的销售专用发票以及存货存在多发少发的情况，并支付货款业务，需要进行到货单、采购拒收单、采购专用发票、采购入库单、付款单和红字应付单的录入与审核。注意：少发 40 件存货属于非合理损耗，需要进行进项税额转出处理。

【操作指导】　☞[操作视频]▶

1. 4 月 18 日，G01 在"采购管理"系统中，根据应收到的存货数量填制"到货单"并审核，根据短缺的 40 件存货填制"采购拒收单"并审核。

到货单

打印模版　8170 到货单打印模版　▾

表体排序　▾　　　　　　　　　　　　　　　　　　　　　　　合并显示　☐

业务类型	普通采购	单据号	0000000002	日期	2017-04-18
采购类型	直接采购	供应商	山西美源春	部门	采购部
业务员	胡阳雪	币种	人民币	汇率	1
运输方式		税率	17.00	备注	

	存货编码	存货名称	规格型号	主计量	数量	原币含税单价	原币单价	原币金额	原币税
1	0203	纯棉浴巾（美源春）	70cm*140cm	条	500.00	29.25	25.00	12500.00	
2	0205	沐浴防滑拖鞋女(美源…	37-40码	双	600.00	21.06	18.00	10800.00	
3	0115	儿童床上四件套(美源…	1.5M	套	400.00	187.20	160.00	64000.00	
4									
5									
6									
7									
8									
9									
10									
11									
12									
13									
14									
15									
16									
17									
18									
19									
20									
21 合计					1500.00			87300.00	

制单人　胡阳雪　　　　　　　　　　现存量

到货拒收单

打印模版　8170 到货单打印模版　▾

表体排序　▾　　　　　　　　　　　　　　　　　　　　　　　合并显示　☐

业务类型	普通采购	单据号	0000000003	日期	2017-04-18
采购类型	直接采购	供应商	山西美源春	部门	采购部
业务员	胡阳雪	币种	人民币	汇率	1
运输方式		税率	17.00	备注	

	存货编码	存货名称	规格型号	主计量	数量	原币含税单价	原币单价	原币金额	原币税额
1	0205	沐浴防滑拖鞋女(美源春）	37-40码	双	-40.00	21.06	18.00	-720.00	
2									
3									
4									
5									
6									
7									
8									
9									
10									
11									
12									
13									
14									
15									
16									
17									
18									
19									
20									
21 合计					-40.00			-720.00	

制单人　胡阳雪　　　　　　　　　　现存量

2. C01 在"库存管理"系统中，根据已审核的"到货单"和"采购拒收单"生成"采购入库单"（"采购入库单"应根据实际收到的存货数量填制）并审核。

采购入库单

采购入库单打印模版 ▼

表体排序 [_____ ▼]   ◉ 蓝字   合并显示 □
     ○ 红字

入库单号 0000000002   入库日期 2017-04-18   仓库 卫浴用品仓库
订单号 CG00001   到货单号 0000000002   业务号
供货单位 山西美源春   部门 采购部   业务员 胡阳雪
到货日期 2017-04-18   业务类型 普通采购   采购类型 直接采购
入库类别 采购入库   审核日期 2017-04-18   备注

	存货编码	存货名称	规格型号	主计量单位	数量	本币单价	本币金额
1	0203	纯棉浴巾（美源春）	70cm*140cm	条	505.00	24.75	12500.00
2	0205	沐浴防滑拖鞋女(美源春)	37-40码	双	560.00	18.00	10080.00
3							
4							
5							
6							
7							
8							
9							
10							
11							
12							
13							
14							
15							
16							
17							
18							
19							
合计					1065.00		22580.00

制单人 秦松波   审核人 秦松波
现存量

采购入库单

采购入库单打印模版 ▼

表体排序 [_____ ▼]   ◉ 蓝字   合并显示 □
     ○ 红字

入库单号 0000000003   入库日期 2017-04-18   仓库 床上用品仓库
订单号 CG00001   到货单号 0000000002   业务号
供货单位 山西美源春   部门 采购部   业务员 胡阳雪
到货日期 2017-04-18   业务类型 普通采购   采购类型 直接采购
入库类别 采购入库   审核日期 2017-04-18   备注

	存货编码	存货名称	规格型号	主计量单位	数量	本币单价	本币金额
1	0115	儿童床上四件套(美源春)	1.5M	套	400.00	160.00	64000.00
2							
3							
4							
5							
6							
7							
8							
9							
10							
11							
12							
13							
14							
15							
16							
17							
18							
19							
合计					400.00		64000.00

制单人 秦松波   审核人 秦松波
现存量

3. G01 在"采购管理"系统中，根据任务 9 中已审核的"采购订单"生成"采购专用发票"，进行采购手工结算（在采购结算中，多发存货属于赠品，应在"合理损耗数量"中用

"—5"表示，少发存货以销售方赔偿处理，则应在"非合理损耗数量"中用"40"表示，填写"金额""非合理损耗原因""进项税额转出金额"）。

|已结算|已审核|

专用发票

打印模版　8164 专用发票打印模版　▼

表体排序　［　　　▼］

合并显示 □

业务类型　普通采购
开票日期　2017-04-18
采购类型　直接采购
业务员　胡阳雪
发票日期　2017-04-18

发票类型　专用发票
供应商　山西美源春
税率　17.00
币种　人民币
付款条件　2/10,1/20,n/30

发票号　111290878689
代垫单位　山西美源春
部门名称　采购部
汇率　1
备注

	存货编码	存货名称	规格型号	主计量	数量	原币单价	原币金额	原币税额	原币价额
1	0203	纯棉浴巾（美源春）	70cm*140cm	条	500.00	25.00	12500.00	2125.00	
2	0205	沐浴防滑拖鞋女(美…	37-40码	双	600.00	18.00	10800.00	1836.00	
3	0115	儿童床上四件套(美…	1.5M	套	400.00	160.00	64000.00	10880.00	
4									
5									
6									
7									
8									
9									
10									
11									
12									
13									
14									
15									
16									
17									
18									
19									
20									
合计					1500.00		87300.00	14841.00	

结算日期 2017-04-18　　制单人 胡阳雪　　审核人 陈悦瑶

4. W03 在"应付款管理"系统中，根据题目中给出的"中国建设银行托收承付结算凭证（付款凭证）"填制"付款单"（"结算方式"为"托收承付"）。

付款单

打印模版
应付付款单打印模板 ▼

表体排序 ［　　　▼］

单据编号　0000000001
结算方式　托收承付
汇率　1
供应商银行 中国建行山西运城市万容支行
部门　采购部
摘要

日期　2017-04-18
结算科目　100201
金额　100395.00
供应商账号 6227156789098256767
业务员　胡阳雪

供应商　山西美源春
币种　人民币
本币金额　100395.00
票据号
项目

	款项类型	供应商	科目	金额	本币金额	部门	业务员
1	应付款	山西美源春	220202	100395.00	100395.00	采购部	胡阳雪
2							
3							
4							
5							
6							
7							
8							
9							
10							
11							
12							
13							
14							
15							
16							
17							
18							
19							
合计				100395.00	100395.00		

审核人 陈悦瑶　　录入人 楚琪峋　　核销人 陈悦瑶

5. W02 在"应付款管理"系统中，对 G01 填制的"采购专用发票"进行"应付单据审核"处理，对 W03 填制的"付款单"进行"付款单据审核"操作，将两者结合进行"核销"处理和"合并制单"处理(注意：本题中存在现金折扣，应将付款单据与核销处理单据合并制单)。

记 账 凭 证

记 字 0028	制单日期: 2017.04.18	审核日期: 2017.04.30		附单据数: 2
摘 要		科目名称	借方金额	贷方金额
核销		应付账款/一般应付账款	10214100	
付款单		银行存款/建行存款		10039500
现金折扣		财务费用	174600	

票号 - CG00001	数量		合 计	10039500	10039500
日期 2017.04.18	单价				
备注 项 目		部 门			
个 人		供应商 山西美源春			
业务员 胡阳雪					
记账 陈悦瑶	审核 李达凯	出纳 楚琪峥		制单 陈悦瑶	

6. W02 在"存货核算"系统中，对"采购入库单"进行"正常单据记账"处理，在"财务核算"中将"采购专用发票"与存货凭证合并制单，勾选"已结算采购入库单自动选择全部结算单上单据(包括入库单、发票、付款单)，非本月采购入库单按蓝字报销单制单"选项。

记 账 凭 证

记 字 0029	制单日期: 2017.04.18	审核日期: 2017.04.30		附单据数: 1
摘 要		科目名称	借方金额	贷方金额
采购结算单		库存商品	8658000	
采购结算单		待处理财产损益/待处理流动资产损益	84240	
采购结算单		应交税费/应交增值税/进项税额	1484100	
采购结算单		应交税费/应交增值税/进项税额转出	12240	
采购结算单		应付账款/一般应付账款		10214100

票号	数量 1465.00000件(零个)		合 计	10214100	10214100
日期	单价 59.09898				
备注 项 目		部 门			
个 人		客 户			
业务员					
记账 陈悦瑶	审核 李达凯	出纳		制单 陈悦瑶	

7. W02 在"应付款管理"系统中，对于短缺 40 件存货作销售方赔偿处理，填制"红字应付单"并审核制单。

打印模版
应付单打印模板

应付单

表体排序 [   ]

单据编号 0000000003			单据日期 2017-04-18		供应商 山西美源春	
科目 222202			币种 人民币		汇率 1.00000000	
金额 842.40			本币金额 842.40		数量 0.00	
部门 采购部			业务员 胡阳雪		项目	
付款条件			摘要			

	方向	科目	币种	汇率	金额	本币金额	部门	业务员	项目	摘要
1	借	190101	人民币	1.00000000	-842.40	-842.40	采购部	胡阳雪		
2										
3										
4										
5										
6										
7										
8										
9										
10										
11										
12										
13										
14										
15										
16										
17										
18										
19										
20										
21										
合计					-842.40	-842.40				

录入人 陈悦瑶   审核人 陈悦瑶

记 账 凭 证

记 字 0030　　制单日期: 2017.04.18　　审核日期: 2017.04.30　　　　　　　附单据数: 1

摘 要	科目名称	借方金额	贷方金额
其他应付单	待处理财产损溢/待处理流动资产损溢		84240
其他应付单	应付账款/一般应付账款	84240	
票号 日期	数量 单价	合 计	84240	84240

备注　项 目　　　　部 门
　　　个 人　　　　客 户
　　　业务员

记账　陈悦瑶　　　　审核　李达凯　　　　出纳　　　　　　　　制单　陈悦瑶

【任务 19】 21 日，收到本月银行存款利息。（银行收账通知单略）

中国建设银行计算利息清单

2017 年 4 月 21 日　　　　　　第 000102 号

单位名称：江苏雅洁家纺股份有限公司　　　账号：6227676890895645209

起息日期	结息日期	天数	利息
2017/3/21	2017/4/21	30	￥18 231.89

上列存款利息，已存入你单位 第 6227676890895645209 账号	（建设银行盖章）	科　　目（贷）： 对方科目（借）： 复核：略　　　记账：略

【业务说明】

本笔业务是收到本月银行存款利息，需要直接填制凭证。注意："银行存款"科目的"结算方式"和"票据号"辅助项的录入。

【操作指导】　☞［操作视频］▶

4 月 21 日，W02 在"总账"系统中，进行"填制凭证"操作。

记 账 凭 证

记 字 0031　　制单日期: 2017.04.21　　审核日期: 2017.04.30　　　　　　　附单据数:

摘 要	科目名称	借方金额	贷方金额
1	银行存款/建行存款	1823189	
1	财务费用		1823189
票号 9 - 100102 日期 2017.04.21	数量 单价	合 计		

备注　项 目　　　　部 门
　　　个 人　　　　客 户
　　　业务员

记账　陈悦瑶　　　　审核　李达凯　　　　出纳　楚琪镭　　　　制单　陈悦瑶

【任务 20】 22 日，江西中天传媒公司发放上月股利，款项已存入资金专项账户（收账通知略）。

【业务说明】

本笔业务是收到江西中天传媒公司发放的上月股利，需要直接填制凭证。

【操作指导】　☞［操作视频］▶

4 月 22 日，W02 在"总账"系统中，进行"填制凭证"操作。

记 账 凭 证

记 字 0032　　　制单日期：2017.04.22　　　审核日期：2017.04.30　　　　　　　　　附单据数：

摘 要	科目名称		借方金额	贷方金额
	其他货币资金/存出投资款		600000	
	应收股利			600000

| 票号 日期 | 数量 单价 | 合 计 | 600000 | 600000 |

备注　项 目　　　　　　　部 门
　　　个 人　　　　　　　客 户
　　　业务员

记账 陈悦瑶　　审核 李达凯　　出纳　　　　　　　制单 陈悦瑶

【任务 21】 23 日，与武汉鑫荣家纺股份有限公司签订销售协议。

购 销 合 同

合同编号：XS0004

卖方：江苏雅洁家纺股份有限公司

买方：武汉鑫荣家纺股份有限公司

　　为保护买卖双方的合法权益，根据《中华人民共和国合同法》的有关规定，双方经友好协商，一致同意签订本合同，并共同遵守合同内容。

　　一、货物的名称、数量及金额

货物的名称	规格型号	计量单位	数量	单价（不含税）	金额（不含税）	税率	税额
沙发抱枕（盛宇）	50×50	个	100	250.00	25 000.00		4 250.00
蚕丝被（盛宇）	1.8M	件	300	300.00	90 000.00	17%	15 300.00
床上四件套（盛宇）	1.8M	套	60	330.00	19 800.00		3 366.00
合　　计					￥134 800.00		￥22 916.00

　　二、合同总金额：人民币壹拾伍万柒仟柒佰壹拾陆元整(￥157 716.00)。

　　三、收款时间：买方于签订合同当日(2017 年 4 月 23 日)付款。

　　四、发货时间：卖方于签订合同当日向买方发出所有商品。

　　五、交货地点：江苏雅洁家纺股份有限公司。

　　六、发运方式：买方承运。

卖　　　方：江苏雅洁家纺股份有限公司　　　　买　　　方：武汉鑫荣家纺股份有限公司

授权代表：陈国军　　　　　　　　　　　　　授权代表：周春喜

日　　期：2017 年 4 月 23 日　　　　　　　日　　期：2017 年 4 月 23 日

江苏省增值税专用发票

No1092348909

3257462584

开票日期：2017年4月23日

购货单位	名 称：武汉鑫荣家纺股份有限公司						密码区	10127978+*2<618//*4646
	纳税人识别号：100989789867671							4161145641/*-+4164/<6*-
	地址、电话：武汉市武昌中路楚河汉街 027-89000987							46></-2323750/*-52678
	开户行及账号：中国建设银行武汉市楚汉支行 6227890984567345678							12345/*980-->\<-9807*90

货物或应税劳务名称	规格型号	单位	数量	单价	金 额	税率	税 额
沙发抱枕（盛宇）	50*50	个	100	250.00	25 000.00	17%	4 250.00
蚕丝被（盛宇）	1.8M	件	300	300.00	90 000.00	17%	15 300.00
床上四件套（盛宇）	1.8M	套	60	330.00	19 800.00	17%	2 346.00
合 计					￥134 800.00		￥22 916.00
价税合计	人民币（大写）壹拾伍万柒仟柒佰壹拾陆元整					（小写）￥157 716.00	

销货单位	名 称：江苏雅洁家纺股份有限公司	备注
	纳税人识别号：320302897896723	
	地址、电话：江苏省南通市高新开发区源兴路555号 0513-87856988	
	开户行及账号：中国建设银行江苏南通市源兴支行 6227676890895645209	

收款人：（略）   复核：（略）   开票人：（略）   销货单位：（章）

第二联：记账联 销货方记账凭证

中国建设银行电汇凭证（收账通知）

NO 1920897890

日期：2017年4月23日

收 款 人	江苏雅洁家纺股份有限公司	汇 款 人	武汉鑫荣家纺股份有限公司									
账号或地址	6227676890895645209	账号或地址	6227890984567345678									
兑付地点	江苏省南通市 兑付行	汇款用途	商品货款									
汇款金额	人民币（大写）壹拾伍万柒仟柒佰壹拾陆元整		千	百	十	万	千	百	十	元	角	分
				￥	1	5	7	7	1	6	0	0

收款人：（略）   复核：（略）   开票人：（略）

【业务说明】

本笔业务接任务15，是签订销售合同、发出货物开出销售专用发票业务，需要进行销售订单、发货单、销售专用发票、销售出库单的录入和审核。注意：当天收到货款的应作"现结"处理。

【操作指导】 ☞[操作视频]▶

1. 4月23日，X01在"销售管理"系统中，填制"销售订单"并审核；根据已审核的"销售订单"生成"销售专用发票"，根据"中国建设银行电汇凭证（收账通知）"作"现结"处理并复核。此时，系统自动根据经复核的"销售专用发票"生成"发货单"并已审核。

销售订单

打印模版　销售订单打印模版 ▼

表体排序 [　　　　　　▼]　　　　　　　　　　　　　　　　　　　合并显示 □

订单号　XS00004　　　　　订单日期 2017-04-23　　　　业务类型　普通销售
销售类型　直接销售　　　　客户源称　武汉鑫荣　　　　付款条件
销售部门　销售部　　　　　业务员　陈国军　　　　　　税率　17.00
币种　人民币　　　　　　　汇率　1　　　　　　　　　备注
必有定金　否　　　　　　　定金原币金额

	存货编码	存货名称	规格型号	主计量	数量	报价	含税单价	无税单价	无税金额	税额	价税合计	税率（%）	折
1	0301	沙发抱枕（…	50*50	个	100.00	0.00	292.50	250.00	25000.00	4250.00	29250.00	17.00	
2	0303	蚕丝被（蜜…	1.8M	件	300.00	0.00	351.00	300.00	90000.00	15300.00	105300.00	17.00	
3	0304	床上四件套…	1.8M	套	60.00	0.00	386.10	330.00	19800.00	3366.00	23166.00	17.00	
4													
5													
6													
7													
8													
9													
10													
11													
12													
13													
14													
15													
16													
17													
18													
19													
合计					460.00				134800.00	22916.00	157716.00		

制单人　陈国军　　　　　审核人　陈国军　　　　　　关闭人

发货单

打印模版　发货单打印模版 ▼

表体排序 [　　　　　　▼]　　　　　　　　　　　　　　　　　　　合并显示 □

发货单号　0000000008　　　　发货日期 2017-04-23　　　　业务类型　普通销售
销售类型　直接销售　　　　　订单号　XS00004　　　　　发票号　1092348909
客户源称　武汉鑫荣　　　　　销售部门　销售部　　　　　业务员　陈国军
发货地址　　　　　　　　　　发运方式　　　　　　　　　付款条件
税率　17.00　　　　　　　　币种　人民币　　　　　　　汇率　1
备注

	仓库名称	存货编码	存货名称	规格型号	主计量	数量	报价	含税单价	无税单价	无税金
1	受托代销商品库	0301	沙发抱枕（蜜字）	50*50	个	100.00	0.00	292.50	250.00	
2	受托代销商品库	0303	蚕丝被（蜜字）	1.8M	件	300.00	0.00	351.00	300.00	
3	受托代销商品库	0304	床上四件套（蜜字）	1.8M	套	60.00	0.00	386.10	330.00	
4										
5										
6										
7										
8										
9										
10										
11										
12										
13										
14										
15										
16										
17										
18										
19 合计						460.00				

制单人　陈国军　　　　　审核人　陈国军　　　　　　关闭人

现结

销售专用发票

打印模版 销售专用发票打印模▼

表体排序 [▼]　　　　　　　　　　　　　　　　　　　合并显示 □

发票号	1092348909	开票日期	2017-04-23	业务类型	普通销售
销售类型	直接销售	订单号	XS00004	发货单号	0000000008
客户简称	武汉鑫荣	销售部门	销售部	业务员	陈国军
付款条件		客户地址	武汉市武昌中路楚河汉街	联系电话	027-89000987
开户银行	中国建设银行武汉市楚汉支行	账号	6227890984567345678	税号	100989789867671
币种	人民币	汇率	1	税率	17.00
备注					

	仓库名称	存货编码	存货名称	规格型号	主计量	数量	报价	含税单价	无税单价	无税金额	税额	价税合计	税率(▲
1	受托代销	0301	沙发抱枕（…	50*50	个	100.00	0.00	292.50	250.00	25000.00	4250.00	29250.00	17
2	受托代销	0303	蚕丝被（盛…	1.8M	件	300.00	0.00	351.00	300.00	90000.00	15300.00	105300.00	17
3	受托代销	0304	床上四件套…	1.8M	套	60.00	0.00	386.10	330.00	19800.00	3366.00	23166.00	17
4													
5													
6													
7													
8													
9													
10													
11													
12													
13													
14													
15													
16													
17													
合计						460.00				134800.00	22916.00	157716.00	

单位名称 江苏雅洁家纺股份有限公司　　　本单位税号 320302897896723　　　本单位开户银行 中国建设银行江苏南通市源兴支行
制单人 陈国军　　　　　　　　复核人 陈国军　　　　　　　　　　银行账号 6227676890895645209

2. C01 在"库存管理"系统中，根据已审核的"发货单"和"销售专用发票"生成"销售出库单"并审核。

销售出库单

销售出库单打印模版 ▼

表体排序 [▼]　　　　　　　　　　　　　　　　● 蓝字　　　合并显示 □
　　　　　　　　　　　　　　　　　　　　　　　　○ 红字

出库单号	0000000006	出库日期	2017-04-23	仓库	受托代销商品库
出库类别	销售出库	业务类型	普通销售	业务号	1092348909
销售部门	销售部	业务员	陈国军	客户	武汉鑫荣
审核日期	2017-04-23	备注			

	存货编码	存货名称	规格型号	主计量单位	数量	单价	金额
1	0301	沙发抱枕（盛宇）	50*50	个	100.00	120.00	12000.00
2	0303	蚕丝被（盛宇）	1.8M	件	300.00	188.00	56400.00
3	0304	床上四件套（盛宇）	1.8M	套	60.00	200.00	12000.00
4							
5							
6							
7							
8							
9							
10							
11							
12							
13							
14							
15							
16							
17							
18							
19							
20							
合计					460.00		80400.00

制单人 秦松波　　　　　　　　审核人 秦松波
现存量

3. W02 在"应收款管理"系统中，对"销售专用发票"作"应收单据审核"处理（注意：勾选"包含已现结发票"），并立即生成凭证；在"存货核算"系统中，对"销售出库单"作"正常单据记账"处理，并在"财务核算"中"生成凭证"。

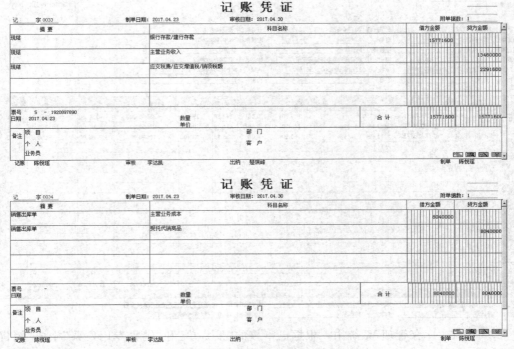

【任务 22】25 日，收到上海华诺公司货款。

【业务说明】

本笔业务是收到对方公司前欠货款，需要进行收款单的录入与审核。注意：结算方式和票据号。

【操作指导】   ☞[操作视频]▶

1. 4 月 25 日，W03 在"应收款管理"系统中，根据题目中给出的"中国建设银行电汇凭证(收账通知)"进行"收款单据录入"操作，填制"收款单"。

收款单

打印模板
应收款单打印模板 ▼

表体排序 [　　　　] ▼

单据编号 0000000004	日期 2017-04-25	客户 上海华诺
结算方式 电汇	结算科目 100201	币种 人民币
汇率 1	金额 475839.00	本币金额 475839.00
客户银行 中国建设银行上海浦东天天苑支行	客户账号 6227890987656789045	票据号 1920897891
部门 销售部	业务员 陈国军	项目
摘要		

	款项类型	客户	部门	业务员	金额	本币金额	科
1	应收款	上海华诺	销售部	陈国军	475839.00	475839.00	1122
2							
合计					475839.00	475839.00	

录入人 楚琪峰　　审核人 陈悦瑶　　核销人 陈悦瑶

2. W02 在"应收款管理"系统中，对"收款单"进行"收款单据审核"操作，将其与"销售专用发票"相结合进行"核销"操作，并立即制单。

记 账 凭 证

记 字 0035　制单日期：2017.04.25　审核日期：2017.04.30　附单据数：1

摘 要	科目名称	借方金额	贷方金额
收款单	银行存款/建行存款	47583900	
收款单	应收账款		47583900

票号 5 - 1920897891　日期 2017.04.25

合计 47583900 47583900

记账 陈悦瑶　审核 李达凯　出纳 楚琪峰　制单 陈悦瑶

【任务 23】 25 日，收到山西美源春公司代垫运费单据（运费发票使用采购专用发票功能录入，按数量进行分摊）。

山西省增值税专用发票　No 45678931822

1041921368　开票日期：2017 年 4 月 25 日

购货单位	名　称：江苏雅洁家纺股份有限公司 纳税人识别号：320302897896723 地　址、电话：江苏省南通市高新开发区源兴路555号 0513-87856988 开户行及账号：中国建设银行江苏南通市源兴支行 6227676890895645209	密码区	10008978+*2><618//*4646 4161145641/*-+4164><6*- 46></--2338990/*-52678 12345/*980-->-9807*90

货物或应税劳务名称	规格型号	单位	数量	单价	金额	税率	税额
运费		公里	1000	3.00	3 000.00	11%	330.00
合　计					¥3 000.00		¥330.00

价税合计	人民币（大写）叁仟叁佰叁拾元整	（小写）¥3 330.00

销货单位	名　称：山西安捷运输公司 纳税人识别号：104102100989767 地　址、电话：山西省运城市广元路78号 0359-86745678 开户行及账号：中国建设银行运城市广元支行 6227890967456734565	备注	

收款人：（略）　复核：（略）　开票人：（略）　销货单位：（章）

第三联：发票联 购货方记账凭证

【业务说明】

本笔业务是收到对方公司发来的代垫运费单据，需要进行采购专用发票的录入和审核。注意：因前期已收到存货，故成本费用的分配应通过"费用折扣结算"与"结算成本处理"分摊进各类存货中。

【操作指导】 ☞[操作视频]▶

1. 4 月 25 日，G01 在"采购管理"系统中，根据题目中给出的运费单据填制"采购专用发票"，结合前期制作的"采购入库单"进行"费用折扣结算"处理(按数量分摊)。

2. W02 在"应付款管理"系统中，对"采购专用发票"进行"应付单据审核"处理并立即制单；在"存货核算"系统中，对"费用折扣结算"进行"结算成本处理"操作，并在"财务核算"中生成凭证。

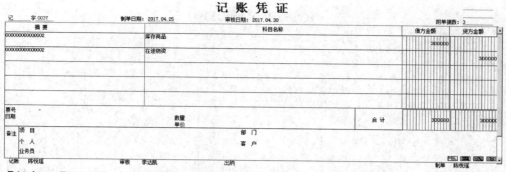

记 账 凭 证

摘 要	科目名称		借方金额	贷方金额
记 字 0037	制单日期：2017.04.25 审核日期：2017.04.30	附单据数：3		
000000000000002	库存商品		300000	
000000000000002	在途物资			300000
		合 计	300000	300000

记账 陈悦瑶　　审核 李达凯　　出纳　　　　　制单 陈悦瑶

【任务 24】25 日，与上海华润万家百货有限公司签订销售协议。

购 销 合 同

合同编号：XS0005

卖方：江苏雅洁家纺股份有限公司

买方：上海华润万家百货有限公司

为保护买卖双方的合法权益，根据《中华人民共和国合同法》的有关规定，双方经友好协商，一致同意签订本合同，并共同遵守合同内容。

一、货物的名称、数量及金额

货物的名称	规格型号	计量单位	数量	单价（不含税）	金额（不含税）	税率	税额
蚕丝被（梦洁）	1.8M	件	200	380.00	76 000.00		12 920.00
儿童床上四件套（美源春）	1.5M	套	300	360.00	108 000.00		18 360.00
纯棉浴巾（晚安）	70cm＊40cm	条	500	210.00	105 000.00	17%	17 850.00
床上四件套（梦洁）	1.5M	套	180	360.00	64 800.00		11 016.00
合 计					￥353 800.00		￥60 146.00

二、合同总金额：人民币肆拾壹万叁仟玖佰肆拾陆元整（￥413 946.00）。

三、收款时间：买方于 2017 年 6 月 10 日付款。

四、发货时间及地点：卖方于签订合同当日向买方发出所有商品。发货地点：江苏雅洁家纺股份有限公司。

五、发运方式：买方承运。

卖　　方：江苏雅洁家纺股份有限公司　　　　买　　方：上海华润万家百货有限公司

授权代表：陈国军　　　　　　　　　　　　　授权代表：周喜春

日　　期：2017 年 4 月 25 日　　　　　　　日　　期：2017 年 4 月 25 日

江苏省增值税专用发票　　No 1092348910

开票日期：2017 年 4 月 25 日

3257462584

| 购货单位 | 名　　称：上海华润万家百货有限公司 纳税人识别号：140103789256478 地址、电话：上海市徐汇区天目西路218号　021-87875667 开户行及账号：中国建行上海徐汇区天目支行　6227009867567845678 | | | | | 密码区 | 10008978+*2><618//*4646 4161145641/*-+4164><6*- 46></--2338990/*-5267812 345/*980-><-9807*90 | | |

货物或应税劳务名称	规格型号	单位	数量	单价	金　额	税率	税　额
蚕丝被（梦洁）	1.8M	件	200	380.00	76 000.00	17%	12 920.00
儿童床上四件套（美源春）	1.5M	套	300	360.00	108 000.00	17%	18 360.00
纯棉浴巾（晚安）	70cm*40cm	条	500	210.00	105 000.00	17%	17 850.00
床上四件套（梦洁）	1.5M	套	180	360.00	64 800.00	17%	11 016.00
合　　计					¥ 353 800.00		¥ 60 146.00
价税合计	人民币（大写）肆拾壹万叁仟玖佰肆拾陆元整					（小写）¥ 413 946.00	

| 销售单位 | 名　　称：江苏雅洁家纺股份有限公司 纳税人识别号：320302897896723 地址、电话：江苏省南通市高新开发区源兴路555号　0513-87856988 开户行及账号：中国建设银行江苏南通市源兴支行　6227676890895645209 | | | | | 备注 | |

收款人：（略）　　复核：（略）　　开票人：（略）　　销货单位：（章）

第二联：记账联　销货方记账凭证

【业务说明】

本笔业务是签订销售合同、发出货物、开出销售专用发票，需要进行销售订单、发货单、销售专用发票、销售出库单的录入和审核。

【操作指导】　☞［操作视频］▶

1. 4 月 25 日，X01 在"销售管理"系统中，填制"销售订单"并审核；根据已审核的"销售订单"生成"销售专用发票"并复核。此时，系统自动根据经复核的"销售专用发票"生成"发货单"并已审核。

销售订单

打印模版 销售订单打印模版 ▼

表体排序 [　　　　　　▼]　　　　　　　　　　　　　　　　　　合并显示 □

订单号　XS00005　　　　订单日期　2017-04-25　　　　业务类型　普通销售
销售类型　直接销售　　　客户简称　上海华润万家　　　付款条件
销售部门　销售部　　　　业务员　陈国军　　　　　　　税率　17.00
币种　人民币　　　　　　汇率　1　　　　　　　　　　备注
必有定金　否　　　　　　定金原币金额

	存货编码	存货名称	规格型号	主计量	数量	报价	含税单价	无税单价	无税金额	税额	价税合计	税率（%）	折
1	0108	蚕丝被(梦洁)	1.8M	件	200.00	0.00	444.60	380.00	76000.00	12920.00	88920.00	17.00	
2	0115	儿童床上四…	1.5M	套	300.00	0.00	421.20	360.00	108000.00	18360.00	126360.00	17.00	
3	0201	纯棉浴巾(晚…	70cm*4…	条	500.00	0.00	245.70	210.00	105000.00	17850.00	122850.00	17.00	
4	0112	床上四件套(…	1.5M	套	180.00	0.00	421.20	360.00	64800.00	11016.00	75816.00	17.00	
5													
6													
7													
8													
9													
10													
11													
12													
13													
14													
15													
16													
17													
18													
19													
合计					1180.00				353800.00	60146.00	413946.00		

制单人　陈国军　　　　　审核人　陈国军　　　　　关闭人

发货单

| 表体排序 |

打印模版 发货单打印模版 ▼
合并显示 □

发货单号	0000000009	发货日期	2017-04-25	业务类型	普通销售
销售类型	直接销售	订单号	XS00005	发票号	1092348910
客户简称	上海华润万家	销售部门	销售部	业务员	陈国军
发货地址		发运方式		付款条件	
税率	17.00	币种	人民币	汇率	1
备注					

	仓库名称	存货编码	存货名称	规格型号	主计量	数量	报价	含税单价	无税单价	无税金
1	床上用品仓库	0108	蚕丝被(梦洁)	1.8M	件	200.00	0.00	444.60	380.00	
2	床上用品仓库	0115	儿童床上四件套(美…	1.5M	套	300.00	0.00	421.20	360.00	
3	卫浴用品仓库	0201	纯棉浴巾(晚安)	70cm*40cm	条	500.00	0.00	245.70	210.00	
4	床上用品仓库	0112	床上四件套(梦洁)	1.5M	套	180.00	0.00	421.20	360.00	
5										
6										
7										
8										
9										
10										
11										
12										
13										
14										
15										
16										
17										
18										
合计						1180.00				

制单人 陈国军　　　　审核人 陈国军　　　　关闭人

销售专用发票

| 表体排序 |

打印模版 销售专用发票打印模 ▼
合并显示 □

发票号	1092348910	开票日期	2017-04-25	业务类型	普通销售
销售类型	直接销售	订单号	XS00005	发货单号	0000000009
客户简称	上海华润万家	销售部门	销售部	业务员	陈国军
付款条件		客户地址	上海市徐汇区天目西路218号	联系电话	021-87875667
开户银行	中国建设银行上海徐汇区天目支行	账号	6227009867567845678	税号	140103789256478
币种	人民币	汇率	1	税率	17.00
备注					

	仓库名称	存货编码	存货名称	规格型号	主计量	数量	报价	含税单价	无税单价	无税金额	税额	价税合计	税率
1	床上用品…	0108	蚕丝被(梦洁)	1.8M	件	200.00	0.00	444.60	380.00	76000.00	12920.00	88920.00	1
2	床上用品…	0115	儿童床上四…	1.5M	套	300.00	0.00	421.20	360.00	108000.00	18360.00	126360.00	1
3	卫浴用品…	0201	纯棉浴巾(晚…	70cm*4…	条	500.00	0.00	245.70	210.00	105000.00	17850.00	122850.00	1
4	床上用品…	0112	床上四件套(…	1.5M	套	180.00	0.00	421.20	360.00	64800.00	11016.00	75816.00	1
5													
6													
7													
8													
9													
10													
11													
12													
13													
14													
15													
16													
合计						1180.00				353800.00	60146.00	413946.00	

单位名称 江苏雅洁家纺股份有限公司　　本单位税号 320302897896723　　本单位开户银行 中国建设银行江苏南通市源兴支行
制单人 陈国军　　　　复核人 陈国军　　　　银行账号 6227676890895645209

2. C01 在"库存管理"系统中,根据已审核的"发货单"和"销售专用发票"并审核(注意:仓库不同的存货应分别生成单据)。

销售出库单

销售出库单打印模版

○ 蓝字　　　合并显示 □
○ 红字

表体排序

出库单号	0000000007	出库日期	2017-04-25	仓库	床上用品仓库
出库类别	销售出库	业务类型	普通销售	业务号	1092348910
销售部门	销售部	业务员	陈国军	客户	上海华润万家
审核日期	2017-04-25	备注			

	存货编码	存货名称	规格型号	主计量单位	数量	单价	金额
1	0108	蚕丝被(梦洁)	1.8M	件	200.00	240.00	48000.00
2	0115	儿童床上四件套(美源春)	1.5M	套	300.00	200.00	60000.00
3	0112	床上四件套(梦洁)	1.5M	套	180.00	220.00	39600.00
4							
5							
6							
7							
8							
9							
10							
11							
12							
13							
14							
15							
16							
17							
18							
19							
20							
合计					680.00		147600.00

制单人　秦松波　　　　审核人　秦松波
现存量

销售出库单

销售出库单打印模版

○ 蓝字　　　合并显示 □
○ 红字

表体排序

出库单号	0000000008	出库日期	2017-04-25	仓库	卫浴用品仓库
出库类别	销售出库	业务类型	普通销售	业务号	1092348910
销售部门	销售部	业务员	陈国军	客户	上海华润万家
审核日期	2017-04-25	备注			

	存货编码	存货名称	规格型号	主计量单位	数量	单价	金额
1	0201	纯棉浴巾(晚安)	70cm*40cm	条	500.00	90.00	45000.00
2							
3							
4							
5							
6							
7							
8							
9							
10							
11							
12							
13							
14							
15							
16							
17							
18							
19							
20							
合计					500.00		45000.00

制单人　秦松波　　　　审核人　秦松波
现存量

3. W02 在"应收款管理"系统中，对"销售专用发票"作"应收单据审核"处理，并立即生成凭证；在"存货核算"系统中，对"销售出库单"作"正常单据记账"处理，并在"财务核算"中生成凭证。

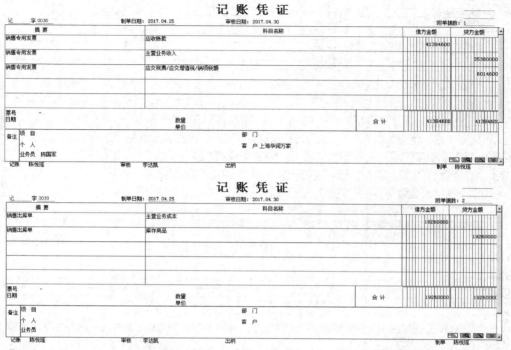

【任务 25】27 日，上海华润万家公司开出一张期限为 5 个月的银行承兑汇票，用于偿还欠我公司的货款。

银 行 承 兑 汇 票　　　　03093836

出票日期　贰零壹柒年零肆月贰拾柒日

出票人全称	上海华润万家百货有限公司	收款人	全　称	江苏雅洁家纺股份有限公司
出票人账号	6227009867567845678		账　号或地址	中国建设银行江苏南通市源兴支行6227676890895645209

出票金额	人民币（大写）肆拾壹万叁仟玖佰肆拾陆元整	千	百	十	万	千	百	十	元	角	分
			￥	4	1	3	9	4	6	0	0

承兑协议编号		票面利率：6%	付款行	中国建设银行上海徐汇区天目支行
			地　址	上海市徐汇区天目西路 218 号 1602-1605
本汇票请你行承兑，到期无条件付款。			付款单位注意：	

单位主管：（略）	会计：（略）	复核：（略）	记账：（略）

【业务说明】

本笔业务是对方公司开出银行承兑汇票偿还前欠货款，需要进行银行承兑汇票的录入和审核。注意：签发日期和票据号。

【操作指导】☞［操作视频］▶

1. 4 月 27 日，W03 在"应收款管理"系统中，根据题目中给出的"银行承兑汇票"在"票据管理"中录入"商业汇票"（汇票类型为"银行承兑汇票"），系统自动根据所填写的"商业汇票"生成"收款单"。

打印模版组 30657 商业汇票打印模版 ▼

商业汇票

银行名称 中国建设银行 _____   票据类型 银行承兑汇票
方向 收款 _____   结算方式 银行承兑汇票
收到日期 2017-04-27   到期日 2017-09-27
出票人 上海华润万家百货有限公司   付款行 银行 中国建设银行上海徐汇区天目支行
收款人 江苏雅洁家纺股份有限公司   收款人开户银行 _____
币种 人民币   票面利率 6.00000000
汇率 1.000000   付款行地址
背书人 _____   备注
业务员 _____   票据摘要
交易合同号码 _____

票据编号 03093836
出票日期 2017-04-27
出票人账号 6227009867567845678
收款人账号 _____
金额 413946.00
付款行行号 _____
背书金额 _____
部门 _____
制单人 楚琪峰

	处理方式	处理日期	贴现银行	被背书人	贴现率	利息	费用	处理金额	
1									
2									
3									
4									
5									
6									
7									
8									
9									
10									
11									
12									
13									
14									
合计									

收款单

打印模版 应收收款单打印模板 ▼

表体排序 _____ ▼

单据编号 0000000006   日期 2017-04-27   客户 上海华润万家
结算方式 银行承兑汇票   结算科目 _____   币种 人民币
汇率 1   金额 413946.00   本币金额 413946.00
客户开行 中国建设银行上海徐汇区天目支行   客户账号 6227009867567845678 票据编号 03093836
部门 _____   业务员 _____   项目
摘要

	款项类型	客户	部门	业务员	金额	本币金额	科
1	应收款	上海华润万家			413946.00	413946.00	1122
2							
3							
4							
5							
6							
7							
8							
9							
10							
11							
12							
13							
14							
15							
16							
17							
18							
19							
合计					413946.00	413946.00	

承认人 楚琪峰   审核人 陈悦瑶   核销人 陈悦瑶

2. W02 在"应收款管理"系统中,对"收款单"进行"收款单据审核"操作,作"核销"处理,并立即制单。

【任务 26】29 日，按规定计提本月应付职工工资、代扣个人所得税及三险一金以及本月应交的五险一金、工会经费及职工教育经费(计提表略)。

职工出勤表

部　门	职　务	姓　名	白班加班天数	夜班加班天数	事假天数	病假天数
总经理办公室	总经理	邱启明	5	2	2	
财务部	财务经理	李达凯	6			
	会计	陈悦瑶	8	4		1
	出纳	楚琪峰	8	6	1	
人力资源部	经理	杜海霞	3	3		
总务部	干事	李　力				
仓管部	仓管员	秦松波	2		1	1
采购部	采购员	胡阳雪	4			
销售部	销售经理	刘丽容	6			
	销售员	陈国军	7	2		

部门经理：略　　　　　　　　　　　制表人：略

【业务说明】

本笔业务是计提各项职工工资项目业务，需要进行工资变动的汇总与计算。

【操作指导】　☞[操作视频]▶

1. 4 月 29 日，W02 在"薪资管理"系统中，根据题目中给出的"职工出勤表"填写"工资变动单"并汇总计算。

工资变动

选择	工号	人员编号	姓名	部门	人员类别	岗位工资	奖金	事假天数	事假扣款	病假天数	病假扣款	住房公积金	失业保险	医疗保险	养老保
		A01	邱启明	总经理办公室	企管人员	1,800.00	160.00	2.00	616.10			744.00	12.40	124.00	49
		W01	李达凯	财务部	企管人员	1,600.00	200.00					696.00	11.60	116.00	46
		W02	陈悦瑶	财务部	企管人员	1,200.00	180.00			1.00	73.79	600.00	10.00	100.00	40
		W03	楚琪峰	财务部	企管人员	1,000.00	180.00	1.00	193.10			480.00	8.00	80.00	32
		R01	杜海霞	人力资源部	企管人员	1,200.00	200.00					528.00	8.80	88.00	35
		R02	李力	总务部	企管人员	1,400.00	200.00					528.00	8.80	88.00	35
		C01	秦松波	仓管部	仓储人员	1,400.00	160.00	1.00	227.59	1.00	91.04	588.00	9.80	98.00	39
		G01	胡阳雪	采购部	采购人员	1,400.00	200.00					624.00	10.40	104.00	41
		X01	陈国军	销售部	销售人员	1,600.00	200.00					612.00	10.20	102.00	40
		X02	刘丽容	销售部	销售人员	1,600.00	200.00					612.00	10.20	102.00	40
合计						14,200.00	1,880.00	4.00	1,036.79	2.00	164.83	6,012.00	100.20	1,002.00	4,00

当前月份：4月　　　总人数：10　　　当前人数：10

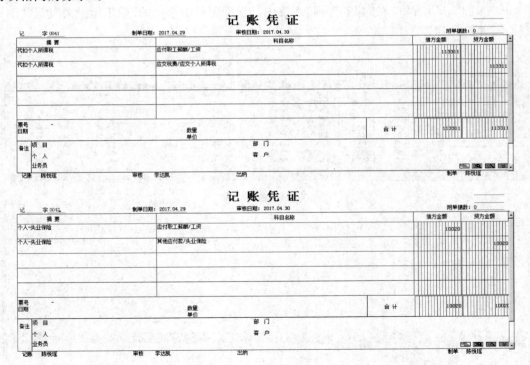

工资变动

透析	工号	人员编号	姓名	部门	人员类别	白班加班天数	白班加班工资合计	夜班加班天数	夜班加班工资合计	个人所得税计提基数	工龄	工龄工资
		A01	邱启明	总经理办公室	企管人员	5.00	1,540.25	2.00	100.00	6,507.75	10.00	500.00
		W01	李达凯	财务部	企管人员	6.00	1,710.36			6,822.76	8.00	400.00
		W02	陈悦瑶	财务部	企管人员	8.00	1,967.84	4.00	200.00	6,514.05	7.00	350.00
		W03	楚琪娟	财务部	企管人员	8.00	1,544.80	6.00	300.00	5,143.70	4.00	200.00
		R01	杜海鑫	人力资源部	企管人员	3.00	648.27	3.00	150.00	4,721.47	6.00	300.00
		R02	李力	总务部	企管人员					3,673.20	1.00	50.00
		C01	秦松波	仓管部	仓管人员	2.00	455.18			4,158.71	1.00	50.00
		G01	胡阳雷	采购部	采购人员	4.00	983.92			5,379.52	3.00	150.00
		X01	陈国军	销售部	销售人员	7.00	1,721.86	2.00	100.00	6,239.66	5.00	250.00
		X02	刘丽容	销售部	销售人员	6.00	1,489.68			5,957.48	6.00	300.00
合计						49.00	12,062.16	17.00	850.00	55,118.34	51.00	2,550.00

过滤器　所有项目　□定位器

当前月份：4月　　总人数：10　　当前人数：10

　　2. W02 在"薪资管理"系统中，进行"工资分摊"处理并制单，勾选"合并科目相同、辅助项相同的分录"。

记 账 凭 证

记　字 0041　　制单日期：2017.04.29　　审核日期：2017.04.30　　附单据数：0

摘要	科目名称	借方金额	贷方金额
代扣个人所得税	应付职工薪酬/工资	113311	
代扣个人所得税	应交税费/应交个人所得税		113311
	合计	113311	113311

票号　-　　日期　　数量　　单价

备注　项目　　个人　　业务员　　部门　　客户

记账 陈悦瑶　　审核 李达凯　　出纳　　制单 陈悦瑶

记 账 凭 证

记　字 0042　　制单日期：2017.04.29　　审核日期：2017.04.30　　附单据数：0

摘要	科目名称	借方金额	贷方金额
个人-失业保险	应付职工薪酬/工资	10020	
个人-失业保险	其他应付款/失业保险		10020
	合计	10020	10020

票号　-　　日期　　数量　　单价

备注　项目　　个人　　业务员　　部门　　客户

记账 陈悦瑶　　审核 李达凯　　出纳　　制单 陈悦瑶

记 账 凭 证

记　字 0043	制单日期：2017.04.29	审核日期：2017.04.30		附单据数：0

摘　要	科目名称	借方金额	贷方金额
个人-养老保险	应付职工薪酬/工资	400800	
个人-养老保险	其他应付款/养老保险		400800

票号　—		数量	合　计	400800	400800
日期		单价			

备注	项　目		部　门	
	个　人		客　户	
	业务员			

记账　陈悦瑶　　　　审核　李达凯　　　　出纳　　　　　　　　　制单　陈悦瑶

记 账 凭 证

记　字 0044	制单日期：2017.04.29	审核日期：2017.04.30		附单据数：0

摘　要	科目名称	借方金额	贷方金额
个人-医疗保险	应付职工薪酬/工资	100200	
个人-医疗保险	其他应付款/医疗保险		100200

票号　—		数量	合　计	100200	100200
日期		单价			

备注	项　目		部　门	
	个　人		客　户	
	业务员			

记账　陈悦瑶　　　　审核　李达凯　　　　出纳　　　　　　　　　制单　陈悦瑶

记 账 凭 证

记　字 0045	制单日期：2017.04.29	审核日期：2017.04.30		附单据数：0

摘　要	科目名称	借方金额	贷方金额
个人-住房公积金	应付职工薪酬/工资	601200	
个人-住房公积金	其他应付款/住房公积金		601200

票号　—		数量	合　计	601200	601200
日期		单价			

备注	项　目		部　门	
	个　人		客　户	
	业务员			

记账　陈悦瑶　　　　审核　李达凯　　　　出纳　　　　　　　　　制单　陈悦瑶

记 账 凭 证

记　字 0046	制单日期：2017.04.29	审核日期：2017.04.30		附单据数：0

摘　要	科目名称	借方金额	贷方金额
工资费用分配	销售费用/职工薪酬	1391154	
工资费用分配	管理费用/职工薪酬	4977900	
工资费用分配	应付职工薪酬/工资		6369054

票号　—		数量	合　计	6369054	6369054
日期		单价			

备注	项　目		部　门	
	个　人		客　户	
	业务员			

记账　陈悦瑶　　　　审核　李达凯　　　　出纳　　　　　　　　　制单　陈悦瑶

记 账 凭 证

记 字 0047　　制单日期：2017.04.29　　审核日期：2017.04.30　　附单据数：0

摘要	科目名称	借方金额	贷方金额
公司-工会经费	销售费用/职工薪酬	20400	
公司-工会经费	管理费用/职工薪酬	79800	
公司-工会经费	应付职工薪酬/工会经费		100200
合计		100200	100200

票号 日期 -　　数量 单价　　项目 个人 业务员　　部门 客户　　备注

记账 陈悦瑶　　审核 李达飙　　出纳　　制单 陈悦瑶

记 账 凭 证

记 字 0048　　制单日期：2017.04.29　　审核日期：2017.04.30　　附单据数：0

摘要	科目名称	借方金额	贷方金额
公司-工伤保险	销售费用/职工薪酬	10200	
公司-工伤保险	管理费用/职工薪酬	39900	
公司-工伤保险	应付职工薪酬/工伤保险		50100
合计		50100	50100

票号 日期 -　　数量 单价　　项目 个人 业务员　　部门 客户　　备注

记账 陈悦瑶　　审核 李达飙　　出纳　　制单 陈悦瑶

记 账 凭 证

记 字 0049　　制单日期：2017.04.29　　审核日期：2017.04.30　　附单据数：0

摘要	科目名称	借方金额	贷方金额
公司-生育保险	销售费用/职工薪酬	81600	
公司-生育保险	管理费用/职工薪酬	319200	
公司-生育保险	应付职工薪酬/生育保险		400800
合计		400800	400800

票号 日期 -　　数量 单价　　项目 个人 业务员　　部门 客户　　备注

记账 陈悦瑶　　审核 李达飙　　出纳　　制单 陈悦瑶

记 账 凭 证

记 字 0050　　制单日期：2017.04.29　　审核日期：2017.04.30　　附单据数：0

摘要	科目名称	借方金额	贷方金额
公司-失业保险	销售费用/职工薪酬	10200	
公司-失业保险	管理费用/职工薪酬	39900	
公司-失业保险	应付职工薪酬/失业保险		50100
合计		50100	50100

票号 日期 -　　数量 单价　　项目 个人 业务员　　部门 客户　　备注

记账 陈悦瑶　　审核 李达飙　　出纳　　制单 陈悦瑶

记 账 凭 证

记　字 0051	制单日期: 2017.04.29	审核日期: 2017.04.30	附单据数: 0

摘　要	科目名称	借方金额	贷方金额
公司-养老保险	销售费用/职工薪酬	204000	
公司-养老保险	管理费用/职工薪酬	798000	
公司-养老保险	应付职工薪酬/养老保险		1002000
票号 日期　-	数量 单价	合　计	1002000	1002000

备注	项　目		部　门	
	个　人		客　户	
	业务员			

记账　陈悦瑶　　　审核　李达凯　　　出纳　　　　　制单　陈悦瑶

记 账 凭 证

记　字 0052	制单日期: 2017.04.29	审核日期: 2017.04.30	附单据数: 0

摘　要	科目名称	借方金额	贷方金额
公司-医疗保险	销售费用/职工薪酬	102000	
公司-医疗保险	管理费用/职工薪酬	399000	
公司-医疗保险	应付职工薪酬/医疗保险		501000
票号 日期	数量 单价	合　计	501000	501000

备注	项　目		部　门	
	个　人		客　户	
	业务员			

记账　陈悦瑶　　　审核　李达凯　　　出纳　　　　　制单　陈悦瑶

记 账 凭 证

记　字 0053	制单日期: 2017.04.29	审核日期: 2017.04.30	附单据数: 0

摘　要	科目名称	借方金额	贷方金额
公司-职工教育经费	销售费用/职工薪酬	25500	
公司-职工教育经费	管理费用/职工薪酬	99750	
公司-职工教育经费	应付职工薪酬/职工教育经费		125250
票号 日期　-	数量 单价	合　计	125250	125250

备注	项　目		部　门	
	个　人		客　户	
	业务员			

记账　陈悦瑶　　　审核　李达凯　　　出纳　　　　　制单　陈悦瑶

记 账 凭 证

记　字 0054	制单日期: 2017.04.29	审核日期: 2017.04.30	附单据数: 0

摘　要	科目名称	借方金额	贷方金额
公司-住房公积金	销售费用/职工薪酬	122400	
公司-住房公积金	管理费用/职工薪酬	478800	
公司-住房公积金	应付职工薪酬/住房公积金		601200
票号 日期　-	数量 单价	合　计	601200	601200

备注	项　目		部　门	
	个　人		客　户	
	业务员			

记账　陈悦瑶　　　审核　李达凯　　　出纳　　　　　制单　陈悦瑶

【任务 27】29 日，收到新月公司支付的货款。

江苏省增值税专用发票　　　　No 1092348911

3257462584　　　　　开票日期：2017 年 4 月 29 日

购货单位	名　　称：湖南新月家纺股份有限公司 纳税人识别号：420107698334702 地址、电话：长沙市星沙区开元东路 010-422356 开户行及账号：中国建设银行长沙市星沙开元支行 6227002672728797243	密码区	10008978+*2><618//*4646 4161145641/*-+4164><6*- 46></—2338990/*-52678 12345/*980—><-9807*90

货物或应税劳务名称	规格型号	单位	数量	单价	金　额	税率	税　额
空调被（梦洁）	1.8M	件	300	300.00	90 000.00	17%	15 300.00
合　　计					￥90 000.00		￥15 300.00
价税合计	人民币（大写）壹拾万零伍仟叁佰元整					（小写）￥105 300.00	

销货单位	名　　称：江苏雅洁家纺股份有限公司 纳税人识别号：320302897896723 地址、电话：江苏省南通市高新开发区源兴路555号 0513-87856988 开户行及账号：中国建设银行江苏南通市源兴支行 6227676890895645209	备注	江苏雅洁家纺股份有限公司 320302897896723 发票专用章

收款人：（略）　　　复核：（略）　　　开票人：（略）　　　销货单位：（章）

第二联：记账联　销货方记账凭证

中国建设银行电汇凭证（收账通知）　　NO 1009878686

日期：2017 年 4 月 29 日

收　款　人	江苏雅洁家纺股份有限公司	汇　款　人	湖南新月家纺股份有限公司									
账号或地址	6227676890895645209	账号或地址	6227002672728797243									
兑付地点	江苏省南通市	兑付行	建行江苏 南通源兴支行	汇款用途	购货款							
汇款金额	人民币（大写）壹拾万零伍仟叁佰元整			千	百	十	万	千	百	十	元	角	分
					￥	1	0	5	3	0	0	0	0

收款人：（略）　　　复核：（略）　　　开票人：（略）

【业务说明】

本笔业务接任务 3，是分期收款业务开出发票，收到第一笔货款业务，需要进行销售专用发票的录入和审核。注意：当天收到货款应作"现结"处理。

【操作指导】　☞[操作视频]▶

1. 4 月 29 日，X01 在"销售管理"系统中，根据任务 3 所做的"销售订单"生成"销售专用发票"，并根据题目中所给的"中国建设银行电汇凭证（收账通知）"作"现结"处理，并复核。

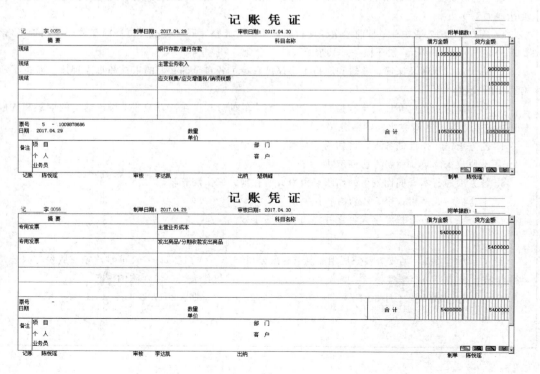

	现结			销售专用发票					打印模版 销售专用发票打印模版				

表体排序 ☐   合并显示 ☐

发票号 1092348911   开票日期 2017-04-29   业务类型 分期收款
销售类型 分期收款销售   订单号 XS0001   发货单号 0000000001
客户简称 湖南新月   销售部门 销售部   业务员 陈国军
付款条件   客户地址 长沙市星沙区开元东路   联系电话 010-422356
开户银行 中国建设银行长沙市星沙开元支行   账号 6227002672728797243   税号 420107698334702
币种 人民币   汇率 1   税率 17.00
备注

	仓库名称	存货编码	存货名称	规格型号	主计量	数量	报价	含税单价	无税单价	无税金额	税额	价税合计	税率
1	床上用品…	0105	空调被（梦…	1.8M	件	300.00	0.00	351.00	300.00	90000.00	15300.00	105300.00	1
2													
3													
4													
5													
6													
7													
8													
9													
10													
11													
12													
13													
14													
15													
16													
合计						300.00				90000.00	15300.00	105300.00	

单位名称 江苏雅洁家纺股份有限公司   本单位税号 320302897896723   本单位开户银行 中国建设银行江苏南通市源兴支行
制单人 陈国军   复核人 陈国军   银行账号 6227676890895645209

2. W02 在"应收款管理"系统中，对"销售专用发票"进行"应收单据审核"操作（注意：勾选"包含已现结发票"）并立即生成凭证；在"存货核算"系统中，进行"发出商品记账"操作，并在"财务核算"中生成凭证。

记 账 凭 证

记 字 0055   制单日期：2017.04.29   审核日期：2017.04.30   附单据数：1

摘 要	科目名称	借方金额	贷方金额
现结	银行存款/建行存款	10530000	
现结	主营业务收入		9000000
现结	应交税费/应交增值税/销项税额		1530000

票号 5 - 1009878686
日期 2017.04.29   数量   单价   合 计 10530000   10530000

备注 项 目   部 门
    个 人   客 户
    业务员

记账 陈悦瑶   审核 李达凯   出纳 瞿琪婧   制单 陈悦瑶

记 账 凭 证

记 字 0056   制单日期：2017.04.29   审核日期：2017.04.30   附单据数：1

摘 要	科目名称	借方金额	贷方金额
专用发票	主营业务成本	5400000	
专用发票	发出商品/分期收款发出商品		5400000

票号 -
日期   数量   单价   合 计 5400000   5400000

备注 项 目   部 门
    个 人   客 户
    业务员

记账 陈悦瑶   审核 李达凯   出纳   制单 陈悦瑶

【任务 28】 30 日,计提本月折旧。(固定资产折旧计提表略)

【业务说明】

本笔业务是计提本月折旧,需要计提折旧。

【操作指导】 ☞〔操作视频〕▶

4 月 30 日,W02 在"固定资产"系统中,进行"计提本月折旧"操作,并进行"批量制单"。

记 账 凭 证

			附单据数:0
记 字 0057	制单日期:2017.04.30	审核日期:2017.04.30	

摘 要	科目名称	借方金额	贷方金额
计提第[4]期间折旧	销售费用/折旧费	588000	
计提第[4]期间折旧	管理费用/折旧费	1704927	
计提第[4]期间折旧	累计折旧		2292927
票号 日期	数量 单价	合 计	2292927	2292927
备注 项 目 个 人 业务员	部 门 客 户		
记账 陈悦瑶	审核 李达凯	出纳	制单 陈悦瑶

【任务 29】 30 日,公司一辆货车抵债。(发票通过固定资产系统处理)

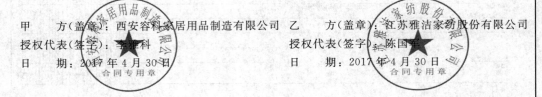

债务重组协议

甲方(债权人):西安容科家居用品制造有限公司

乙方(债务人):江苏雅洁家纺股份有限公司

截至 2017 年 4 月 30 日,乙方共欠甲方货款人民币叁拾贰万捌仟零陆拾捌元整。

由于乙方资金周转出现问题,短期内不能支付已于 2017 年 4 月 15 日到期的货款。双方经友好协商达成如下协议。

1. 乙方于 2017 年 5 月 1 日前一次性支付人民币捌万元整,同时将乙公司一辆江铃瑞沃载货车(该货车公允价值 17.8 万元)偿还债务,其余所欠债务全免。

2. 协议双方承诺及保证,签署和履行本协议已履行了各自全部必要的审核和批准程序,获得了所有必要的授权。

3. 甲方承诺对其放弃债权享有独立、合法、完全的处分权。在乙方按照本协议约定的期限和数额偿还本息后,甲、乙双方之间的债务关系同时终止。

4. 乙方承诺,作为债务人,将如约及时履行所负债务。

5. 本协议未尽事宜由各方协商解决。

6. 各方因履行本合同而发生的纠纷,由甲方所在地人民法院管辖。

7. 本合同一式两份,甲、乙双方各执一份。

8. 本合同自各方有权签字人签字并加盖公章后生效。

甲   方(盖章):西安容科家居用品制造有限公司   乙   方(盖章):江苏雅洁家纺股份有限公司

授权代表(签字):李雅科   授权代表(签字):陈国军

日   期:2017 年 4 月 30 日   日   期:2017 年 4 月 30 日

<table>
<tr><td colspan="8" align="center">江苏省增值税专用发票　　No 1092348912</td></tr>
</table>

3257462584

江苏省增值税专用发票　　No 1092348912

开票日期：2017 年 4 月 30 日

购货单位	名　　称：西安容科家居用品制造有限公司
	纳税人识别号：610132220660744
	地址、电话：陕西省西安市长乐东路256号 029-65231921
	开户行及账号：中国建设银行西安市长乐支行 6227009867567236928

密码区：10065478+*2><618//*4646 4161145641/*-+4164<6*-46></--2338990/*-53651 12345/*980-->< -9807*90

第二联：记账联　销货方记账凭证

货物或应税劳务名称	规格型号	单位	数量	单价	金　额	税率	税　额
江铃瑞沃载货车	中卡RB2	辆	1		178 000.00	17%	30 260.00
合　计					￥178 000.00		￥30 260.00
价税合计	人民币（大写）贰拾万零捌仟贰佰陆拾元整					（小写）￥208 260.00	

销货单位	名　　称：江苏雅洁家纺股份有限公司
	纳税人识别号：320302897896723
	地址、电话：江苏省南通市高新开发区源兴路555号 0513-87856988
	开户行及账号：中国建设银行江苏南通市源兴支行 6227676890895645209

备注

收款人：（略）　　复核：（略）　　开票人：（略）　　销货单位：（章）

【业务说明】

本笔业务是债务重组，需要进行资产减少，填制与审核付款单操作。

【操作指导】　☞[操作视频]▶

1. 4 月 30 日，W02 在"固定资产"系统中，进行"资产减少"操作（注意："减少原因"与"增值税"的填写）并生成凭证。

记 账 凭 证

记　字 0058　　制单日期：2017.04.30　　审核日期：2017.04.30　　附单据数：0

摘要	科目名称	借方金额	贷方金额
资产减少	固定资产清理	15795074	
资产减少-累计折旧	累计折旧	9204926	
资产减少-增值税	固定资产清理	3026000	
资产减少-原值	固定资产		25000000
资产减少-增值税	应交税费/应交增值税/销项税额		3026000
合计		28026000	28026000

票号 日期　票号 -
数量 单价
备注 项目　部门
个人　客户
业务员

记账 陈悦瑶　　审核 李达凤　　出纳　　制单 陈悦瑶

2. W03 在"应付款管理"系统中，根据题目中给出的"销售专用发票"以及根据题意计算出的债务重组利得分别进行"付款单据录入"操作，填制"付款单"（注意：结算方式为"其他"）；W02 在"应付款管理"系统中，对于"付款单"进行"付款单据审核"操作，作"核销"处理，并立即制单。

付款单

打印模版
应付付款单打印模版 ▼

表体排序 [　　　] ▼

单据编号	0000000002	日期	2017-04-30	供应商	西安容科
结算方式	其他	结算科目	1606	币种	人民币
汇率	1	金额	208260.00	本币金额	208260.00
供应商银行	西安市长乐支行	供应商账号	6227009867567236928	票据号	
部门	采购部	业务员	胡阳雪	项目	
摘要					

	款项类型	供应商	科目	金额	本币金额	部门	业务员
1	应付款	西安容科	220202	208260.00	208260.00	采购部	胡阳雪
2							
3							
4							
5							
6							
7							
8							
9							
10							
11							
12							
13							
14							
15							
16							
17							
18							
19							
合计				208260.00	208260.00		

审核人 陈悦瑶　　　　录入人 楚琪峰　　　　核销人 陈悦瑶

付款单

打印模版
应付付款单打印模版 ▼

表体排序 [　　　] ▼

单据编号	0000000003	日期	2017-04-30	供应商	西安容科
结算方式	其他	结算科目	630101	币种	人民币
汇率	1	金额	39808.00	本币金额	39808.00
供应商银行	西安市长乐支行	供应商账号	6227009867567236928	票据号	
部门	采购部	业务员	胡阳雪	项目	
摘要					

	款项类型	供应商	科目	金额	本币金额	部门	业务员
1	应付款	西安容科	220202	39808.00	39808.00	采购部	胡阳雪
2							
3							
4							
5							
6							
7							
8							
9							
10							
11							
12							
13							
14							
15							
16							
17							
18							
19							
合计				39808.00	39808.00		

审核人 陈悦瑶　　　　录入人 楚琪峰　　　　核销人 陈悦瑶

记 账 凭 证

记 字 0059　　　制单日期：2017.04.30　　　审核日期：2017.04.30　　　附单据数：1

摘要	科目名称	借方金额	贷方金额
付款单	应付账款/一般应付账款	20826000	
付款单	固定资产清理		20826000
	合计	20826000	20826000

票号
日期

数量
单价

备注　项　目　　　　　　　部　门
　　　个　人　　　　　　　供应商 西安容科
　　　业务员 胡阳雪

记账 陈悦瑶　　　审核 李达凯　　　出纳　　　制单 陈悦瑶

3. W02 在"总账"系统中，对固定资产清理利得作"填制凭证"处理。

【任务30】30 日，江西中天传媒股份有限公司股票（股票代码：600859）当日收盘价 21.2 元。（交易性金融资产公允价值变动计算表略）

【业务说明】

本笔业务是股票公允价值变动业务，需要直接填制凭证。

【操作指导】　☞[操作视频]▶

4 月 30 日，W02 在"总账"系统中，进行"填制凭证"操作。

| 记 字 0062 | 制单日期: 2017.04.30 | 审核日期: 2017.04.30 | 附单据数: |
摘 要	科目名称	借方金额	贷方金额
1	交易性金融资产/公允价值变动	4000000	
1	公允价值变动损益		4000000
	合 计	4000000	4000000

项 目　江西中天传媒公司股票
个 人
业务员

记账 陈悦瑶　　审核 李达岚　　出纳　　　　　制单 陈悦瑶

【任务31】30 日，与成都盛宇家居用品制造公司结算受托代销货款，当日支付货款 （不合并制单）。

商 品 代 销 结 算 清 单

日期: 2017 年 4 月 30 日　　　　NO: 00000112

委 托 方	成都盛宇家居用品制造有限公司	受 托 方	江苏雅洁家纺股份有限公司
账 号	6227190889675645678	账 号	6227676890895645209
开户银行	中国建设银行成都市锦江区芙蓉支行	开户银行	中国建设银行江苏南通源兴支行

代销货物结算单	代销货物名称	规格型号	计量单位	数量	单价(不含税)	金额	税率	税额
	沙发抱枕(盛宇)	50*50	个	100	130.00	13 000.00	17%	2 210.00
	蚕丝被(盛宇)	1.8M	件	300	190.00	57 000.00	17%	9 690.00
	床上四件套(盛宇)	1.8M	套	60	190.00	11 400.00	17%	1 938.00
	价税合计	人民币(大写):玖万伍仟贰佰叁拾捌元整				(小写):¥95 238.00		

代销方式	视同买断
代销款结算时间	根据代销货物销售情况于每月底结算一次货款
代销款结算方式	电汇

四川省增值税专用发票　　No12897678646

开票日期: 2017年4月30日

3203654381

购货单位	名　　称: 江苏雅洁家纺股份有限公司	密码区	10008564*2\>618//*46464 16114564l/*-+4164\<6*-46\></—2338990/*-52678 12345/*980-->\<-9807*90
	纳税人识别号: 320302897896723		
	地址、电话: 江苏省南通市高新开发区源兴路555号 0513-87856988		
	开户行及账号: 中国建设银行江苏南通市源兴支行 6227676890895645209		

货物或应税劳务名称	规格型号	单 位	数 量	单 价	金 额	税 率	税 额
沙发抱枕(盛宇)	50*50	个	100	130.00	13 000.00	17%	2 210.00
蚕丝被(盛宇)	1.8M	件	300	190.00	57 000.00		9 690.00
床上四件套(盛宇)	1.8M	套	60	190.00	11 400.00		1 938.00
合　计					¥81 400.00		¥13 838.00
价税合计	人民币(大写)玖万伍仟贰佰叁拾捌元整				(小写):¥95 238.00		

销货单位	名　　称: 成都盛宇家居用品制造有限公司	备注	
	纳税人识别号: 100989789867671		
	地址、电话: 成都市锦江区芙蓉路 027-99526987		
	开户行及账号: 中国建设银行成都市锦江区芙蓉支行 6227190889675645678		

收款人: (略)　　　复核: (略)　　　开票人: (略)　　　销货单位: (章)

中国建设银行电汇凭证(回单)　　NO 1188907869

日期: 2017 年 4 月 30 日

收 款 人	成都盛宇家居用品制造有限公司	汇 款 人	江苏雅洁家纺股份有限公司
账号或地址	6227190889675645678	账号或地址	6227676890895645209
兑付地点	成都市锦江区	兑付行	汇款用途	支付受托代销货款

汇款金额	人民币(大写)玖万伍仟贰佰叁拾捌元整	千	百	十	万	千	百	十	元	角	分
				¥	9	5	2	3	8	0	0

【业务说明】

本笔业务是月底受托代销结算,需要进行采购专用发票的录入和审核。注意:受托代销结算操作后,系统将自动生成"采购专用发票"。

【操作指导】 ☞[操作视频]▶

1. 4 月 30 日，G01 在"采购管理"系统中，根据题目中给出的"商品代销结算清单"进行"受托代销结算"操作（注意：结算数量与原币单价），结算后系统自动生成"采购专用发票"；根据题目中给出的"中国建设银行电汇凭证（回单）"作"现付"处理。

已结算	已现付	已审核		专用发票				打印模版	8164 专用发票打印模版 ▼

表体排序 [▼]　　　　　　　　　　　　　　　　　　　　　　　　　合并显示 □

业务类型 受托代销　　　　　　　发票类型 专用发票　　　　　　　　发票号 12897678646
开票日期 2017-04-30　　　　　　供应商 成都盛宇　　　　　　　　代垫单位 成都盛宇
采购类型 受托代销　　　　　　　税率 17.00　　　　　　　　　　部门名称 采购部
业务员 胡阳雪　　　　　　　　　币种 人民币　　　　　　　　　　汇率 1
发票日期　　　　　　　　　　　付款条件　　　　　　　　　　　备注

	存货编码	存货名称	规格型号	主计量	数量	原币单价	原币金额	原币税额	原币价税
1	0301	沙发抱枕（盛宇）	50*50	个	100.00	130.00	13000.00	2210.00	
2	0303	蚕丝被（盛宇）	1.8M	件	300.00	190.00	57000.00	9690.00	
3	0304	床上四件套（盛宇）	1.8M	套	60.00	190.00	11400.00	1938.00	
4									
5									
6									
7									
8									
9									
10									
11									
12									
13									
14									
15									
16									
17									
18									
19									
20									
合计					460.00		81400.00	13838.00	

结算日期 2017-04-30　　　　制单人 胡阳雪　　　　　　　　审核人 陈悦瑶

2. W02 在"应付款管理"系统中，对于"采购专用发票"进行"应付单据审核"操作（注意：勾选"包含已现结发票"）并立即制单；在"存货核算"系统中，进行"结算成本处理"，生成"入库调整单"和"出库调整单"，并在"财务核算"中分别生成凭证。

记 账 凭 证

记 字 0063　　　制单日期：2017.04.30　　　审核日期：2017.04.30　　　　　附单据数：1

摘 要	科目名称	借方金额	贷方金额
现结	受托代销商品款	8140000	
现结	应交税费/应交增值税/进项税额	1383800	
现结	银行存款/建行存款		9523800

票号
日期　　　　　　　数量　　　　　　　　　　合计 9523800　9523800
　　　　　　　　　单价

备注　项 目　　　　　　　　部 门
　　　个 人　　　　　　　　客 户
　　　业务员

记账 陈悦瑶　　　　审核 李达凯　　　　出纳 堪琪峰　　　　　　　　制单 陈悦瑶

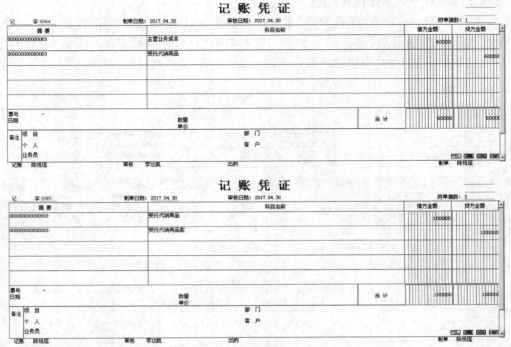

【任务 32】 30 日，计提本月应交房产税、车船税（合并制单）。

应交房产税、车船税一览表

2017 年 4 月 30 日　　　　　　单位：元

税　种	房产税	车船税	合　计
应纳税额	1 085.00	120.00	￥1 205.00

主管：略	记账：略	审核：略	制表：略

【业务说明】

本笔业务是计提本月应交房产税、车船税，需要直接填制凭证。

【操作指导】 ☞［操作视频］▶

4 月 30 日，W02 在"总账"系统中，进行"填制凭证"操作。

【任务 33】 30 日，使用期末自定义公式，计算本月应交增值税并结转本月未交增值税；计提本月应交的城建税、教育费附加及地方教育费附加。（各项税费计提表略）

【业务说明】

本笔业务是计提应交增值税、城建税、教育费附加和地方教育费附加，需要根据系统预设好的期末自定义转账公式生成凭证。

【操作指导】　☞[操作视频][▶]

4月30日，W01在"总账"系统中进行"审核凭证"操作；W03在"总账"系统中进行"出纳签字"操作；W02在"总账"系统中进行"记账"操作，并根据系统预设的期末自定义转账公式进行"转账生成"操作，生成凭证。

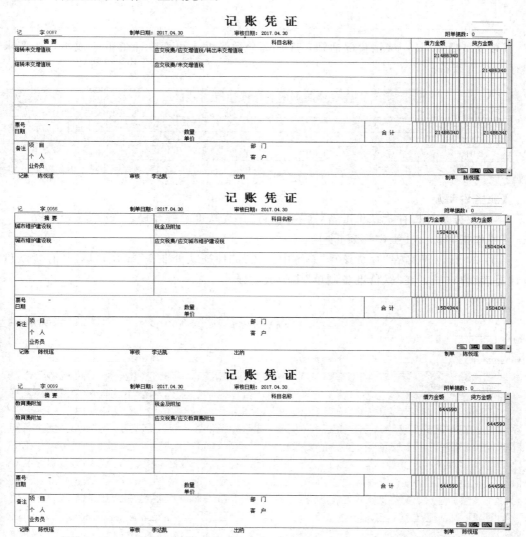

记 账 凭 证

记 字 0070	制单日期: 2017.04.30	审核日期: 2017.04.30	附单据数: 0

摘 要	科目名称	借方金额	贷方金额
地方教育费附加	税金及附加	429727	
地方教育费附加	应交税费/应交地方教育费附加		429727

| 票号 日期 | | 数量 单价 | | | 合 计 | 429727 | 429721 |

备注 项 目 部 门
个 人 客 户
业务员

记账 陈悦瑶   审核 李达飒   出纳   制单 陈悦瑶

【任务 34】30 日，接销售部通知，库存部分商品期末可变现净值低于成本，按要求计提存货跌价准备。

库存商品期末可变现净值一览表

单位：元

存货编码	商品名称	型号	可变现净值单价
0103	床垫（晚安）	1.8M	200.00
0102	床笠（晚安）	1.8M	50.00
0108	蚕丝被（梦洁）	1.8M	220.00

【业务说明】

本笔业务是计提存货跌价准备，需要进行"存货跌价准备计提表"的录入和审核。

【操作指导】 ☞［操作视频］▶

4 月 30 日，W02 在"存货核算"系统中，进行"计提跌价准备"操作，填制"存货跌价准备计提表"并审核，在"跌价准备制单"中生成凭证。

计提跌价处理单

计提跌价处理单打印模板 ▾

表体排序

单据号 0000000001   单据日期 2017-04-30   部门 仓管部
凭证号 71   凭证日期 2017-04-30   凭证摘要 跌价准备

	存货编码	存货名称	规格型号	计量单位	结存数量	结存单价	结存金额	可变现价格	可
1	0103	床垫（晚安）	1.8M	件	100.00	180.00	18000.00	200.00	
2	0102	床笠（晚安）	1.8M	件	200.00	80.00	16000.00	50.00	
3	0108	蚕丝被(梦洁)	1.8M	件	100.00	240.00	24000.00	220.00	
4									
5									
6									
7									
8									
9									
10									
11									
12									
13									
14									
15									
16									
17									
18									
19									
20									
21									
合计					400.00		58000.00		

经手人   制单人 陈悦瑶   审核人 陈悦瑶   审核日期 2017-04-30

记 账 凭 证

记 0071	制单日期：2017.04.30	审核日期：2017.04.30			附单据数：1

摘 要	科目名称	借方金额	贷方金额
跌价准备	资产减值损失	800000	
跌价准备	存货跌价准备		800000

| 票号 日期 | | 数量 单价 | | 合 计 | 800000 | 800000 |

备注	项 目	部 门
	个 人	客 户
	业务员	

记账 陈悦瑶　　　审核 李达凯　　　出纳　　　　　　　　　　制单 陈悦瑶

【任务35】30 日，进行期末库存盘点，结果如下表所示。

库存商品实存账存对比表
盘点日期：2017 年 4 月 30 日

盘点单位：仓管部各仓库　　　　　　　　　　　　　　　　　　　　　　　　　　单位：元

商品名称	单位	单价	账面结存		实际盘存		升溢		损耗		升溢损耗原因
			数量	金额	数量	金额	数量	金额	数量	金额	
蚕丝被（梦洁）	件	240.00	100	24 000.00	90	21 600.00			10	2 400.00	系湖北罗莱公司少发，对方同意补货
床笠（晚安）	件	80.00	200	16 000.00	220	17 600.00	20	1 600.00			无法查明原因
合计				￥40 000.00		￥39 200.00		￥1 600.00		￥2 400.00	

单位主管：（略）　　　　会计：（略）　　　　复核：（略）　　　　监盘：（略）　　　　物资负责人：（略）

【业务说明】

本笔业务是期末存货盘点，需要进行盘点单、其他出库单、其他入库单的录入和审核。

【操作指导】　☞［操作视频］▶

1. 4 月 30 日，C01 在"库存管理"系统中，进行"盘点业务"操作，填制"盘点单"并审核。此时，系统将根据存货的盈亏情况自动生成"其他入库单"和"其他出库单"。

盘点单

盘点单打印模版 ▼

表体排序 ▼　　　　　　　　　　　　　　　○ 普通仓库盘点　　合并显示 □
　　　　　　　　　　　　　　　　　　　　　○ 倒冲仓库盘点

盘点会计期间 _____
账面日期 2017-04-30　　　　　盘点单号 0000000001　　　　　盘点日期 2017-04-30
入库类别 盘盈入库　　　　　　盘点仓库 床上用品仓库　　　　出库类别 盘亏
备注　　　　　　　　　　　　部门 仓管部　　　　　　　　经手人

	存货编码	存货名称	规格型号	主计量单位	账面数量	单价	账面金额	调整入库数量	调整
1	0101	被套（都爱）	1.8M	件	380.00			0.00	
2	0102	床笠（晚安）	1.8M	件	200.00	80.00	16000.00	0.00	
3	0103	床垫（晚安）	1.8M	件	100.00			0.00	
4	0104	枕头（晚安）	1.8M	个	100.00			0.00	
5	0105	空调被（梦洁）	1.8M	件	50.00			0.00	
6	0106	空调被（都爱）	1.8M	件	100.00			0.00	
7	0107	空调被芯（水星家纺）	1.8M	件	50.00			0.00	
8	0108	蚕丝被（梦洁）	1.8M	件	100.00	240.00	24000.00	0.00	
9	0109	被芯（无印良品）	1.8M	件	120.00			0.00	
10	0110	床上四件套（罗莱）	1.5M	套	800.00			0.00	
11	0111	床上四件套（梦莱）	1.8M	套	700.00			0.00	
12	0112	床上四件套（梦洁）	1.8M	套	280.00			0.00	
13	0113	印花床上四件套（水星家纺）	1.8M	套	200.00			0.00	
14	0114	儿童床上四件套（迪士尼）	1.5M	套	600.00			0.00	
15	0115	儿童床上四件套（美源春）	1.5M	套	620.00			0.00	
16									
17									
18									
19									
20									
21									
合计					4400.00		40000.00	0.00	

制单人 秦松波　　　　　　审核人 秦松波

其他入库单

其他入库单打印模版 ▼

表体排序 _____ ▼

○ 蓝字　　　合并显示 □
○ 红字

入库单号 0000000002　　　　入库日期 2017-04-30　　　　仓库 床上用品仓库
入库类别 盘盈入库　　　　　业务类型 盘盈入库　　　　　业务号 0000000001
部门 仓管部　　　　　　　审核日期 2017-04-30　　　　备注 _____

	存货编码	存货名称	规格型号	主计量单位	数量	单价	金额
1	0102	床笠（晚安）	1.8M	件	20.00	80.00	1600.00
2							
3							
4							
5							
6							
7							
8							
9							
10							
11							
12							
13							
14							
15							
16							
17							
18							
19							
20							
21							
合计					20.00		1600.00

制单人 秦松波 _____　　　审核人 秦松波 _____
现存量

其他出库单

其他出库单打印模版 ▼

表体排序 _____ ▼

○ 蓝字　　　合并显示 □
○ 红字

出库单号 0000000003　　　　出库日期 2017-04-30　　　　仓库 床上用品仓库
出库类别 盘亏　　　　　　　业务类型 盘亏出库　　　　　业务号 0000000001
部门 仓管部　　　　　　　审核日期 2017-04-30　　　　备注 _____

	存货编码	存货名称	规格型号	主计量单位	数量	单价	金额
1	0108	蚕丝被（梦洁）	1.8M	件	10.00	240.00	2400.00
2							
3							
4							
5							
6							
7							
8							
9							
10							
11							
12							
13							
14							
15							
16							
17							
18							
19							
20							
21							
合计					10.00		2400.00

制单人 秦松波 _____　　　审核人 秦松波 _____
现存量　　　　　　　　　　发货地址 _____

2. W02 在"存货核算"系统中，对"其他入库单"和"其他出库单"进行"正常单据记账"操作，并在"财务核算"中生成凭证；在"总账"系统中，根据题目中所给出的盘盈盘亏原因，直接填制凭证，结清"待处理财产损溢"科目。

记 账 凭 证

记 字 0072	制单日期：2017.04.30	审核日期：2017.04.30		附单据数：1

摘 要	科目名称	借方金额	贷方金额
其他入库单	库存商品	180000	
其他入库单	待处理财产损益/待处理流动资产损益		180000

票号 日期	数量 20.00000件(毫个) 单价 80.00000	合 计	180000	180000

备注　项 目　　　　　　　部 门
　　　个 人　　　　　　　客 户
　　　业务员

记账 陈悦瑶　　　　审核 李达凯　　　　出纳　　　　　　　　　制单 陈悦瑶

记 账 凭 证

记 字 0073	制单日期：2017.04.30	审核日期：2017.04.30		附单据数：1

摘 要	科目名称	借方金额	贷方金额
其他出库单	待处理财产损益/待处理流动资产损益	240000	
其他出库单	库存商品		240000

票号 日期	数量 单价	合 计	240000	240000

备注　项 目　　　　　　　部 门
　　　个 人　　　　　　　客 户
　　　业务员

记账 陈悦瑶　　　　审核 李达凯　　　　出纳　　　　　　　　　制单 陈悦瑶

记 账 凭 证

记 字 0074	制单日期：2017.04.30	审核日期：2017.04.30		附单据数：

摘 要	科目名称	借方金额	贷方金额
1	在途物资	240000	
1	待处理财产损益/待处理流动资产损益		240000

票号 日期 2017.04.30	数量 10.00000件(毫个) 单价 240.00000	合 计	240000	240000

备注　项 目　　　　　　　部 门
　　　个 人　　　　　　　供应商 湖北罗莱
　　　业务员 -

记账 陈悦瑶　　　　审核 李达凯　　　　出纳　　　　　　　　　制单 陈悦瑶

记 账 凭 证

记 字 0075	制单日期：2017.04.30	审核日期：2017.04.30		附单据数：

摘 要	科目名称	借方金额	贷方金额
1	待处理财产损益/待处理流动资产损益	180000	
1	管理费用/存货盘点		180000

票号 日期	数量 单价	合 计		

备注　项 目　　　　　　　部 门
　　　个 人　　　　　　　客 户
　　　业务员

记账 陈悦瑶　　　　审核 李达凯　　　　出纳　　　　　　　　　制单 陈悦瑶

【任务 36】30 日，对各子系统的业务进行月末处理。

【业务说明】

本笔业务是各子系统结账，需要对各子系统进行月末处理。

【操作指导】 ☞［操作视频］▶

4 月 30 日，A01 对除"总账"系统模块外的其他所有系统模块进行期末处理结账。

【任务 37】 30 日，进行期末损益类账户结转（按收入和支出分别生成记账凭证）。

【业务说明】

本笔业务是期末损益类账户转入"本年利润"账户业务，需要根据期末损益结转自动生成凭证。注意：在结转损益类账户之前，要保证本月所有记账凭证已审核记账，根据题意，收入与支出分别制单。

【操作指导】 ☞［操作视频］▶

4 月 30 日，W01 在"总账"系统中，进行"审核凭证"操作；W02 在"总账"系统中，进行"记账"操作，根据期末损益结转公式，自动生成收入与支出结转凭证，并将两张记账凭证作审核记账处理。

记 账 凭 证

记 字 0076 - 0001/0002　制单日期：2017.04.30　审核日期：2017.04.30　　附单据数：0

摘要	科目名称	借方金额	贷方金额
期间损益结转	本年利润		105375226
期间损益结转	主营业务收入	96286500	
期间损益结转	公允价值变动损益	4000000	
期间损益结转	投资收益	897000	
期间损益结转	营业外收入/债务重组利得	3980800	
票号 日期	数量 单价	合计 105375226	105375226

备注　项 目　　　　部 门
　　　个 人　　　　客 户
　　　业务员

记账　陈悦瑶　　审核　李达飒　　出纳　　　　制单　陈悦瑶

记 账 凭 证

记 字 0077 - 0001/0004　制单日期：2017.04.30　审核日期：2017.04.30　　附单据数：0

摘要	科目名称	借方金额	贷方金额
期间损益结转	本年利润	72885070	
期间损益结转	主营业务成本		54300000
期间损益结转	税金及附加		2698861
期间损益结转	销售费用/修理费		10000
期间损益结转	销售费用/广告费		5000000
票号 日期	数量 单价	合计 72885070	72885070

备注　项 目　　　　部 门
　　　个 人　　　　客 户
　　　业务员

记账　陈悦瑶　　审核　李达飒　　出纳　　　　制单　陈悦瑶

记 账 凭 证

记 字 0077 - 0002/0004　制单日期：2017.04.30　审核日期：2017.04.30　　附单据数：0

摘要	科目名称	借方金额	贷方金额
期间损益结转	销售费用/运杂费		50000
期间损益结转	销售费用/职工薪酬		1967454
期间损益结转	销售费用/折旧费		588000
期间损益结转	管理费用/职工薪酬		7232250
期间损益结转	管理费用/差旅费		608900
票号 日期	数量 单价	合计 72885070	72885070

备注　项 目　　　　部 门
　　　个 人　　　　客 户
　　　业务员

记账　陈悦瑶　　审核　李达飒　　出纳　　　　制单　陈悦瑶

记 账 凭 证

记 字 0077 - 0003/0004	制单日期: 2017.04.30	审核日期: 2017.04.30	附单据数: 0		
摘 要		科目名称		借方金额	贷方金额
期间损益结转		管理费用/招待费			200000
期间损益结转		管理费用/折旧费			1704927
期间损益结转		管理费用/存货盘点			160000
期间损益结转		财务费用			2248622
期间损益结转		资产减值损失			800000
票号 日期	数量 单价		合计	72885070	72885070
备注 项 目 个 人 业务员		部 门 客 户			

记账　陈悦瑶　　　　审核　李达凯　　　　出纳　　　　　　　　　　　　制单　陈悦瑶

【任务38】 30日，比照上年年末，修改、完善期末序号为0005自定义公式，计算结转递延所得税资产、递延所得税负债及本年应交所得税。（应交所得税计算表及递延所得税资产、负债计算、计提表略）

暂时性差异计算表　　　　　　　　　单位：元

项　目	账面价值	计税基础	应纳税暂时性差异	可抵扣暂时性差异
存　货 （床笠、蚕丝被）	32 000	40 000		8 000
交易性金融资产	424 000	392 970	31 030	
固定资产 （已处置江铃瑞沃载货车）				
合　计				

应纳税所得额计算表
2017年4月30日　　　　　　　单位：元

项　目		金　额
利润总额		
调增项目	存货跌价准备 业务招待费 固定资产折旧	
调减项目	公允价值变动损益	
应纳税所得额		

【业务说明】

本笔业务是计提并结转所得税费用、确认递延所得税业务，需要根据题意更改自定义转账公式，再根据公式自动生成凭证。注意：本题开始之前，必须保证本月所有记账凭证已审核记账。

【操作指导】 ☞[操作视频][▶]

　　4 月 30 日，W02 在"总账"系统中，进行"自定义公式"更改编号 0005 公式，根据系统预设的自定义公式自动生成记账凭证，在"填制凭证"中填写结转所得税费用凭证，并将所生成的记账凭证进行审核记账操作。

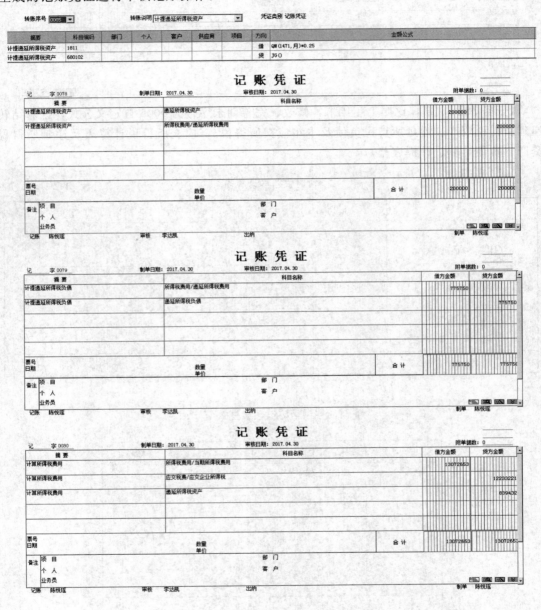

【任务 39】30 日，比照上年年末，使用自定义公式，按全年税后净利润的 10％提取法定盈余公积，30％提取投资者利润，并结转"本年利润"及"利润分配"科目中的各明细科目。

【业务说明】

本笔业务是期末计提法定盈余公积、向投资者分配利润并结转本年利润及利润分配科目中各明细科目业务，需要根据系统预设的自定义公式生成凭证。注意：本题开始之前必须将本月生成的所有记账凭证作审核记账处理。

【操作指导】 ☞[操作视频][▶]

4 月 30 日，W02 在"总账"系统中，根据系统预设的自定义公式生成凭证，并对本题所生成的记账凭证进行审核记账操作。

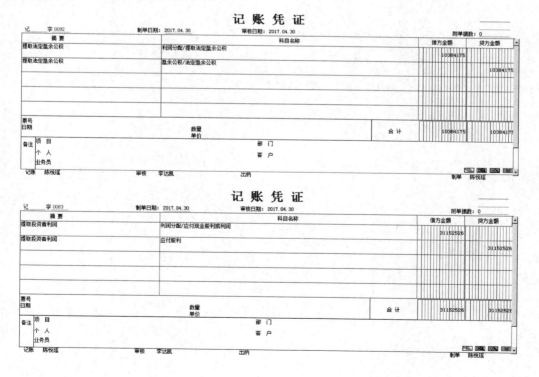

记 账 凭 证

记　字 0084	制单日期：2017.04.30	审核日期：2017.04.30		附单据数：0	
摘　要	科目名称			借方金额	贷方金额
结转本年利润	本年利润			103841753	
结转本年利润	利润分配/未分配利润				103841753
票号 日期	数量 单价		合　计	103841753	103841753
备注 项　目 个　人 业务员		部　门 客　户			

记账　陈悦瑶　　　　　审核　李达飒　　　　　出纳　　　　　　　　　制单　陈悦瑶

记 账 凭 证

记　字 0085	制单日期：2017.04.30	审核日期：2017.04.30		附单据数：0	
摘　要	科目名称			借方金额	贷方金额
结转利润分配明细	利润分配/未分配利润			41538701	
结转利润分配明细	利润分配/提取法定盈余公积				10384175
结转利润分配明细	利润分配/应付现金股利或利润				31152526
票号 日期	数量 单价		合　计	41538701	41538701
备注 项　目 个　人 业务员		部　门 客　户			

记账　陈悦瑶　　　　　审核　李达飒　　　　　出纳　　　　　　　　　制单　陈悦瑶

操作笔记

2016 年国赛　武汉斯威驰电器股份有限公司
业务处理与会计核算

操作视频

任务	操作笔记
任务 1	
任务 2	
任务 3	
任务 4	
任务 5	
任务 6	
任务 7	

任务	操作笔记
任务 8	
任务 9	
任务 10	
任务 11	
任务 12	
任务 13	
任务 14	
任务 15	
任务 16	

任务	操作笔记
任务 17	
任务 18	
任务 19	
任务 20	
任务 21	
任务 22	
任务 23	
任务 24	
任务 25	

任务	操作笔记
任务 26	
任务 27	
任务 28	
任务 29	
任务 30	
任务 31	
任务 32	
任务 33	
任务 34	

任务	操作笔记
任务 35	
任务 36	
任务 37	
任务 38	
任务 39	
任务 40	
任务 41	
任务 42	

操作笔记

2017 年国赛　江苏雅洁家纺股份有限公司
业务处理与会计核算

操作视频

任务	操作笔记
任务 1	
任务 2	
任务 3	
任务 4	
任务 5	
任务 6	
任务 7	

任务	操作笔记
任务 8	
任务 9	
任务 10	
任务 11	
任务 12	
任务 13	
任务 14	
任务 15	
任务 16	

任务	操作笔记
任务 17	
任务 18	
任务 19	
任务 20	
任务 21	
任务 22	
任务 23	
任务 24	
任务 25	

任务	操作笔记
任务 26	
任务 27	
任务 28	
任务 29	
任务 30	
任务 31	
任务 32	
任务 33	
任务 34	

任务	操作笔记
任务 35	
任务 36	
任务 37	
任务 38	
任务 39	

参考文献

1. 王岳聪. 用友 ERP-U8V10.1 下债务重组业务例解[J]. 商业会计，2017(21).

2. 王岳聪. 例解"营改增"后用友 ERP-U8V10.1 下运费处理[J]. 商业会计，2017(19).

3. 财政部，国家税务总局. 营业税改征增值税试点实施办法(财税〔2016〕36 号).

4. 财政部. 增值税会计处理规定(财会〔2016〕22 号).

5. 孙羽，孙红梅. 用友 ERP-U8 供应链业务的处理流程[J]. 财会月刊，2014(9).

6. 牛永芹，赵德良，曹方林. ERP 供应链管理系统实训教程[M]. 2 版. 北京：高等教育出版社，2016.

7. 周彦. 利用 ERP 软件处理债务重组业务之探讨[J]. 商业会计，2014(16)：23-25.

8. 财政部会计资格评价中心. 中级会计实务[M]. 北京：经济科学出版社，2017.

9. 2016 全国职业院校技能大赛"高职组会计技能"赛题.

10. 2017 全国职业院校技能大赛"高职组会计技能"赛题.

![北京师范大学出版集团 BEIJING NORMAL UNIVERSITY PUBLISHING GROUP]
北京师范大学出版社科技与经管分社

地址：北京市海淀区信息路甲 28 号科实大厦 C 座 12B
电话：010-62979096/8896　　　传真：010-62978190
网址：jswsbook.com　　　邮箱：jswsbook@163.com

官方微信公众号

官方微博

教师样书申请表

尊敬的老师，您好！

　　请您在我社网站的最新教材目录中选择与您教学相关的样书（每位教师每学期限选 1-2 种），并以清晰的字迹真实、完整填写下列栏目后经所在院（系）的主要负责人签字或盖章。符合上述要求的表格将作为我社向您提供免费教材样书的依据。本表复制有效，可传真或函寄，亦可发 E-mail。

姓名：_____　性别：_____年龄：_____　　　职务：_____　职称：_____
院校名称：_____大学（学院）_____学院（系）_____教研室
通信地址：_____
邮编：_____　座机：_____ – _____　　手机：_____
E-mail：_____　　微信：_____QQ：_____

教授课程	学生层次	学生人数/年	用书时间
_____	□研究生□本科□高职	_____	□春季 □秋季

现使用教材	版本	换教材意向
_____	_____	出版社 □有 □无

换教材原因
课程 _____
原因 _____

曾编教材情况

书　　名	出　版　社	主编/副主编/参编	出 版 时 间

教材编写意向：　□近期有编写意向　　□目前暂无意向

希望编写教材名称：_____

申请样书

书　　名	书号（ISBN）	作　　者	定　　价